中国社会科学院创新工程学术出版资助项目

中国哲学社会科学学科发展报告·当代中国学术史学系列

行政诉讼法学的新发展

NEW DEVELOPMENT OF STUDY OF ADMINISTRATIVE PROCEDURAL LAW

吕艳滨　　王小梅　　栗燕杰 ● 著

中国社会科学出版社

图书在版编目(CIP)数据

行政诉讼法学的新发展 / 吕艳滨，王小梅，栗燕杰著 . 一北京：中国社会科学出版社，2013.12
（中国法学新发展系列丛书）
ISBN 978 - 7 - 5161 - 3836 - 6

Ⅰ.①行…　Ⅱ.①吕…②王…③栗…　Ⅲ.①行政诉讼法 – 法的理论 – 研究　Ⅳ.①D915.401

中国版本图书馆 CIP 数据核字（2013）第 312080 号

出 版 人	赵剑英
责任编辑	任　明
责任校对	李　莉
责任印制	李　建

出　　版	中国社会科学出版社
社　　址	北京鼓楼西大街甲 158 号　（邮编 100720）
网　　址	http：//www.csspw.cn
	中文域名：中国社科网　　010 – 64070619
发 行 部	010 – 84083685
门 市 部	010 – 84029450
经　　销	新华书店及其他书店

印刷装订	北京市兴怀印刷厂
版　　次	2013 年 12 月第 1 版
印　　次	2013 年 12 月第 1 次印刷

开　　本	710×1000　1/16
印　　张	17.5
插　　页	2
字　　数	294 千字
定　　价	50.00 元

凡购买中国社会科学出版社图书，如有质量问题请与本社联系调换
电话：010 – 64009791

总　序

当今世界正处于前所未有的激烈的变动之中，我国正处于中国特色社会主义发展的重要战略机遇期，正处于全面建设小康社会的关键期和改革开放的攻坚期。这一切为哲学社会科学的大繁荣大发展提供了难得的机遇。哲学社会科学发展目前面对三大有利条件：一是中国特色社会主义建设的伟大实践，为哲学社会科学界提供了大有作为的广阔舞台，为哲学社会科学研究提供了源源不断的资源、素材。二是党和国家的高度重视和大力支持，为哲学社会科学的繁荣发展提供了有力保证。三是"百花齐放、百家争鸣"方针的贯彻实施，为哲学社会科学界的思想创造和理论创新营造了良好环境。

国家"十二五"发展规划纲要明确提出："大力推进哲学社会科学创新体系建设，实施哲学社会科学创新工程，繁荣发展哲学社会科学。"中国社会科学院响应这一号召，启动哲学社会科学创新工程。哲学社会科学创新工程，旨在努力实现以马克思主义为指导，以学术观点与理论创新、学科体系创新、科研组织与管理创新、科研方法与手段创新、用人制度创新为主要内容的哲学社会科学体系创新。实施创新工程的目的是构建哲学社会科学创新体系，不断加强哲学社会科学研究，多出经得起实践检验的精品成果，多出政治方向正确、学术导向明确、科研成果突出的高层次人才，为人民服务，为繁荣发展社会主义先进文明服务，为中国特色社会主义服务。

实施创新工程的一项重要内容是遵循哲学社会科学学科发展规律，完善学科建设机制，优化学科结构，形成具有中国特色、结构合理、优势突出、适应国家需要的学科布局。作为创新工程精品成果的展示平台，哲学社会科学各学科发展报告的撰写，对于准确把握学科前沿发展状况、积极推进学科建设和创新来说，是一项兼具基础性和长远性的重要工作。

中华人民共和国成立以来，伴随中国社会主义革命、建设和改革发展的历史，中国特色哲学社会科学体系也处在形成和发展之中。特别是改革开放以来，随着我国经济社会的发展，哲学社会科学各学科的研究不断拓展与深化，成就显著、举世瞩目。为了促进中国特色、中国风格、中国气派的哲学社会科学观念、方法和体系的进一步发展，推动我国哲学社会科学优秀成果和优秀人才走向世界，更主动地参与国际学术对话，扩大中国哲学社会科学话语权，增强中华文化的软实力，我们亟待梳理当代中国哲学社会科学各学科学术思想的发展轨迹，不断总结各学科积累的优秀成果，包括重大学术观点的提出及影响、重要学术流派的形成与演变、重要学术著作与文献的撰著与出版、重要学术代表人物的涌现与成长等。为此，中国社会科学出版社组织编撰"中国哲学社会科学学科发展报告"大型连续出版丛书，既是学术界和出版界的盛事，也是哲学社会科学创新工程的重要组成部分。

"中国哲学社会科学学科发展报告"分为三个子系列："当代中国学术史"、"学科前沿研究报告"和"学科年度综述"。"当代中国学术史"涉及哲学、历史学、考古学、文学、宗教学、社会学、法学、教育学、民族学、经济学、政治学、国际关系学、语言学等不同的学科和研究领域，内容丰富，能够比较全面地反映当代中国哲学社会科学领域的研究状况。"学科前沿研究报告"按一级学科分类，每三年发布，"学科年度综述"每年度发布，并都编撰成书陆续出版。"学科前沿研究报告"内容包括学科发展的总体状况，三年来国内外学科前沿动态、最新理论观点与方法、重大理论创新与热点问题，国内外学科前沿的主要代表人物和代表作；"学科年度综述"内容包括本年度国内外学科发展最新动态、重要理论观点与方法、热点问题，代表性学者及代表作。每部学科发展报告都应当是反映当代重要学科学术思想发展、演变脉络的高水平、高质量的研究性成果；都应当是作者长期以来对学科跟踪研究的辛勤结晶；都应当反映学科最新发展动态，准确把握学科前沿，引领学科发展方向。我们相信，该出版工程的实施必将对我国哲学社会科学诸学科的建设与发展起到重要的促进作用，该系列丛书也将成为哲学社会科学学术研究领域重要的史料文献和教学材料，为我国哲学社会科学研究、教学事业以及人才培养作出重要贡献。

王伟光

中国法学新发展系列丛书
编　委　会

《中国法学新发展系列》序

　　历史给了中国机会，而我们在场。历史正在给中国法治进步和法学繁荣以机会，而我们正好也在场。回首历史，恐怕没有哪个时代会像当今这样，给予法学研究者这样多的可以有所作为也必须有所作为的机会与责任。社会发展需要法治进步，法治进步需要法学繁荣。我们真的看到，在社会发展和法治进步的期望与现实的交织作用下，在以改革、发展、创新为时代价值的理论生成机制中，中国法学的理论建树与学科建设均呈现出前所未有的成就，其具体表现是那样的明显，以至于任何法学研究者均可随意列举一二。因此，在中国法学的理论形成与学科发展的场域中，我们有足够的与我们学术努力和事业贡献相关的过程及结果事例作为在场证明。

　　但是，我们作为法学研究者，是否对我们的理论创造过程以及这一过程的结果，特别是这一过程中的自己，有着十分清醒与充分准确的认识，这恐怕不是单靠态度端正或者经验丰富就能简洁回答的问题。在当前的学术习惯中，对法学研究成果的认识与评价缺乏总体性和系统性，往往满足于某项单一指标的概括标识和简要评述。对于法学研究成果，通常依赖著述发表载体、他引次数、获奖等级等指标进行衡量；对于法学研究过程，通常要在教科书的理论沿革叙述、项目申报书的研究现状描述中获得了解；对于法学研究主体，通常要靠荣誉称号、学术职务甚至行政职务予以评价。（当然，这种学术习惯并不为法学专业所专有，其他学科亦然。）这些指标都是有用的，作为一定范围或一定用途的评价依据也是有效的。但是，这些指标也都是有局限的，都在有目标限定、范围限定和方法限定的体系中发挥着有限的评价功能。由于这些指标及其所在评价体系的分散运作，其运作的结果不足以使我们在更宏大的视野中掌握中国法学的理论成就和学科发展的整体状况，更不足以作为我们在更深入的层次上把握法学研究与学科建设规律性的分析依据。然而，这种对法学理论与学科现状的整体掌握，对法学研究与学科规律性的深入把握，都是十分重要的，因为这是法学研究者得以自主而有效地进行学术研究的重要前提。因其对法学理论与学科现状的整体掌握和对法学研究与学科建设规律性的深入把握，法学研究者才能在法学的理论形成与学科发展的过程中，明晰其理论生长点的坐标、学术努力的方向和能动创造的维度，从而作出有效的学术贡献，而不是兴之所至地投入理论形成机制中，被法学繁荣的学术洪流裹挟前行。为有效的法学研究助力，就是我们撰写"中国法学的学科新发展系列丛书"的初衷。

在规划和撰写本系列丛书时，我们对"学术研究的有效性"予以特别的关注和深入的思考。什么是"有效的"学术研究，"有效的"学术研究有何意义，如何实现"有效的"学术研究，如此等等，是始终萦绕本系列丛书整个撰写过程的思维精灵。探求学术研究的有效性，不是我们意图为当今的学术活动及其成果产出设置标准，实在是为了本系列丛书选粹内容而设置依据，即究竟什么才是理论与学科"新发展"的判断依据。

首先，有效的法学研究是产生创新性成果的研究，而不是只有重复性效果的研究。学术研究的生命在于创新，法学研究的过程及其成果要能使法学理论得以丰富，使法治实践得以深入，确能实现在既有学术成果基础上的新发展。但由于读者、编辑甚而作者的阅读范围有限或者学术记忆耗损，许多只能算作更新而非创新的法学著述仍能持续获得展示机会，甚而旧作的迅速遗忘与新作的迅速更新交替并行。法学作为一门应用性很强的学科，观点或主张的反复阐释固然能加深世人印象并有助于激发政策回应，但低水平重复研究只能浪费学术资源并耗减学术创新能力，进而会降低法学研究者群体的学术品格。通过与最新的法学研究既有成果进行再交流与再利用，有助于识别与判定法学理论创新的生长点，从而提高法学知识再生产的创新效能。

其次，有效的法学研究是有真实意义的研究，而不是只有新奇效应的研究。法学应是经世致用之学，法学研究应当追求研究成果的实效性，其选题确为实际中所存在而为研究者所发掘，其内容确能丰富法学理论以健全人们的法治理念、法治思维与法治能力，其对策建议确有引起政策回应、制度改善的可能或者至少具有激发思考的价值。当然，法学研究不断取得发展的另外一个结果就是选题愈加困难，法学研究者必须不断提高寻

找选题的学术敏感性和判断力以应对这种局面，而不是在选题的闭门虚设
与故作新奇上下工夫。谁也不希望在法学研究领域出现"标题党"与
"大头军"，无论是著述标题亮丽而内涵无着的"标题党"，还是题目宏大
而内容单薄的"大头军"，都不可能成为理论创新的指望。力求真实选题
与充实内容的质朴努力，才是推进有效的法学研究的主要力量。

再次，有效的法学研究是有逻辑力量的研究，而不是只有论断效用的
研究。法学研究的创新并不止步于一个新理论观点的提出或者一个新制度
措施的提倡，而是要通过严格的论据、严谨的论证构成严密的论点支撑体
系，由此满足理论创新的逻辑自洽要素。法学创新的判断标准实质上不在
于观点新不新，也不在于制度建议是不是先人一步提出，而是在于新观
点、新建议是否有充分的逻辑支撑和清晰的阐发论述。因为缺乏论证的新
观点只能归属于学术武断，而学术武断只能引起注意却不能激发共鸣。法
学研究者常常以其学术观点或制度建议被立法采纳作为其学术创新及其价
值的证明，其实在理论观点或制度建议与立法采纳之间，很难确立以特定
学者为连接点的联系，即使能够建立这种联系，导致立法采纳的缘由也并
不在于观点或建议的新颖性，而在于观点或建议的论证充分与表述清晰。

最后，有效的法学研究是有利他效应的研究，而不是只有自我彰显效
能的研究。在法学研究的运作机制中，学术成果固然是学者个人学术创造
力的结晶，其学术影响力是作品的学术质量与作者的学术声誉的综合评
判，但学术成果的正向价值却是其学术影响力的本质构成要素。法学研究
成果必须有益于法治进步、社会发展和人民福祉，也就是具有超越彰显个
人能力与成就的利他效应。如果法学研究成果的形成目的只是在于作者的
自我满足，或者其表达效果只有作者自己能够心领神会，其作用结果无益
于甚至有损于法治进步、社会发展和人民福祉，那就绝不能视为有效的法
学研究。所以，坚守学术成果的正向价值，提高具有正向价值的学术成果
的可接受性，是实现法学研究有效性的根本要件。

本系列丛书最为主要的撰写目的，就是通过对一定时期我国法学研究
成果的梳理与选粹，在整体上重构我国法学研究既有成果的表述体系，从
中析出确属"新发展"的内容成分并再行彰显，以有助于对中国法学研
究现状的整体掌握与重点检索，从而促使当今的法学研究能够实现如上所
述的有效性。在此主要目的之外，还有一些期望通过本系列丛书达到的目
的。诸如其一，有助于提高法学专业学生的学习效率与研读效果。本系列

丛书将法学二级或三级学科在近期的知识积累和学术发展予以综合、梳理和评价，从而构成一般法学教科书之外并超越一般法学教科书的知识文本体系。通过阅读本系列丛书，可以更为系统准确地掌握中国法学某一领域的知识体系、学术重点、研究动态、理论沿革、实践效果以及重要学者。其二，有助于强化法学研究人员的学术素质养成。一个学者能够完成法学某个二级学科或三级学科新发展的撰写，就一定会成为这个法学二级学科或三级学科的真正专家。因为他或她要近乎被强迫地对该学科领域学术著述进行普遍阅读，由此才能谈得上对该学科领域新发展的基本把握；要深下工夫对该学科领域的各种学术事件和各家理论观点进行比较分析，由此才能做出是否确属法学新发展的准确判断。通过对法学某个二级学科或三级学科新发展的撰写，可以提高作者对法学研究成果的学术判断力和法学科研规律的认识能力。其三，有助于加强科研人才队伍建设。本系列丛书的主要作者或主编均为中国社会科学院法学研究所和国际法研究所的科研人员，通过本系列丛书的撰写，不仅使法学所和国际法所科研人员的个人科研能力获得大幅度提升，也使得法学所和国际法所的科研人员学科布局获得质量上的均衡，从而使法学所和国际法所的整体科研能力获得大幅度提高。说来有些自利，这也是法学所和国际法所何以举两所之力打造本系列丛书的重要原因之一。

本系列丛书以法学某个二级或三级学科作为单本书的撰写范围，基本上以《××学的新发展》作为书名，如《法理学的新发展》、《保险法学的新发展》等。如果不便称为"××学的新发展"，便以《××研究的新发展》作为书名，如《商法基础理论研究的新发展》。本系列丛书的规划初衷是尽可能地涵括所有的法学二级学科或三级学科，但由于法学所和国际法所现有科研人员的学科布局并不完整，尤其是从事不同法学二级或三级学科研究的科研人员的素质能力并不均衡，即使联合外单位的一二学界同道助力，最终也未能实现本系列丛书涵括范围的完整性。这种规划上的遗憾再次提醒我们，加强科研队伍建设，既要重视科研人员个体科研能力的提高，也要重视一个机构整体科研能力的提高。我们希望，如果五年或十年之后再行撰写中国法学新发展系列丛书时，其所涵括的法学二级或三级学科将会更多更周延。

本系列丛书对各个法学二级或三级学科研究成果的汇集范围，限于2000—2012年间已发表的专业著述。既然阐释学科新发展，总得有一个适当的标定期间范围。期间太短，则不足以看清楚学科新发展的内容、要点、意义与轨迹；期间太长，则不便称为学科的"新发展"。本系列丛书选粹材料的发表期间截至 2012 年，这是本系列丛书的撰写规划年份，也是能够从容汇集材料并析出其中"新发展"要素的最近年份；本系列丛书选粹材料的发表期间起始为 2000 年，倒不是因为 2000 年在法学研究的学术历史中有什么特别意义，只是因为前至 2000 年能够确立一个易于阐释学科新发展的适当期间。当然，人们通常认为 2000 年是新世纪的起点，以 2000 年为起始年份，多少有些借助万象更新好兆头的意思。

本系列丛书中每本书的具体内容由其作者自行把握，在丛书规划上只是简略地做出一些要求。其一，每本书要从"史、评、论"三方面阐释一个法学二级或三级学科的新发展。所谓"史"，是指要清晰地描述一个学科的发展脉络与重要节点，其中有意义的学术事件的起始缘由与延续过程，重点理论或实践问题研究的阶段性结果，以及各种理论观点的主要内容与论证体系，特别是各种观点之间的起承转合、因应兴替。所谓"评"，是指对一个学科的学术事件和各家观点予以评述，分析其在学术价值上的轻重，在理论创新上的得失，在实践应用上的可否。所谓"论"，是指作者要对撰写所及的该学科重要理论或实践问题阐释自己的看法，提出自己的观点并加以简明论证。"史、评、论"三者的有机结合，可以使本系列丛书摆脱"综述大全"的单调，提升其作为学术史研究的理论价值。这里特别需要说明的是，因本书撰写目的与方法上的限定，"论必有据"中"据"的比重较大，肯定在重复率检测上会获得一个较高的数值。对属于学术史研究的著述而言，大量而准确地引用学界既有论述是符合学术规范的必要而重要之举。可见，重复率检测也是很有局限性的原创性判定方法，本系列丛书的重复率较高并不能降低其原创性。其二，每本书要做一个本学科的关键词索引，方便读者对本书的检索使用。现在的大多数学术著作欠缺关键词索引，不方便读者尤其是认真研究的读者对学术著作的使用。本系列丛书把关键词索引作为每本书的必要构成，意在完备学术规范，提高本系列丛书在学术活动中的利用价值。其三，每本书在其书后要附上参考资料目录。由于 2000—2012 年间的法学著述洋洋洒洒、蔚为大观，在确定参考资料目录上只得有数量限制，一般是每本书所列参考资料中的学术论文限 100 篇，学术专著限 100 本，只能少列而不能多列。这种撰写要求的结果，难免有对该学科学术成果进行重要性评价的色彩。但因作者的阅读范围及学术判断力难以周全，若有"挂百漏万"之处，万望本系列丛书的读者海涵。

中国社会科学院正在深入推进的哲学社会科学创新工程，是哲学社会科学研究机制的重大改革。其中一项重要的机制性功能，就是要不断提高科研人员和科研机构的科研效能、科研效率与科研效果。深入系统地掌握具体学科的发展过程与当前状况，不仅是技术层面的学术能力建设，更是理念层面的学术能力建设。因为对既有科研过程和学术成果的审视与省察，可以强化科研人员的学术自省精神和学者社会责任，从而提高理论创新的动力与能力。中国社会科学出版社以其专业敏锐的学术判断力，倾力打造学科新发展系列图书，不仅是"中国法学新发展系列丛书"的创意者，更是本系列丛书的规划者、资助者和督导者。正因法学所、国际法所与中国社会科学出版社之间的良性互动，本系列丛书才得以撰写完成并出版面世。可见，科研机构与出版机构之间的良性互动与真诚合作，确是学术创新机制的重要构成。

陈 甦

2013 年 7 月 1 日于北京

目　　录

第 一 章

我国行政诉讼法学本世纪以来研究现状

第一节 我国行政诉讼法学发展的时代背景

行政诉讼法学作为一门法律学科，是以行政诉讼法为研究对象，主要涵盖行政诉讼法的基本原理、行政诉讼受案范围、行政诉讼参与人、行政诉讼审判组织与管辖、行政诉讼类型、行政诉讼证据等方面的研究。在我国，与法学领域中其他学科相比，行政诉讼法学是一门较为年轻的学科。从学科形成的角度上看，我国的行政诉讼法学研究起源于 20 世纪 70 年代末，在 1989 年《行政诉讼法》颁布之后进入蓬勃发展阶段，进入 21 世纪之后，行政诉讼法学研究已经相对较为成熟。法学研究总是与法治建设密切相关，我国行政诉讼法学的发展离不开大的时代背景。20 世纪末依法治国基本方略的确立，21 世纪初人权入宪和加入世界贸易组织（WTO）以及建设法治政府目标的确立和现阶段推行的社会管理创新，都为行政诉讼法学的发展，提供了强烈的时代需求和广阔的人文社会背景。

一 依法治国、依法行政和建设法治政府

（一）依法治国方略的确立和依法行政、建设法治政府目标的提出

党的十一届三中全会以来，法治政府一直是我国机构改革和法制建设的取向。从党政文件所反映的目标取向和内容侧重来看，国家治理的方略目标经历了一个从混沌到明确逐步清晰的过程。

1993 年 11 月党的十四届三中全会通过了《中共中央关于建立社会主义市场经济体制若干问题的决定》，明确提出"各级政府都要依法行政，依法办事。"这是我党在正式文件中首次提出"依法行政"的执政理念。

1996 年 2 月 8 日，江泽民同志在中共中央举办的法制讲座上的讲话中，首次提出"依法治国"的主张，指出："加强社会主义法制建设，依法治国，是邓小平建设有中国特色社会主义理论的重要组成部分，是我们党和政府管理国家和社会事务的重要方针"，"依法治国是社会进步、社会文明的一个重要标志，是我们建设社会主义现代化国家的必然要求"。①

1997 年 9 月，党的第十五次全国代表大会报告明确指出："进一步扩大社会主义民主，健全社会主义法制，依法治国，建设社会主义法治国家。"

1999 年国务院在政府工作报告中提出，"依法治国，是党领导人民治理国家的基本方略"。1999 年，第九届全国人大二次会议通过的宪法修正案明确写入了"依法治国"条款，即："中华人民共和国实行依法治国，建设社会主义法治国家。"1999 年《关于全面推进依法行政的决定》提出，依法行政是依法治国的重要组成部分，在很大程度上对依法治国基本方略的实行具有决定性的意义。

2004 年颁布的《全面推进依法行政实施纲要》，全面确立了法治政府目标。为在新形势下深入贯彻落实依法治国基本方略，全面推进依法行政，进一步加强法治政府建设，在 2010 年颁布的《国务院关于加强法治政府建设的意见》中，提出了加强法治政府建设的九条意见。

从以上依法治国方略的提出、形成、丰富和实施的实践过程中，我们可以看出，依法治国是中国特色社会主义的有机构成，随着中国特色社会主义建设的不断深入而不断发展，其目标越来越坚定明确，其体系越来越丰富完整，其机制越来越顺畅有效，其措施越来越科学可行。正是在这样一种有中国特色社会主义建设包括法治国家建设的大背景、大趋势中，行政诉讼法学研究有了理论得以丰富、学科得以发展的实践基础和历史机遇。

（二）对行政诉讼法学发展的影响

依法治国基本方略的提出和写入宪法，依法行政、建设法治政府目标的确立，对中国社会产生了全方位的深远影响，从国家的治理理念到机构运行方式再到社会的交往活动，法治的影响可谓无远弗届，无微不至。对

---

① 《江泽民文选》（第一卷），第 511 页。

于国家公权力而言，法律是其运行的依据；对于公民个人而言，法律则是底线。其实，我国当代各个部门法的研究，都离不开这样一个背景，行政诉讼法的研究自不例外。行政诉讼作为司法权监督行政权的制度，宪法层次上所确立的依法治国方略，对行政诉讼法学的研究有着重要影响，有学者从宪法与行政诉讼法的密切关联性上，将行政诉讼视为依法治国的核心。① 因为在依法治国的运行机制中，行政诉讼是推进依法行政、落实依法治国方略的重要机制。

　　首先，从限制约束公权力方面看，依法治国的首要任务就是依法约束公权力，尤其是行政权力，而行政诉讼则是有效的权力监督制约机制。行政行为的司法审查既是法学理论上的一个重大学术问题，也是我国推进依法治国方略的一个重大实践问题。② 法院通过依法受理和审判行政争议案件，对行政行为的合法性进行裁判，对是否有相应的法律依据以及是否遵守法定程序进行审查，对于违法和显失公正的行政行为予以撤销或变更，从而达到监督制约行政权力的目的。

　　其次，从矛盾纠纷解决方面看，行政诉讼是建设法治政府所要求的重要的矛盾解决手段。国务院《关于加强法治政府建设的意见》提到，"我国经济社会发展进入新阶段，国内外环境更为复杂，挑战增多。转变经济发展方式和调整经济结构的任务更加紧迫和艰巨，城乡之间，地区之间发展不平衡，收入分配不公平和差距扩大，社会结构和利益格局深刻调整，部分地区和一些领域社会矛盾有所增加，群体性事件时有发生，一些领域腐败现象仍然易发多发，执法不公、行政不作为等问题比较突出"。如何处理好不断增加的社会矛盾，构建社会主义和谐社会，考验着政府机关和各级领导干部的能力和智慧，需要"切实提高运用法治思维和法律手段解决经济社会发展中突出矛盾和问题的能力"。在解决社会矛盾的各种手段中，行政诉讼是最为重要的法律手段，是否能够建立真正的法治政府很大程度上决定于行政诉讼制度运行得是否良好。行政诉讼是中国法治的试金石。行政诉讼的失灵，在一定程度上可以说是宪法意义上的受挫。改

---

① 俞梅荪：《民告官的法：依法治国的核心——我国行政法学的开拓者张尚鷟教授访谈录》，《人大研究》2000 年 11 月 30 日。

② 赵保庆：《行政行为的司法审查》，中国社会科学院研究生院 2002 年博士论文。

革、完善现行的行政诉讼法律制度，实现行政诉讼突围，乃中国法治实现的瓶颈之治。① 行政诉讼作为法定的司法救济途径，引导各个利益群体以合法、理性的方式表达自己的意愿和要求，能够有效化解群众的不满情绪，从根本上减少社会不安定因素，充分发挥"减压阀"和"化解器"作用。

二 我国加入世界贸易组织

2001 年，中国结束了十余年马拉松式的谈判，成为世界贸易组织（WTO）的一员。中国入世之后，世界贸易组织的一整套法律框架和规则对中国法律的影响是全方位的，不仅直接影响到中国经济领域的立法，也对中国规制政府权力的部门法产生深远影响，尤其是对中国的司法审查制度提出了明确要求。

（一）WTO 法律框架中有关司法审查的规定

WTO 法律框架中规定的司法审查并非指 WTO 自身的司法审查制度，而是对各成员完善国内司法审查制度提出的要求，其主旨是要求各成员根据有关 WTO 协议建立或完善相应的司法审查程序。WTO 的法律框架中有四项协议明确规定了司法审查。

1. 《反倾销协议》

《反倾销协议》（即《关于履行 1994 年关税与贸易总协定第六条的协议》）第 13 条以"司法审查"为题，明确规定："其国内立法含有关于反倾销措施规定的各成员，应维持司法、仲裁或行政法庭或程序，以便特别对本协议第 11 条意义上的有关最终裁决和裁决复审的行政行为进行及时的审查。此等法庭或程序应独立于负责有关这种最终裁决和裁决复审的当局。"

2. 《补贴与反补贴协议》

《补贴与反补贴协议》在其第 23 条中以"司法审查"为题，专门规定："其国内立法包含有反补贴措施规定的各成员，应维持司法、仲裁或行政法庭或程序，以便特别对本协议第 21 条意义上的有关最终裁决和裁决复审的行政行为进行及时的审查。此等法庭或程序应独立于负责有此等

---

① 胡肖华：《从行政诉讼到宪法诉讼——中国法治建设的瓶颈之治》，《中国法学》2007 年第 1 期。

最终裁决或裁决复审的当局，并应为所有曾参与行政程序并直接地和单个地受此等行政行为影响的各利益方提供进入司法审查的机会。"

3.《与贸易有关的知识产权协议》

与上述两个协议均有所不同，《与贸易有关的知识产权协议》没有以"司法审查"为题列专门条款规定相关内容，而是在该协议第 41 条第（4）款中进行了规定。该条款规定："各诉讼当事方应有机会要求司法当局对行政最终裁决进行审查，并在不妨碍一个成员的法律涉及某个案件的重要性的管辖权规定的前提下，至少应有机会要求对某一案件实质事项的最初司法裁决的法律方面进行审查。当然，对刑事案件中的无罪判决，各成员不应有义务提供审查的机会。"

4.《服务贸易总协定》

《服务贸易总协定》在第 6 条"国内规章"中也规定了司法审查的要求，即每个成员应维持或尽快地建立司法、仲裁或行政法庭或程序，在受影响的服务提供者的请求下，对影响服务贸易的行政决定作出迅速审查，并在请求被证明合理时给予适当的补救；在这些程序不独立于受委托作出有关行政决定的机构时，该成员应确保这些程序实际上会作出客观和公正的审议。

（二）WTO 司法审查要求对我国行政诉讼法学产生的影响

WTO 上述有关司法审查的规定要求各成员国既要有独立行使司法审查权的机构，又要有健全的司法审查程序。根据《中华人民共和国加入（世界贸易组织）议定书》第 2 条"司法审查"第 1 款的规定："中国应设立或指定并维持审查庭、联络点和程序，以便迅速审查所有与《1994年关税与贸易总协定》第 10 条第 1 款、《服务贸易总协定》第 6 条和《与贸易有关的知识产权协定》相关规定所指的法律、法规、普遍适用的司法决定和行政决定的实施有关的所有行政行为。此类审查庭应是公正的，并独立于被授权进行行政执行的机关，且不应对审查事项的结果有任何实质利害关系。"[1] 中国成为 WTO 成员后，中国的司法审查制度（行政诉讼制度）现状是否符合 WTO 要求日益成为实务界和理论界关注的热点。[2] 学者认为，现行行政诉讼制度的审查对象既不利于行政诉讼制度的

---

① 杨解君：《中国入世与行政诉讼制度变革》，《法学》2002 年第 4 期。

② 马怀德、葛波蔚：《WTO 与中国行政诉讼制度的发展——兼论对现行行政诉讼法的修改》，《政法论坛》（中国政法大学学报）2002 年第 2 期。

正常发展，也不符合 WTO 规则的要求。根据"议定书"及相关 WTO 规则的规定，对所有实施与影响货物贸易、服务贸易、（与贸易有关的）知识产权或外汇管制的相关法律、行政法规、地方性法规、规章及其他措施（包括普遍适用的司法决定和行政决定）的全部行政行为皆应属于司法审查的对象，而我国目前的行政诉讼制度在原则上尚不符合这一要求和我国政府的承诺。① 加入 WTO 之后，我国相关的法律规范必将作一定的调整，进一步扩大司法审查的范围，将部分抽象行政行为和终局裁决行为纳入司法审查的范围。②

学者认为，我国加入 WTO 以及政府所做的承诺会对行政诉讼以下几个方面的具体制度产生影响：第一，受案范围，在通过一些单行法律法规相应作出扩大司法审查范围的基础上，还应该进一步修改《行政诉讼法》，扩大行政诉讼的受案范围；第二，原告资格，中国承诺的原告资格包括受到行政行为影响的个人或企业，而我国现行法律关于原告资格的规定是法律上有利害关系，小于入世承诺的范围，对此《行政诉讼法》应作出放宽原告资格的修改；第三，审查标准，WTO 规则将司法审查称为上诉或复审，意味着法院在审查时要尊重行政机关的初次判断，主要是法律审，我国现行《行政诉讼法》没有规定审查标准，实践中法院照搬民事诉讼全面审查标准，《行政诉讼法》的修改应当根据司法审查作为上诉审查的性质。③

总之，加入 WTO 为我国行政诉讼法学的发展提供了新的时代背景和研究视角，许多行政法学者在深入研究 WTO 规则的基础上，对我国行政诉讼制度进行了重新审视。针对加入 WTO 的新情况、新要求，认为改进和完善我国的司法审查制度，应该统筹规划，既要应对"入世"的挑战，又不能局限于此，而应从法治的高度从长计议，凝聚"外发型"改革动力和"内需型"改革动力，使改革的成果扩及整个行政行为，从根本上解决我国司法审查制度所存在的问题。④

---

① 杨解君：《中国入世与行政诉讼制度变革》，《法学》2002 年第 4 期。

② 甘文：《WTO 与司法审查》，《法学研究》2001 年第 4 期。

③ 薛刚凌、王霁霞：《论行政诉讼制度的完善与发展——行政诉讼法修订之构想》，《政法论坛》2003 年第 1 期。

④ 赵保庆：《行政行为的司法审查》，中国社会科学院研究生院 2002 年博士论文。

三　社会管理创新带来新的司法理念

（一）社会管理创新的内容及司法理念的更新

为了解决社会主义初期阶段的主要矛盾，发展经济一直是我国政府的头等大事，为经济保驾护航一度成为政府的主要职能。在这种经济目标优先的导向下，经济发展的确取得了举世瞩目的成就，但是财政支出过多地应用于那些本应由市场发挥作用的经济领域，具有浓厚的生产投资特征，而关乎民生的基本公共服务如义务教育、最低生活保障、医疗保健等投入相对较少，并引发越来越多的社会问题，主要集中在教育、医疗、卫生、环境保护等领域。这些社会问题解决不好，必然直接影响到人民生活、社会稳定和经济的可持续发展。为此，党的十六届四中全会提出要"加强社会建设和管理，推进社会管理体制创新"。要加强社会建设和管理，就要求政府职能逐步从优先于经济目标向优先于社会目标转变，从投资型财政体制向公共服务型财政体制转变。2007 年党的十七大报告提出要"建立健全党委领导、政府负责、社会协同、公众参与的社会管理格局"。

在社会管理创新的浪潮中，我国的司法理念悄然发生变化，2007 年 3月最高人民法院发布了《关于进一步加强司法建议工作为构建社会主义和谐社会提供司法服务的通知》，司法机关以更加积极的姿态主动介入社会经济生活之中，力求通过司法活动达到有效化解和预防纠纷、促进经济平稳较快增长的目的。最高人民法院前院长王胜俊在 2009 年 8 月明确提出"能动司法"的要求，能动司法正式进入我国司法主流话语之中，成为指导法院系统司法工作的基本理念。能动司法就意味着要充分发挥司法的主观能动性，"为大局服务"，除了传统的争端解决功能之外，人民法院还具有权力制约、参与制定公共政策等多项延伸性功能，其中出台司法建议、推行诉前调解就是最高人民法院大力提倡的举措。最高人民法院于2012 年 3 月出台了《关于加强司法建议工作的意见》，指导全国各级法院司法建议工作。

（二）社会管理创新以及能动司法对行政诉讼法学发展的影响

社会管理创新要求政府的部分职能向社会转移，但并不意味着政府可以借此逃避责任。要创建"政府负责"的社会管理格局，就意味着政府仍是责任主体，要对社会管理的结果负责。有权必有责，政府作为社会管理的主导者，无论是否亲自提供公共服务，都要承担相应的责任，权责对等也是服务型政府的内在要求。"政府负责"包括两方面的内容。首先，政府作为决策者和监督者，对私营部门提供的公共服务负责，包括对公共服务直接提供者从可靠性和素质方面的甄别，以充分保证公共利益不受损害以及对公共服务的效果进行绩效考核。其次，政府应根据其在经济社会发展中扮演的角色和承担的责任履行相应的职能，职能履行"缺位"、"错位"、"越位"，都应当承担相应的责任，实行责任追究制。明确政府责任和健全政府责任追究机制是提高政府执行力和公信力的重要保障，也是服务型政府的本质要求。行政诉讼程序终结制度是推进社会管理创新的必由之路。应当说，推进社会管理创新涉及诸多方面，也有很多路径可以选择。在推进社会管理创新中，行政诉讼的特有功能就在于推进政府在社会管理中依法行政，保障公民、社会公众的合法权益，促进社会良性发展。可以说行政诉讼就是在推进社会管理创新中，架在政府与社会之间的一座桥梁。推进社会管理创新，必须树立政府的权威、法院的权威，而这些都需要行政诉讼程序终结制度来推动。① 随着能动司法理念的提出，学界对司法建议、调解等的研究也逐步升温，使得这些原本比较边缘化的制度一跃成为现代司法中的核心制度。②

第二节 我国行政诉讼法学的研究成果

　　1989 年《行政诉讼法》出台之后，经过学界十年来不断论述、研讨和阐释，在一些问题上达成了共识。2000 年 3 月，最高人民法院发布了《关于执行〈中华人民共和国行政诉讼法〉若干问题的解释》（以下简称《若干问题的解释》）。可以说，《若干问题的解释》是对上一时期学界研究成果的总结。

---

　　① 程琥：《社会管理创新与行政诉讼程序终结问题研究》，《特区论坛》2011 年第 7 期。

　　② 这方面的研究主要有：姜明安：《关于司法建议的认识》，《人民日报》2007 年 3 月 20 日；章志远：《我国行政诉讼司法建议制度研究》，《法商研究》2011 年第 2 期；沈福俊：《和谐统一的行政诉讼协调和解机制》，《华东政法大学学报》2007 年第 6 期；姜明安：《协调和解：还需完善法律依据》，《法制日报》2007 年 4 月 4 日第 3 版；白雅丽：《论中国行政诉讼和解制度的建立》，《现代法学》2006 年第 3 期等。关于调解，2007 年 4 月还专门召开了"行政诉讼协调国际学术研讨会"。

2003 年 12 月全国人大常委会将修改《行政诉讼法》列入十届全国人大常委会五年立法规划。《行政诉讼法》的修改成为行政诉讼法学界绕不开的话题，学界在这一时期的大量研究，都是为《行政诉讼法》的修改做理论铺垫和准备。我国的行政诉讼法学研究经历了一个从较为简单研究行政诉讼制度的成立条件，到较为理性地反思我国行政诉讼制度的生存基础，再到开始关注行政诉讼法学基础理论研究的逐步推进过程。到目前为止，行政诉讼法学研究已经取得了阶段性成果，这不仅表现为研究方法已经走向多样化，研究视角的拓宽，而且表现为学界已经开始展开行政诉讼基础理论的研究，并有进一步深入之势。[①] 行政诉讼法学在基本理论、受案范围、公益诉讼等方面都取得了突破性进展。

一　明确行政诉讼法的立法目的

行政诉讼目的论是行政诉讼法学的一个基础性范畴，它不仅关系着行政诉讼法学的理论建构，而且决定着行政诉讼的制度设计，也影响着行政诉讼的司法实践。

《行政诉讼法》第 1 条规定："为保证人民法院正确、及时审理行政案件，保护公民、法人和其他组织的合法权益，维护和监督行政机关依法行使行政职权，根据宪法制定本法。"围绕这一条的条文规定，学者们展开了对行政诉讼法目的论的研究，基本形成了以下几种观点：如"保权说"，即《行政诉讼法》是保护公民合法权益的法律，除此之外，都是为了达成这个目的而确定的手段而已。"维护监督说"，此说认为，对于合法的行政行为，法院给予维护（维持判决）；对于违法的行政行为，法院给予监督（撤销判决），这两者都是"依法行政"原理在行政诉讼中的延续。"平衡说"，此说认为，保障行政机关依法行使职权与保护个人、组织的合法权益都是行政诉讼法的目的，二者不可偏废，既要看到保障和支持行政机关依法行使职权的必要性，又要看到保护个人、组织合法权益的重要性。"纠纷解决说"，即行政诉讼的目的在于解决行政纠纷。

行政诉讼法的目的究竟是什么，这是行政诉讼法修改不可回避的问题，学界的观点逐渐趋于一致，承认行政诉讼目的的多元性，但是根本目

---

① 杨海坤、曹达全：《渐进发展中的中国行政诉讼法学研究》，《浙江学刊》2006 年第 6 期。

的在于维护公民、法人和其他组织的权益。① 《行政诉讼法》的修改，不仅要旗帜鲜明地倡导和确定行政诉讼的首要目标和根本目的在于保护公民、法人和其他组织权益，而且要致力于纠正现有制度安排在保护公民、法人和其他组织权益上出现的偏差。一是将为公民、法人和其他组织权益提供充分、有效的救济作为行政诉讼的基本原则。二是将公民、法人和其他组织的诉讼请求和权益保护是否成立作为审理和裁判的中心。三是致力于根本性解决争议。四是适当增加判决形式。五是完善行政诉讼其他制度安排。②

二 扩大行政诉讼受案范围

行政诉讼受案范围是行政诉讼的首要和前提问题，决定着法院受理案件或者说行政相对人权利可救济的宽度。现行《行政诉讼法》通过正面列举和反面概况相结合的立法模式，对行政诉讼受案范围进行规定，然而还是将大量的抽象行政行为、内部行政行为排除在司法救济之外，造成行政诉讼受案范围过窄，对合法权益的保护范围过窄，成为制约行政诉讼制度发展的瓶颈问题。

学界对于现行行政诉讼范围过窄并应进一步扩大行政诉讼受案范围，已经形成共识。但是究竟扩大到何种程度，或者说哪些行政行为可以纳入行政诉讼的审查范围，还存在争议。从理想的角度看，行政诉讼的受案范围越宽，越有利于对相对人权利的保护，但受案范围的设定必须考虑各种制约因素，如法院的能力，包括法院的地位、法官的素质和权力、社会对法院的认可程度等；行政诉讼外其他救济渠道的发达程度；公民的权利意识和社会的需求；入世的承诺；判例法的作用和违宪

---

① 应松年、杨伟东：《我国〈行政诉讼法〉修正初步设想》，《中国司法》2004年第4期；莫于川：《公民合法权益保护优先是行政诉讼立法的重要原则——关于修改我国〈行政诉讼法〉的若干建议》，《中国人民大学学报》2005年第5期；章志远：《行政诉讼法修改三题》，《山西省政法管理干部学院学报》2006年第3期；刘莘：《行政诉讼是纠纷解决机制》，《行政法学研究》2009年第3期；莫于川：《关于修改我国行政诉讼法的若干建议》，《检察日报》2011年10月10日；王学辉：《行政诉讼法修改首要目标是化解争议》，《法制日报》2011年12月8日。

② 马怀德：《保护公民、法人和其他组织的权益应成为行政诉讼的根本目的》，《行政法学研究》2012年第2期。

审查制度的完备程度等。①

　　行政诉讼受案范围看似是一个立法技术问题，但是其实质是一个深刻的理论问题，即司法权与行政权的界限问题。一方面，行政权抵制司法权的介入；另一方面，司法自身是否具有足够的资源和权威。为此，有学者从诉权的角度对行政诉讼受案范围的基础理论进行了探讨，认为应从保护当事人诉权的角度完善行政诉讼受案范围。② 还有学者指出，司法权与行政权之间良性互动关系的欠缺，是我国受案范围存在的根本问题。我国受案范围问题的解决需要从理顺司法与行政之间的关系入手，从长远来看，则是要消解受案范围在我国行政诉讼中的特殊门槛作用。③ 理想的行政诉讼制度应是发现有效率判决的复杂系统，而不是仅具有缩小诉讼成本功能的简单技术系统；扩大受案范围的行政诉讼制度是更好的制度，更好的标准是有利于促进制度经济学上动态的配置效率的实现。④ 未来行政诉讼法修改、完善，应从以下几个方面加以展开。

　　（一）对法院应当受理的案件不应采用列举式

　　列举是一种相对于概括而言的方法，优点在于明白清楚，易于掌握，而且能够起到明确界定范围的作用，但是，用这种方法规定法院应当受理的案件难免出现"挂一漏万"的问题。现实生活中的行政争议纷繁复杂、无法穷尽，用列举规定的方法来规定受案范围是不科学的，容易导致司法标准混乱，给公民、法人或者其他组织提起诉讼和法院受理案件带来不必要的麻烦。

　　因此，有学者建议，在确定受案范围的方式上，应以概括的方式对受案范围作总体规定后，只对不受理的事项明确加以列举，未列举的则全属应受案的范围，使之最大限度地拓展可诉案件的容量。⑤

　　（二）不能局限于涉及人身权、财产权的行政行为

　　根据我国《行政诉讼法》第 11 条规定，行政诉讼受案范围限于行政

---

　　①　薛刚凌、王霁霞：《论行政诉讼制度的完善与发展——行政诉讼法修订之构想》，《政法论坛》2003 年第 1 期。

　　②　喜子：《反思与重构：完善行政诉讼受案范围的诉权视角》，《中国法学》2004 年第 1 期。

　　③　杨伟东：《行政诉讼受案范围分析》，《行政法学研究》2004 年第 3 期。

　　④　王学辉：《制度经济学视野下行政诉讼受案范围的扩大——兼论对"案结事了"的经济学回应》，《广东社会科学》2009 年第 4 期。

　　⑤　方世荣：《论我国行政诉讼受案范围的局限性及其改进》，《行政法学研究》2012 年第 2 期。

主体侵犯公民、法人或者其他组织的人身权、财产权的具体行政行为。按照我国法律规定，人身权和财产权无法涵盖公民的所有权利，例如公民的言论、出版、集会、结社、游行、示威、宗教信仰等政治权利，还有其他权利如劳动权、休息权、物资帮助权、受教育权等。上述这些权利为宪法所确认和保障，如果这些权利受到行政机关的侵犯，同样也应该得到保护和救济。因此，应将受案范围从仅涉及公民人身权、财产权的案件，扩大到保护各种合法权益的案件。①

（三）扩大可诉的行政行为的范围

我国《行政诉讼法》第 2 条规定，行政诉讼的审查对象是具体行政行为，从而将抽象行政行为排除在司法审查之外。实践中，侵害相对人权益的往往是一些违法的抽象行政行为，按照现行规定，违法的抽象行政行为根本无法被纠正。行政诉讼法的这种设计，显然不利于维护行政相对人的合法权益，更无助于推动依法行政。另外，将抽象行政行为排除于司法审查之外还会导致，某一具体行政行为被判决撤销或变更后，而作为该行为依据的抽象行政行为依然存续，并可能被反复适用，其结果必然导致相同的违法行政行为的再现，从而达不到行政诉讼的效果，产生不必要的重复诉讼。② 因此，有学者认为，应扩大行政诉讼法所规定的可诉的行政行为的范围，突破目前受案范围只针对部分外部具体行政行为的局限，将规章以下的规范性文件、涉及初任公务员的考试录用、解聘、辞退、开除公务员身份的决定等涉及国家机关工作人员身份资格以及公民权利义务的行政行为都纳入受案范围。③ 鉴于我国公权力行使方式的多样性和范围广泛性，对行政纠纷的处理不应该仅限于政府行政，还应该包括一定范围的公共行政和非权力行政。④

（四）从其他法律入手扩大行政诉讼的受案范围

实践中，其他法律法规往往也会对行政诉讼受案范围作出规定，尤其

---

① 方世荣：《论我国行政诉讼受案范围的局限性及其改进》，《行政法学研究》2012 年第 2 期。

② 杨小军：《行政诉讼受案范围之反思》，《法商研究》2009 年第 4 期。

③ 方世荣：《论我国行政诉讼受案范围的局限性及其改进》，《行政法学研究》2012 年第 2 期。

④ 杨小君：《行政诉讼问题研究及制度改革》，中国人民公安大学出版社 2007 年版，第 3 页。

是，有些法律法规所规定的受案范围更窄。因此，也有必要从其他法律法规入手，尝试扩大行政诉讼的受案范围。其典型有：

《政府采购法》将行政诉讼受案范围仅限于政府采购监督管理部门关于投诉的处理决定或不作为，既排斥了权益受到潜在损害的当事人成为原告，也排斥了对政府采购实体不作为的司法审查；同时，先经投诉才能起诉，既拖延了纠纷的解决时间，也不利于通过行政诉讼及时救济有关当事人的权利。政府采购合同在合同授予、合同内容和合同所实现的功能等方面，都有别于民事合同，实属行政合同，应纳入行政诉讼的受案范围。①

根据体育行政部门的职权范围，体育领域的行政争议可分为外部性争议与内部性争议、普遍性争议与具体性争议、管理性争议与服务性争议。可纳入体育行政诉讼受案范围的行政争议包括：因对体育行政部门所作的行政处罚决定和行政强制措施不服而产生的争议，因体育行政部门侵犯经营性单位法定经营权而产生的争议，以及同体育行政部门行政许可行为有关的争议。因公共体育设施规则而引起的争议和竞技性争议，属于体育行政诉讼受案范围中的边缘性问题，需要针对不同情况作出是否纳入受案范围的规定。②

三　完善行政诉讼当事人制度

行政诉讼当事人，是指依法参与行政诉讼，享有权利和承担义务的主体，包括原告、被告和第三人。行政诉讼当事人制度的核心是当事人资格确定。根据《行政诉讼法》第 2 条的规定，公民、法人或者其他组织只要"认为"行政机关和行政机关工作人员的具体行政行为侵犯其合法权益，就有权向人民法院提起诉讼。《行政诉讼法》关于原告资格的规定，非常主观和模糊，给法院在理解、执行方面造成一定的困扰，导致实践中出现了各种各样的有关原告资格的争议。关于行政诉讼被告，按照现行《行政诉讼法》及其司法解释，只有行政主体才有资格当被告，然而，具体到一个行政争议中，行为主体是否具有行政主体资

---

① 肖北庚：《政府采购法关于行政诉讼受案范围规定之缺失》，《行政法学研究》2005 年第 2 期。

② 杨寅：《体育行政诉讼受案范围探讨》，《法商研究》2005 年第 1 期。

格，尤其是哪些属于法律法规授权的组织，判断起来颇有难度。在行政诉讼中，国家或者地方政府为实质上的责任承担者，行政诉讼的被告实际上仅为形式上的责任承担者。借用行政机关在行政法中所应当承担的法律责任来表达行政诉讼被告法律责任的做法，实际上是忽视了两种责任的不同性质。

学界普遍认为，针对现行行政诉讼法有关原告资格的规定所存在的问题，未来行政诉讼法的修改，应该完善行政诉讼当事人资格，扩大原告资格范围，将原告资格限定为同被诉的行政行为有法律上的利益。另外，学界还普遍主张增加关于公益诉讼原告资格的规定。对于公益诉讼的原告资格，检察机关应当是提起公益行政诉讼的主要主体，自然人、法人或其他组织应是辅助主体，自然人、法人或其他组织认为行政行为侵害国家利益和社会公共利益的，应当以申请人民检察院提起公益行政诉讼为先行程序。只有人民检察院在规定时间内不提起诉讼的，自然人、法人或其他组织才可以以自己的名义提起公益行政诉讼。[①]

对于行政诉讼的被告，未来行政诉讼法修改应该本着简化原则，以作出行政行为的机关或组织为被告。行政机关内设机构或派出机构，不管有没有法律的授权，只要这些内设机构或派出机构以自己的名义作出行政行为，原告就可以控告这些内设机构或派出机构，这些机构就是被告。[②] 对于经过复议的行政案件的被告问题，现行法律规定，复议机关改变原行政行为的，复议机关为被告，这样的规定所造成的结果，就是实践中绝大多数复议机关为了避免当被告，从而作出维持原行政行为的复议决定，丧失了行政复议的意义。为了督促复议机关认真履行职责，未来行政诉讼法修改应该规定凡是经复议的案件，无论是维持还是改变原行政行为，在行政诉讼中，复议机关都作为行为主体而成为被告。

四 重构行政诉讼类型

行政诉讼类型是行政诉讼法学的一个重要组成部分，是指公民、法人和其他组织可以提起行政诉讼请求救济且法院仅在法定的裁判方法范围内

---

① 参见马怀德《〈行政诉讼法〉存在的问题及修改建议》，《法学论坛》2010 年第 4 期。

② 同上。

裁判的诉讼形态。许多国家和地区的行政诉讼法，都明确规定了行政诉讼的具体种类。我国《行政诉讼法》只规定了行政诉讼判决类型，并未规定行政诉讼类型。《行政诉讼法》第54条规定了维持判决、撤销判决、履行判决、变更判决等判决类型。最高人民法院在《关于执行〈中华人民共和国行政诉讼法〉若干问题的解释》中，又增加了确认判决和驳回诉讼请求两种判决形式。

这种从行政诉讼判决的种类倒推行政诉讼类型的做法，属于倒果为因的做法，忽略了行政诉讼类型与行政诉讼判决之间的区别。以往的理论研究停留于现行法律的实然性规定，缺乏对行政诉讼类型的应然性思考。学界普遍认为，目前有关行政诉讼类型的状况，不利于行政争议的合理解决。以我国行政系统内部各行政主体之间经常发生的权限争议为例，根据现行法律的规定只能采取由上一级行政主体加以裁决的处理办法，却不能到法院要求司法裁决，因为行政诉讼法中没有机关诉讼这一行政诉讼类型。在中国现行法律框架之下，公民只有在与具体行政行为有利害关系的情况下，才能够提起行政诉讼，对于损害了社会公共利益的行政行为而公民又与之没有利害关系的情况则不能起诉。

行政诉讼类型是行政诉讼法学研究的重点，在确定行政诉讼种类划分的标准时，除应考虑行政诉讼判决种类这一因素外，还应考虑行政诉讼的目的、原告的诉权、行政诉讼客体、进入到行政诉讼程序的行政争议性质、法官在审理行政案件时的权力等各种因素。[①] 为了保护原告诉权，体现司法权对行政权的有效规范，维护公共利益，应构建科学的行政诉讼类型。学界认为，在明确撤销诉讼、课予义务诉讼、给付诉讼、确认诉讼等现有行政诉讼类型的基础上，应借鉴域外经验，增加公益诉讼、机关诉讼、当事人诉讼等诉讼类型。

第三节　我国行政诉讼法学的发展与存在的不足

进入21世纪以来，我国行政诉讼法学在研究方法上，除了采用传统的注释法学和规范分析法学的研究方法之外，也越来越重视实证调研等社

[①] 参见马怀德《〈行政诉讼法〉存在的问题及修改建议》，《法学论坛》2010年第4期。

会学的研究方法；在研究内容上，除了对行政诉讼法的规定进行实然问题的研究之外，越来越注重行政诉讼理论的应然研究；并且逐步拓宽了行政诉讼法的研究视角，从宪政、经济学等领域入手，关注行政诉讼制度的变迁与走向。

一　我国行政诉讼法学发展的特点

（一）基础理论研究不断深入

在《行政诉讼法》出台之后的十年（1989—1999），我国行政诉讼法学的研究重点是行政诉讼法本身的规定，对行政诉讼法规定的行政诉讼目的、受案范围、管辖、当事人、程序等进行阐释并对其存在的问题进行分析。进入 20 世纪以来，行政诉讼法学在关注行政诉讼法规定存在的问题与不足的基础上，也对制度规定背后的理论进行了深入探究，加大了行政诉讼法学理论研究，也从而使这一学科进入了相对成熟的研究阶段。在这段时期，学界开始关注行政诉讼法学的基础理论问题，如行政诉权、行政诉讼的价值、行政诉讼的诉的利益、行政诉讼类型化、司法审查的强度与审查标准问题等①。研究的重心从关注《行政诉讼法》规范以及在实践中的实施状况，开始转向对现存的行政诉讼具体制度的利弊、存废、完善等

①　对行政诉权进行全面和较为深入剖析的研究成果，如赵正群《行政诉权在中国大陆的生成及面临的挑战》，《诉讼法论丛》第 6 卷，法律出版社 2001 年版，第753—775 页；对行政诉讼的价值问题进行研究，在全面总结古代及当今西方国家行政诉讼制度的价值，剖析行政诉讼价值生成机制的基础上，提出了以人权、秩序、效益、公正为序列的行政诉讼价值体系，如刘善春《行政诉讼价值论》，法律出版社1998 年版；其他涉及行政诉讼中诉的利益、行政诉讼类型、行政诉讼审查强度和审查标准的研究有：刘志刚：《论行政诉讼中的诉的利益》，《诉讼法论丛》第 9 卷，法律出版社 2004 年版，第 512—547 页；薛刚凌：《行政诉讼类型研究》，《诉讼法学研究》第 1 卷，中国检察出版社 2002 年版，第 346—378 页；杨伟东：《行政行为司法审查强度研究——行政审判权纵向范围研究》，中国人民大学出版社 2003 年版；解志勇：《论行政诉讼审查标准——兼论行政诉讼审查前提问题》，中国公安大学出版社 2004年版；刘东亮：《行政诉讼目的论——"保障人民权益"与我国行政诉讼法的修改和完善》，中国政法大学 2004 年博士学位论文；吕立秋：《行政诉讼举证责任》，中国政法大学出版社 2001 年版；王学辉主编：《行政诉讼制度比较研究》，中国检察出版社2004 年版；王宝明等：《抽象行政行为的司法审查》，人民法院出版社 2004 年版；马怀德主编：《行政诉讼原理》，法律出版社 2003 年版；杨海坤、黄学贤：《行政诉讼基本原理与制度完善》，中国人事出版社 2005 年版，等。

深层次的分析研究。

（二）强调行政诉讼的宪法背景

行政法是"小宪法"，是宪法的具体化。由于宪法与行政法之间具有天然的联系，许多高校和研究单位将宪法和行政法作为一个学科，进行招生和设置研究科室。学者指出，在展开对行政法上的某个具体问题研究之前，首先需要论述其宪政基础，强调行政法制应当围绕宪法原理展开，并且不应该只限于在法源部分对宪法予以简略的阐述，而应该确立以宪法研究带动行政法研究、以宪政原则指导行政法原则的研究作风，确保行政法学研究始终围绕宪法原理展开。① 行政诉讼法的研究也只有放在宪法背景下才显得厚重和有底蕴。这一时期，行政诉讼法学者开始从宪法的角度，对行政诉讼的具体制度进行分析②。学者将行政诉讼法学研究整个地放入宪法背景及法治环境中去考究。宪法背景以及法治精神本身就是一种预测。行政诉讼法学的基础是宪法理论，不探寻宪法理论无法达致对行政诉讼法学的真正理解。③

以《从行政诉讼到宪法诉讼——中国法治建设的瓶颈之治》一文为例，作者就行政诉讼的宪法意义和借鉴域外宪法诉讼对于中国行政诉讼体制改革的意义作了阐述，即"法治乃现代社会之理想治理模式，诉讼乃法治实现的必然选择。在现行诉讼体制中，行政诉讼作为一种权利对权力说不的游戏，标志着中国法治理念的本土生成；但由于其先天缺陷与后天失调所共同导致的运行不济，使得该机制在中国法治实践中未能彰显其应有价值。宪法诉讼作为域外法治实践的成功典范，因诸多因素在中国内地难以实证化，但其所蕴含的民主、法治、人权与程序正义理念可为中国行政诉讼体制改革提供精神支撑"。该文最后指出，"从行政诉讼到宪法诉讼，实现行政诉讼与宪法诉讼的内在契合与外在趋同，即为中国法治建设进程

① 杨建顺：《行政规制与权利保障》，中国人民大学出版社2007年版，第1页。

② 胡肖华：《从行政诉讼到宪法诉讼——中国法治建设的瓶颈之治》，《中国法学》2007年第1期；胡肖华：《行政诉讼受案范围的宪政分析》，《诉讼法理论与实践（2003年·民事、行政诉讼法学卷）》（下），中国政法大学出版社2003年版，第485—489页；戴建志：《行政诉讼就是近距离地触摸宪法》，《人民司法》2002年第9期；李卫刚：《行政诉讼的宪政意义》，《当代法学》2003年第2期。

③ 梁凤云：《行政诉讼判决研究》，中国政法大学2006年博士论文。

中的瓶颈之治"。①

（三）研究方法进一步丰富，跨学科研究走向深入

随着社会的发展，许多领域的事务相互交织、融合，因此，作为社会应用学科，行政诉讼法的研究也越来越融合其他学科研究理论，如经济学、社会学等。行政诉讼制度牵扯诉讼各方的利益，同时还要平衡个人利益和公共利益，是各方利益相互博弈的结果。为此，许多学者运用经济学的制度理论、博弈理论，分析透视我国行政救济制度变迁的诱因、特征和合理对策。② 随着比较研究的方法、经济分析的方法、价值分析的方法在学界得到越来越广泛的运用，行政诉讼法学的研究方法已经从简单的注释法学和实证法学研究走向研究方法的多样化，③ 这也是行政诉讼法学研究日趋成熟的标志之一。

二 我国行政诉讼法学存在的不足

（一）研究内容上存在重复

《行政诉讼法》出台之后的十年，行政诉讼法学处于蓬勃发展阶段，学界对行政诉讼法的目的、功能、原则、当事人、审查标准、审查强度、诉讼类型等各个部分给予极大地关注。进入 20 世纪以来，学界对行政诉讼的受案范围、管辖、当事人等的研究仍热情未减。以行政诉讼受案范围为例，中国知网检索的结果，以行政诉讼受案范围为标题的论文有 296 篇，其中 2000 年之后就有 256 篇。以行政诉讼的调解为例，中国知网检索的结果显示，以行政诉讼调解为题目的论文有 330 篇，其中 2000 年之后就有 303 篇。再以博士学位论文选题为例，虽然出现了一些对新问题的研究，有学者开始关注行政诉讼中的细节问题，如讨论行政诉讼中的论证

---

① 胡肖华：《从行政诉讼到宪法诉讼——中国法治建设的瓶颈之治》，《中国法学》2007 年第 1 期。

② 例如，罗豪才：《行政诉讼的一个新视角——如何将博弈论引进行政诉讼过程》，《法商研究》2003 年第 6 期；刘霞、张丹：《我国行政救济制度变迁的经济学分析》，《福建经济管理干部学院学报》2003 年第 4 期；王勇：《行政诉讼主要程序的经济分析》，《现代法学》2004 年第 1 期；章剑生：《论利益衡量方法在行政诉讼确认违法判决中的适用》，《法学》2004 年第 6 期。

③ 杨海坤、曹达全：《渐进发展中的中国行政诉讼法学研究》，《浙江学刊》2006 年第 6 期。

方法①、判决的适时性②等，也有学者对跨学科领域的行政诉讼制度进行研究，③ 但是总体而言，重复研究的现象仍然比较突出。进入本世纪以来，行政诉讼法学的博士论文选题仍然集中在行政诉讼法的目的、功能、当事人、程序、类型等专题。④

（二）实证研究有待加强

行政诉讼法学属于应用性很强的学科，行政诉讼法的修改与完善首先应弄清楚行政诉讼制度的运行状况，包括运行的外部环境和运行实践过程中存在的问题。虽然也有学者开始关注制度实践，⑤ 有的学者甚至设计调查问卷，对"行政审判机关改革、行政法官制度改革、行政诉讼的运行状况、行政诉讼制度改革和行政诉讼制度的认识和评价"等问题进行调研，撰写了调研报告⑥，但是，由于法学研究缺少实证研究的传统，整体而言，行政诉讼法学中实证研究的应用不发达。学界虽然有一些社会调查的基础性资料，但实证分析方法远未得到广泛的运用。

由于行政诉讼法实证研究的乏力，直接导致比较法学研究还处于初级

---

①　苏治：《行政诉讼中的法律论证方法研究》，苏州大学 2010 年博士论文。

②　蔡赞烨：《行政诉讼之适时审判》，中国政法大学 2008 年博士论文。

③　王旭军：《不动产登记司法审查标准研究》，中国政法大学 2009 年博士论文；王小梅：《反垄断司法审查管辖研究》，中国社会科学院研究生院 2010 年博士论文。

④　例如，张越：《行政诉讼主体论》，中国政法大学 2000 年博士论文；吕利秋：《行政诉讼举证责任》，中国政法大学 2000 年博士论文；杨伟东：《行政行为司法审查强度研究》，中国政法大学 2001 年博士论文；蔡文斌：《行政诉讼先行程序研究》，中国政法大学 2001 年博士论文；胡卫列：《行政诉讼目的论》，中国政法大学 2003 年博士论文；刘东亮：《行政诉讼目的论》，中国政法大学 2004 年博士论文；解志勇：《论行政诉讼审查标准》，中国政法大学 2003 年博士论文；吴华：《行政诉讼类型研究》，中国政法大学 2003 年博士论文；王彦：《行政诉讼当事人研究》，中国政法大学 2004 年博士论文；曹达全：《行政诉讼制度功能研究》，苏州大学 2008 年博士论文；谭宗泽：《行政诉讼结构研究》，西南政法大学 2008 年博士论文；陈惠菊：《行政诉讼类型化研究》，中国政法大学 2008 年博士论文，等。

⑤　何海波在《行政诉讼撤诉考》（《中外法学》2001 年第 2 期）一文中，对于撤诉在实践中存在的问题进行了深入探讨；何海波在《行政诉讼受案范围：一页司法权的实践史（1990—2000）》（《北大法律评论》第 4 卷第 2 辑，北京大学出版社 2002 年版，第 569—587 页）一文中，考察了受案范围的司法实践。

⑥　应松年、薛刚凌：《行政审判制度改革调查报告》（上），《诉讼法学研究》第 4 卷，中国检察出版社 2002 年版，第 291—320 页；《行政审判制度改革调查报告》（下），《诉讼法学研究》第 5 卷，中国检察出版社 2003 年版，第 367—409 页。

阶段。虽然一些从事行政诉讼法研究的学者也有意识地运用比较分析方法，但未能在真正功能意义上加以展开。正如有的学者所指出的，法律是一个国家、一个民族精神和性格的体现，是其民族和历史的沉淀物，因此，对国外法律制度的理解就远远不能局限于其纸面的规定，相反地，必须深入考察法律制度形成的时代背景和社会基础，才有可能准确洞悉国外法律制度的真实面相。① 遗憾的是，目前学界在引进域外行政诉讼相关制度和理论的时候，多数仍停留在简单的制度介绍、翻译层面，对制度所赖以生存的历史、文化、社会以及宪政背景资料关注不够，不能回答为何某一制度适合于某一国家或地区，以及中国为何适合移植该制度等问题。由此所建议引进的境外制度也基本是宏观的，对于微观的制度实践缺少较为详尽的考察，特别是对制度移植过程中会遇到的困难预见不足。尤其是在引进制度建议的论证过程中，往往局限于因为某国有某一制度，所以中国也应引入该制度的逻辑范式。

此外，学界研究行政诉讼的视角也较为有限，鲜有从哲学、法理学、宪法学、社会学等多视角、宽领域研究行政诉讼制度。②

---

① 章志远：《行政公益诉讼热的冷思考》，《法学评论》2007 年第 1 期。
② 杨海坤、曹达全：《渐进发展中的中国行政诉讼法学研究》，《浙江学刊》2006 年第 6 期。

第 二 章

行政诉讼法学的基础理论

　　行政诉讼法的目的论、功能价值论以及行政诉讼法的基本原则等问题，共同构成了行政诉讼法学的基本理论。行政诉讼法学的基本理论问题决定着行政诉讼制度设计的基本走向，学界在对行政诉讼制度进行研究提出修改建议的同时，也注重从源头对行政诉讼制度进行重新审视。

第一节　行政诉讼目的论

　　立法是人类的自觉活动，任何立法都是有一个预先设定的目的，立法的原则、制度设计都必然围绕着立法目的展开，服务于立法目的。立法目的首先为立法者指引方向，立法者是依据立法目的进行具体立法活动的。立法目的的模糊或者偏差，也必然直接影响到整个制度设计的价值取向和实施效果。行政诉讼法也不例外，有关行政诉讼目的论的争论，在《行政诉讼法》颁布伊始甚至制定过程中，就已经展开了，进入 21 世纪，这一讨论也在更加深入地开展。

一　行政诉讼目的论概述

（一）界定

　　"目的是全部法律的创造者，每条法律规则的产生都源于一种目的，即一种事实上的动机。"① 关于行政诉讼目的的界定，也具有相似的表述。

---

　　① ［美］博登海默：《法理学——法律哲学与法律方法》，中国政法大学出版社1999 年版，第 109 页。

如有学者将行政诉讼目的表述为，是国家基于对行政诉讼固有属性的认识预先设计的关于行政诉讼结果的理想模式；① 或者表述为，行政诉讼目的是国家基于行政诉讼性质所确立的制度目标，具有可预期性、人为设计性等特点；② 或者表述为，行政诉讼的目的，就是以观念形式表达的，国家对实行行政诉讼所期望达到的目标或结果。③ 从学界对行政诉讼目的的界定可以看出，行政诉讼目的的主体是国家，体现国家意志。行政诉讼实践，既受到行政诉讼目的的制约，又体现着行政诉讼目的，反映行政诉讼目的实现的程度和状况。④

（二）行政诉讼目的论的重要性和意义

行政诉讼目的论是行政诉讼法学的一个基础性范畴，学界对行政诉讼目的论的重要性和意义有着深刻的认识。行政诉讼目的论不仅关系着行政诉讼法学的理论建构，而且决定着行政诉讼的制度设计，也影响着行政诉讼的司法实践。⑤ 正确理解行政诉讼的目的，是把握行政诉讼的本质，保证行政诉讼制度顺利发展的重大问题。

1. 行政诉讼目的论的理论价值

学者们通常认为，行政诉讼目的论具有的理论价值，在于培植或彰显一种"民告官"的正当性理念。中国有着数千年的"官本位"的意识形态传统，要在这样的土壤里确立一种"民可以告官，民能告倒官"的行政诉讼制度，更需要培植和彰显关于该制度是合法正当的理念，因为它和民众的预期有着巨大反差。"依法治国、建设法治国家"已成为当代中国举国上下的共识，在思考中国走向法治的路向与过程方面，对西方行之有效的制度实行"拿来主义"是有必要的，但更为重要的或许是弘扬高妙的理念，以及阐明我们为什么要这种理念，行政诉讼目的的确定与彰扬，正是用来解决行政诉讼制度建构带给广大民众的困惑。⑥

---

① 杨伟东：《行政诉讼目的探讨》，《国家行政学院学报》2004 年第 3 期。

② 谭宗泽：《行政诉讼目的新论——以行政诉讼结构转换为维度》，《现代法学》2010 年第 4 期。

③ 胡卫列：《行政诉讼目的论》，中国政法大学 2003 年博士论文。

④ 同上。

⑤ 同上。

⑥ 马怀德、王亦白：《中国行政诉讼目的论纲》，中评网 http://www. china - review. com/sao. asp? id =3717，访问时间 2012 年 10 月 29 日。

2. 行政诉讼目的论的实践意义

目的论在行政诉讼实践中，具有不可替代的作用和价值。行政诉讼法学研究是为了指导行政诉讼的实践，目的论起着为行政诉讼制度设计总体思路的作用，同时，也是对行政诉讼制度的具体适用作出符合立法者最初目的的解释所必需的。具体而言，有不同的行政诉讼目的，就会有不同的行政诉讼审理原则、不同的受案范围、不同的案件管辖规定、不同的诉讼程序设置、不同的当事人制度、不同的诉讼模式和判决方式，等等。

二　行政诉讼目的论的内容

《行政诉讼法》第 1 条规定，"为保证人民法院正确、及时审理行政案件，保护公民、法人和其他组织的合法权益，维护和监督行政机关依法行使行政职权，根据宪法制定本法"。该条款被学者称为《行政诉讼法》的"灵魂条款"，是法规则设计或者修改的基点，在法律解释中支配着解释方法的走向。[①] 围绕该条，20 世纪 90 年代学者对《行政诉讼法》目的的研究，形成了"保权说"、"监督说"、"平衡说"、"纠纷解决说"等论断。

"保权说"认为，《行政诉讼法》是保护公民合法权益的法律，除此之外都是为了达成这个目的而确定的手段而已。如"行政诉讼的唯一目的是保护公民的合法权益，至于说维护行政机关依法行使行政职权这一目的是不存在的"[②]。"监督说"认为，"无论从立法原则上，还是从各种程序的设定上，行政诉讼法都体现了维护行政机关依法行使职权的精神。……这种监督是国家行政管理所不可缺少的，是促进行政机关依法行政，预防和纠正行政机关行使职权中的违法行为，把行政机关的行为切实纳入法制轨道的、极为重要的途径，这也正是制定行政诉讼法的目的所在"。[③] "平衡说"则试图从"保权说"和"监督说"之间寻找平衡，认为"保障行政机关依法行使职权与保护个人、组织的合法权益是行政诉

---

① 章剑生：《〈行政诉讼法〉修改的基本方向——以〈行政诉讼法〉第 1 条为中心》，《苏州大学学报》2012 年第 1 期。

② 张树义：《冲突与选择——行政诉讼的理论与实践》，时事出版社 1992 年版。

③ 罗豪才、应松年：《行政诉讼法学》，中国政法大学出版社 1990 年版，第 10—11 页。

讼宗旨的两个基本点，二者不可偏废。既要看到保障和支持行政机关依法行使职权的必要性，又要看到保护个人、组织合法权益的重要性。不能用一方面去否定另一个方面"。① "纠纷解决说"认为，"解决行政纠纷、维护社会秩序才是行政诉讼程序的真正唯一目的"。②

三 行政诉讼的根本目的

修改《行政诉讼法》，首先要重新确定行政诉讼的目的，即如何在解决行政争议、保护公民权益与监督行政机关三者之间作出抉择。从行政诉讼法学的发展来看，学界对于行政诉讼目的论已经达成共识，学者从不同的角度阐明，行政诉讼的根本目的就是保护公民权益。

有学者从行政诉讼结构转换的角度，论述了行政诉讼的根本目的应该是保障行政相对人的合法权益。③ 行政诉讼的根本目的在于"保护公民、法人和其他组织的合法权益"，而"保证人民法院正确、及时审理行政案件"、"维护和监督行政机关依法行使行政职权"居于次要地位，是"保护公民、法人和其他组织的合法权益"这一根本目的实现的手段和途径。④

《行政诉讼法》不仅应宣示保护公民权益的重要性，更关键性的是在行政诉讼具体制度的安排上，体现和落实这一主要目的，解决目的多元带来的制度困惑和实践难题。⑤ 还有学者在阐释行政诉讼目的论时，将之放在"人权入宪"的背景下，认为人权入宪标志着人权成为国家追求的基本价值和根本目标，也昭示着我国现行行政诉讼制度应朝着更加尊重和保障人权的方向发展，如将行政诉讼的目的定位在保护公民、法人或者其他

---

① 黄杰：《〈中华人民共和国行政诉讼法〉诠释》，人民法院出版社 1994 年版，第 7 页。

② 宋炉安：《行政诉讼程序目的论》，刘莘等：《中国行政法学新理念》，中国方正出版社 1997 年版，第 366 页。

③ 谭宗泽：《行政诉讼目的新论——以行政诉讼结构转换为维度》，《现代法学》2010 年第 4 期。

④ 湛中乐：《论〈中华人民共和国行政诉讼法〉的修改》，《苏州大学学报》2012 年第 1 期。

⑤ 马怀德：《保护公民、法人和其他组织的权益应成为行政诉讼的根本目的》，《行政法学研究》2012 年第 2 期。

组织的合法权益，监督行政机关依法行使职权上。①

有学者从行政诉讼制度的性质出发，阐述多元的行政诉讼目的观：作为行政纠纷的解决机制，行政诉讼的目的在于解决行政纠纷，这是行政诉讼作为程序制度的直接目的；作为对行政权力进行监督和制约的机制，行政诉讼的目的也在于监督和制约行政权力，这是体现行政诉讼本质特点的目的；作为一种行政法上的救济制度，行政诉讼的根本目的在于保障行政权益。② 行政诉讼的根本目的是建立在多元的行政诉讼目的观的基础上。学者承认行政诉讼目的具有多维性，但是保护公民权益应作为行政诉讼的主要目的和根本目的。

四　行政诉讼目的论与行政诉讼法的修改

（一）明确行政诉讼目的论是行政诉讼法修改的前提

立法目的是法律设计或者修改的基点，在法律解释中支配着解释方法的走向。因此，重新检视《行政诉讼法》的立法目的，并使之成为引领《行政诉讼法》修改的基本方向，是"修法"的核心问题。

修改《行政诉讼法》的首要任务，就是要重新确定行政诉讼的目的，即新的行政诉讼法如何在解决行政争议、保护公民权益与监督行政机关三者之间，作出符合修改目标的抉择。虽然这三者均可以作为行政诉讼的目的，但无疑保护公民权益应作为行政诉讼的根本目的。因为《行政诉讼法》不仅应宣示保护公民权益的重要性，更关键性的是应在行政诉讼具体制度的安排上，体现和落实这一主要目的，解决目的多元带来的制度困惑和实践难题。

有学者认为，行政诉讼目的是国家基于行政诉讼性质所确立的制度目标，它具有可预期性、人为设计性等特点。而行政诉讼性质由行政诉讼结构所决定。在行政诉讼结构转换中，作为行政诉讼主体结构部分的原告和法院以及被告、行政主体通过身份转换，对行政诉讼目的的构建产生根本性的功能意义。通过对四重关系的考察和行政诉讼结构转换的阐述，学者论述了行政诉讼的根本目的应该是保障行政相对人的合法权益。只有坚持这样的目的论，才能真正把握司法为民的精神理念，从而构建符合我国国

---

① 李晨：《人权入宪与我国行政诉讼制度的完善》，《中州学刊》2005 年第 3 期。

② 胡卫列：《行政诉讼目的论》，中国政法大学 2003 年博士论文。

情、化解官民矛盾、促进社会和谐稳定的行政诉讼制度。①

（二）提出明确的修改方案

《行政诉讼法》第 1 条规定的行政诉讼目的，过于强调保障行政机关依法行使职权，弱化了保障公民、法人、其他组织合法权益的目的，不利于行政争议的解决。针对这些弊端，学者们提出完整的修改建议。（1）增加"解决行政争议"的目的。争议的存在是启动诉讼程序的动因，解决争议是人民法院的根本任务，正确及时审理案件最终要落实到解决争议。（2）将"公民"改为"自然人"。公民概念强调国籍上的归属，自然人一般指具有自然的生理机能的人类成员，强调人的自然属性。自然人的外延比公民广，包括本国公民、外国公民和无国籍人。中国加入世贸组织后，外国人、无国籍人、外国组织作为行政法律关系一方主体的情况越来越多，相应地，涉外行政诉讼也必然增加。因此，把受保护权益的主体改为"自然人、法人和其他组织"更符合现实情况，并且在行文上前后一致，避免歧义。（3）将"维护和监督行政机关依法行使行政职权"改为"监督行政机关依法行政"。行政诉讼有别于刑事诉讼、民事诉讼的关键在于，行政诉讼程序与行政程序有密切关系。行政法律关系中，行政主体处于主导地位，依照一般授权或特别授权作出行政行为，有可能包含对相对人权益的处分。而在国家行政权力面前，相对人处于弱势，缺乏权益的自我保障能力，由此而产生的行政纠纷，必须通过另一种国家权力居中裁判才能得以解决。因此，国家建立行政诉讼的目的在于用一种权力监督另一种权力，行政权自身的效力足以够保障和维护行政任务的完成。行政诉讼不仅要监督行政机关依法行使职权，还要督促其依法承担责任，"依法行政"包含上述两方面内容，使用"监督"的含义更为完整。综上所述，有学者建议将关于行政诉讼目的表述修改为："为保证人民法院正确、及时审理行政案件，解决行政争议，保障自然人、法人和其他组织的权益，监督行政机关依法行政，根据宪法制定本法。"②

---

① 谭宗泽：《行政诉讼目的新论——以行政诉讼结构转换为维度》，《现代法学》2010 年第 4 期。

② 马怀德：《〈行政诉讼法〉存在的问题及修改建议》，《法学论坛》2010 年第 5 期；马怀德：《司法改革与行政诉讼制度的完善——〈行政诉讼法〉修改建议稿及理由说明书》，中国政法大学出版社 2004 年版，第 86—87 页。

"行政诉讼立法目的是确立《行政诉讼法》的价值、检验其效果之标准，同时也是统摄《行政诉讼法》基本精神、弥补条文漏洞的根据以及解释条文含义的价值取向。"① 立法目的是否科学对立法质量具有重大影响。学术界所提出的建议稿中对立法目的条款的修改，主要是调整了立法目的的表述顺序。在现行《行政诉讼法》的多项立法目的中，没有主次之分，导致在运用具体条文面临矛盾或存在法律漏洞时难以取舍、解释和判断，使整部法律缺乏一以贯之的逻辑。为了解决这一问题，学术界所提出的建议稿按照不同立法目的之间的主次关系，调整了表述顺序：将行政诉讼的根本目的——保护公民的合法权益放在首位；将间接目的——监督行政机关依法行政放在其次；将直接目的——保证人民法院正确及时审理行政案件放在最后。作此修改，可以表明立法者的基本考量发生了重要变化，进一步体现人权保护原则和人文主义精神。

具体的修改建议是，将"维护和监督行政机关依法行使行政职权"改为"监督行政机关依法行政"。首先，将"维护"二字去掉，一是因为行政机关享有行政优益权，行政行为一经作出就具有公定力，行政活动的效力主要不靠行政诉讼来维护，相反，对行政权进行司法监督，才应当是行政诉讼法的基本品格。二是因为就目前形势来看，行政权违法是行政权与相对人权利之间的主要矛盾。也有学者对此提出商榷，认为删除"维护"的主张是不可取的。其理由是，现代法治理论及制度时间既然要求法院正确审理行政案件，就必须充分认识到法院的裁判具有维护诉讼当事人任何一方合法权益的功能。在行政诉讼中，无论哪一方当事人，只要其提出的事实主张有充分的论据，提出的法律主张有令人信服的理由，法院就应当给予其支持。② 其次，将"依法行使行政职权"改为"依法行政"，理由在于："依法行使行政职权"不能完整反映"依法行政"的外延。"依法行政"既包括"依法行使职权"，也应当包括"依法承担行政职责"，两方面不可偏废。"依法行政"包容性更强，表述更准确。对

---

① 莫于川、雷振：《我国〈行政诉讼法〉的修改路向、修改要点和修改方案——关于修改〈行政诉讼法〉的中国人民大学专家建议稿》，《河南财经政法大学学报》2012 年第 3 期。

② 杨建顺：《行政规制与权利保障》，中国人民大学出版社 2007 年版，第 606页。

"公民、法人和其他组织"的用语进行了修正。现行法中所称"公民、法人和（或者）其他组织"，从行政诉讼实践来看，实际上既包括中国公民和在中国境内的外国人、无国籍人，也包括中国的法人、非法人组织和在中国境内的非中国的法人、非法人组织，也就是常说的行政相对方、行政相对人，或者说私方当事人，他（它）们具有基本相同的诉讼权利（实行对等原则的情形除外）。但这一表述较为累赘，也易令人误解。有建议稿提出的方案建议，用"公民"作为基本用语并对"公民"的外延进行界定，旨在使条文更加简洁。① 另外，也有的学者认为可继续保留"公民、法人和其他组织"的表述方式。②

第二节 行政诉讼功能

行政诉讼功能是与行政诉讼目的紧密相连的基础性理论问题，行政诉讼功能是设定行政诉讼目的的客观依据，对行政诉讼功能的认识过程，也是对行政诉讼本质的认识。近年来，学界对行政诉讼功能进行了重新审视，希望通过行政诉讼功能的评判，重新定位行政诉讼法的立法目的，并进而在修订行政诉讼法时能够对相关制度进行改进。

一 行政诉讼的功能概述

我国行政法学界对行政诉讼功能和作用的认识有一个发展的过程。我国第一本行政法学教科书《行政法概要》认为，西方国家行政诉讼的功能主要是"救济"："当事人由于国家行政机关的不法行政行为而使其权益受损害，向有关司法机关（如行政法院）提出申诉，请求撤销或变更"，"要求行政上给予损害赔偿和损失补偿"；苏联和东欧国家行政诉讼的功能主要是"监督"："由普通法院通过审判活动来对行政管理进行监督。"③ 之后，我国行政法学界对行政诉讼功能和作用，进行了较为深入

① 莫于川、雷振：《我国〈行政诉讼法〉的修改路向、修改要点和修改方案——关于修改〈行政诉讼法〉的中国人民大学专家建议稿》，《河南财经政法大学学报》2012 年第 3 期。

② 应松年主持起草的《中华人民共和国行政诉讼法》修订专家建议稿（2011）。

③ 王珉灿主编：《行政法概要》，法律出版社 1983 年版，第 154—157 页。

的研究。有的学者将行政诉讼的功能和作用概括为：保护行政相对人的合法权益；促进安定团结局面；保障国家长治久安；促进行政管理法治化；提高国家行政效能；保障行政主体合法、准确有效行使职权；为全体公民提供一个学习民主、法治，提高民主、法治水准的途径。① 有的学者将行政诉讼的功能和作用概括为五项：保障宪法原则规定的实施；保护行政相对人的合法权益；监督行政机关及其工作人员依法行政；增强和提高全体社会成员的民主、法治意识；保障全面改革的顺利发展。②

也有学者将行政诉讼的主要功能概括为四个，即行政纠纷解决功能、行政相对人权利保护功能、权力制衡功能和政策形成功能。③ 有学者主张，修改我国《行政诉讼法》时，应正确认识行政诉讼的功能，合理定位立法目的，选择与行政诉讼性质和立法目的相匹配的制度，使行政诉讼发挥立法者所预设的功能。④

在分析行政诉讼功能方面，有学者还进一步发掘行政诉讼对于基层民主纠纷的救济功能，认为虽然基层民主作为我国社会主义民主制度的重要组成部分得到了《宪法》的确认，但是现有立法对如何通过司法途径对基层民主运行中产生的纠纷加以解决，则缺乏制度性保障。学者通过规范分析和典型案例的实务分析，发现行政诉讼在基层民主的司法救济中具有重要功能，人民法院已经受理了许多关于居民自治、村民自治、企业经济民主、其他社会组织的民主正当程序的行政诉讼案件。⑤

有学者认为，目前实务界和学术界对行政诉讼功能的认识存在误区，主要表现在三个方面。其一，将行政诉讼与民事诉讼等同，只承认和重视其解纷功能，而否认或轻视其救济和监督功能，特别是否认其监督功能。其二，将行政诉讼与民事诉讼截然区分，过分强调和重视其监督功能，轻

---

① 许崇德、皮纯协主编：《新中国行政法学研究综述》，法律出版社 1991 年版，第 608—610 页。

② 张尚鷟主编：《走出低谷的中国行政法学——中国行政法学综述与评价》，中国政法大学出版社 1991 年版，第 390—393 页。

③ 尹华容、胡龙：《行政诉讼功能探析》，《求索》2007 年第 6 期。

④ 孔繁华：《我国行政诉讼功能之实证分析》，《江苏行政学院学报》2009 年第 1 期。

⑤ 于立深：《行政诉讼对基层民主纠纷的救济功能》，《中国行政管理》2009 年第 8 期。

视或忽视其救济和解纷功能，特别是轻视其解纷功能。其三，对行政诉讼功能发挥的成本估计过高，效益估计过低。认为行政诉讼耗费过多人力、财力和时间，影响行政效率，影响官民关系。其解纷不如信访成本低、效果好；救济不如申诉、控告快捷、便利、廉价；监督不如纪检、监察能对公职人员直接采取产生法律效果的措施（如记过、降职、撤职、开除等）有效。这些认识导致的实践结果，就是出现重信访、申诉、纪检、监察而轻行政诉讼的社会管理理念与方式。从整体上考察，行政诉讼具有多方面的功能和作用，但最应该重视的是三方面的功能和作用：解纷、监督和救济。①

二 定位行政诉讼功能与修改行政诉讼法

近年来，学界对行政诉讼功能的研究不断深入，将行政诉讼的功能模式与行政诉讼法的修改结合起来。行政诉讼的功能模式是指，设计行政诉讼制度以及行政诉讼活动所要达到的终极目标而呈现的总体风格，关系到整个行政诉讼程序的设计以及具体制度的构建。依功能取向不同，在世界范围内，行政诉讼的功能模式可分为主观公权利保护和客观法秩序维护模式两种理想类型，分别具有与其模式相适应的行政诉讼程序构造特点。但是，在实践中并不存在绝对意义的理想模型，设计理想模型的价值在于为认识行政诉讼程序构造提供分析工具。据此，有学者指出，我国行政诉讼应定位为客观法秩序维护功能模式，同时兼顾主观公权利保护模式的特点，具有宪法学以及行政诉讼法学基础，客观法秩序维护功能模式可以为扩大行政诉讼受案范围、放松原告资格限制、增设公益诉讼类型、准确定位行政诉判关系提供理论空间，也可以为人民法院审判职权的正确行使提供价值指导。②

有学者认为，基层民主制度的发展亟须完善行政诉讼制度，健全行政诉讼对基层民主纠纷问题的受理和审查程序。在新形势下，完善行政诉讼对基层民主的司法保护功能，修订《行政诉讼法》，将基层民主纠纷纳入受案范围，以及通过制定新的司法解释，规范基层民主纠纷案件的司法审

---

① 姜明安：《行政诉讼功能和作用的再审视》，《求是学刊》2011 年第 1 期。

② 邓刚宏：《论我国行政诉讼功能模式及其理论价值》，《中国法学》2009 年第 5 期。

查程序和机制，无疑具有必要性和迫切性。首先，修改行政诉讼法可以明确人民法院对基层民主纠纷的受理，其次，明确人民法院受理基层民主纠纷，应主要进行程序合法性和合理性审查，再次，可以提升最高人民法院司法解释对基层民主的保护力度。①

行政诉讼制度不仅应当保证传统的公民权利不受减损，而且应当加强对新产生权利类型的保护。行政诉讼法治基础也应当建立在充分培养自身品质和民众广泛参与诉讼程序之上。行政诉讼与民事诉讼之间审查范围的划分，应以有利于调整各种利益关系为原则灵活设置，并赋予当事人灵活选择诉讼程序的权利。行政内部纠纷解决机制的兴起，也要求行政诉讼更加注重与它们之间的衔接。在行政内部纠纷解决机制违反公正原则时，法院应当有权要求行政机关重新审理案件，并追究相关人员的责任。这种机制设置，有利于当事人及时获得司法救济，减缓法院受理案件过多的压力。②

目前，我国正处在各种社会问题、社会矛盾易发和多发的时期。如何解决这些不断出现的社会矛盾和各种社会问题，有两种思路：一种是运用打压和安抚相结合的人治思维和人治手段；一种是运用依法行政、依法解纷、依法监督和依法救济的法治思维和法治手段。要运用法治思维和法律手段解决经济社会发展中的突出矛盾和问题，学者们不可不再度审视行政诉讼的功能和作用。行政诉讼最重要的功能和作用即是解纷、监督和救济。要有效发挥行政诉讼的此种功能和作用，并处理好行政诉讼与改革、发展、稳定的关系，必须树立法治平衡理念，运用法治平衡原则指导行政诉讼中的解纷、监督和救济。③ 行政诉讼制度应当把处理纠纷构建和谐社会摆在突出的地位。行政诉讼制度的改革，必须强化纠纷处理功能，在目的、制度规定、程序设计等方面，更充分体现这一原则。④

在对行政诉讼的功能研究方面，有学者指出，行政诉讼制度发展的趋

① 于立深：《行政诉讼对基层民主纠纷的救济功能》，《中国行政管理》2009 年第 8 期。

② 曹达全：《公共行政改革与行政诉讼制度功能的变迁》，《法学论坛》2010 年第 4 期。

③ 姜明安：《行政诉讼功能和作用的再审视》，《求是学刊》2011 年第 1 期。

④ 杨小君：《行政诉讼问题研究及制度改革》，中国人民公安大学出版社 2007 年版，第 2 页。

势是，从作为相对独立的制度设置与运作机制，走向逐步融入到宪法政治和行政法治的体系中来。在这一过程中，各国行政诉讼制度面临着类似的挑战，如价值目标多元化所带来的法之间如何协调的难题，审查机制多元化给行政诉讼审查范围所带来的难题，法的形式多元化给行政诉讼合法性基础所带来的难题等。

　　针对以上问题，学者们根据各国行政诉讼制度的实践，并在评析学界基本观点的基础上，提出了以下基本观点。第一，任何将行政诉讼制度价值目标定位为单一的目标模式都有其不足之处，在价值目标多元化的情况下，行政诉讼制度只有类型化，才能从根本上解决价值目标多元化所引发的价值冲突问题。第二，传统公法理论以分权、公正与效率价值目标冲突作为行政诉讼与内部审查机制关系处理的理论基础，在当今应当得以修正。法院完全可以通过在行政诉讼确立"穷尽行政救济原则"而通过加强对行政内部审查机制的监督方式，协调效率与公正价值目标之间的冲突。公共领域事务的复杂性决定了应当灵活处理行政诉讼与民事诉讼审查范围，而这种关系的灵活处理还应当建立在各自独立品格培养的基础之上。若从维护宪法权威的角度去考虑，不仅应当赋予司法机关在行政诉讼中具有直接适用宪法的权力，而且建立相对独立于一般公法争议审查机制的宪法审查机制，以保障行政诉讼制度的权威。第三，行政诉讼合法性的基础实际上是行政诉讼制度与其他公法制度之间互动关系的结果，行政诉讼制度不可能以任何一种单一的法的形式作为其合法性基础，行政诉讼合法性基础的形式的多元化是必然趋势。我们应当处理好各种法之间的关系才是问题的关键。任何形式的法要获得认同都应当从培养自身的优良品质入手。在行政诉讼过程中也并不应该存在任何先验的具有法的效力的东西，否则将弱化行政诉讼制度的意义。①

第三节　行政诉讼的基本原则

一　概述

　　行政诉讼的基本原则，是指贯穿于行政诉讼整个过程或主要阶段，反

---

① 曹达全：《行政诉讼制度功能研究》，苏州大学 2008 年博士论文。

映行政诉讼的基本特点，对行政诉讼具有普遍指导意义，体现并反映着行政诉讼的客观规律和法律的精神实质的基本行为准则。将行政诉讼基本原则视为"贯穿于行政诉讼活动的整个过程或是主要阶段"的原则，还是将其仅视为"贯穿于行政诉讼活动的整个过程"、"贯穿于行政诉讼过程始终"的原则，是目前学界争议的核心问题。①

通说一般认为，行政诉讼的基本原则包括一般原则和特有原则。所谓一般原则，是指行政诉讼、民事诉讼和刑事诉讼都必须遵守的原则，如审判独立原则、以事实为根据，以法律为准绳原则、当事人法律地位平等原则、辩护原则、合议、回避、公开审判、两审终审原则、人民检察院有权对行政诉讼实行法律监督原则等。特有原则是指行政诉讼不同于民事诉讼、刑事诉讼的特殊原则，如行政诉讼客体限于具体行政行为的原则；人民法院只审查具体行政行为的合法性，一般不审查其合理性的原则；被告对作出的具体行政行为负有举证责任原则；诉讼不停止行政执行原则；人民法院审理行政案件不适用调解原则；司法变更权有限原则。这些原则都是行政诉讼的性质和特点决定的，为行政诉讼所特有。学界对行政诉讼基本原则的研究通常集中在行政诉讼的特有原则上。例如，依据《行政诉讼法》第 1 条和第 2 条关于行政诉讼宗旨和公民、法人或者其他组织诉权的规定，学者概括出这样一条行政诉讼基本原则：保护自然人、法人和其他组织合法权益与维护和监督行政机关行使职权相结合原则。具体包括：保护自然人、法人和其他组织的合法权益与维护和监督行政机关行使职权相结合原则；人民法院对行政案件独立行使审判权原则；人民法院审理行政案件，对具体行政行为是否合法进行审查原则。②

关于行政诉讼的基本原则，在《行政诉讼法》颁布后的十年内，学界已有了一些研究。关于行政诉讼基本原则的含义，早期的行政诉讼教材和专著中均有所涉及，虽然表述不尽相同，但是基本上都强调行政诉讼的

---

① 杨建顺：《行政规制与权利保障》，中国人民大学出版社 2007 年版，第 615 页。

② 杨寅、吴偕林：《中国行政诉讼制度研究》，人民法院出版社 2003 年版，第 26—28 页。

基本原则反映行政诉讼的基本特点。①

　　进入 20 世纪以来，学者对行政诉讼基本原则进行重新辨析。有的学者认为，行政诉讼的基本原则是指经过实践积累和理论归纳，在行政诉讼的全过程中起指导作用，要求所有行政诉讼法律关系主体予以遵守，反映行政诉讼性质和价值理念并为行政诉讼所特有的基本准则。②行政诉讼的基本原则具有内容的根本性、效力的始终性和地位的特殊性三方面的属性。基本原则受行政诉讼性质、行政诉讼法律关系和立法目的的制约。

　　有的学者在《行政诉讼法》修改建议稿中，对行政诉讼的基本原则进行了增补，例如，主张在现行《行政诉讼法》第四条"人民法院审查行政案件，以事实为根据，以法律为准绳"后，增加"公正审理行政案件"，旨在将公正原则纳入行政诉讼基本原则范围之内。其理由是：第一，公正是诉讼追求的最高价值，这与同样作为行政救济手段的行政复议不同，复议虽然也追求效率与公正并重，但更加注重效率，故应在总则条文中有所反映，也便于统领其他具体条文。第二，以事实为依据和以法律为准绳，主要是对行政诉讼过程的要求，而公正性则反映了行政诉讼的目的和结果，因此有必要把过程和目的统一起来。③ 在修改行政诉讼法过程中，如何反映行政诉讼的基本原则，最终还是要取决于对行政诉讼基本原则的研究水平。

---

　　① 参见姜明安主编《行政法与行政诉讼法》，北京大学出版社、高等教育出版社 1999 年版，第 305 页；应松年主编：《行政诉讼法学》，中国政法大学出版社 1999 年版，第 47 页；崔卓兰、孙红梅：《行政诉讼法学》，吉林大学出版社 1997 年版，第 43 页；马原主编：《行政诉讼知识文库》，北京师范学院出版社 1991 年版，第 23—24 页；于安、江必新、郑淑娜编著：《行政诉讼法学》，法律出版社 1997 年版，第 73 页；方世荣主编：《行政法与行政诉讼法》，中国政法大学出版社 1999 年版，第 323 页；刘定波主编：《新编行政诉讼法学》，中国政法大学出版社 1990 年版，第 25 页；张树义主编：《行政诉讼法学》，中国政法大学出版社 1993 年版，第 37 页；杨解君、温晋锋：《行政救济法——基本内容及评析》，南京大学出版社 1997 年版，第 187 页；张树义：《冲突与选择——行政诉讼的理论与实践》，时事出版社 1992 年版，第 18 页。
　　② 孔繁华：《行政诉讼基本原则新辨》，《政治与法律》2011 年第 4 期。
　　③ 莫于川、雷振：《我国〈行政诉讼法〉的修改路向、修改要点和修改方案——关于修改〈行政诉讼法〉的中国人民大学专家建议稿》，《河南财经政法大学学报》2012 年第 3 期。

还有学者认为，我国现行行政诉讼法规定的是行政诉讼依诉请择判原则。该原则与行政诉讼原理以及审判实践具有内在的矛盾，忽视了行政诉讼性质、审理对象、诉讼法律关系主体的特殊性以及现代行政审判的发展趋势。行政审判在处理诉判关系时，应当从"依诉请择判"转换为"依行政行为效力择判"原则。依行政行为效力择判原则是对依诉请择判原则的"扬弃"，是辩证的肯定与否定，契合了行政诉讼原理的内在逻辑，厘清了适用行政判决类型的界限，体现了行政审判权的司法秉性，适应了行政审判发展的现实需要。①

二　行政诉讼基本原则与行政诉讼法的修改

（一）强调司法终局裁决原则

有学者认为，我国行政诉讼制度体现了司法最终裁决原则、司法审查有限原则和职权主义原则，而合法性审查原则是司法审查有限原则在审理阶段的具体原则，保障诉讼权利原则不是行政诉讼所特有的原则。② 司法最终裁决原则，是指任何法律纠纷原则上只能由法院作出终局裁断。司法最终裁决原则是法治原则和自然正义原则的必然要求。有学者建议行政诉讼法修改时，明确人民法院对行政争议行使最终裁决权。增加这一原则主要基于以下考虑：第一，行政案件的终审权将逐步上移到中央司法机关，有利于加强中央对地方的控制，维护法制统一与保障行政秩序，也间接有利于维护社会稳定。第二，行政终局裁决违背了法治原则，容易导致行政机关滥用权力，并且剥夺了相对人寻求司法救济的权利。第三，行政机关享有终局裁决权与我国加入 WTO 时的承诺不符。③

（二）适当扩大合法性审查的范围

合法性审查原则是行政诉讼的特有原则。据法律规范对行政行为拘束的程度不同，行政行为可分为羁束行为和裁量行为，而裁量行为

---

① 邓刚宏：《行政诉讼依诉请择判原则之局限性——依行政行为效力择判原则的可行性分析》，《法学》2008 年第 9 期。

② 孔繁华：《行政诉讼基本原则新辨》，《政治与法律》2011 年第 4 期。

③ 莫于川、雷振：《我国〈行政诉讼法〉的修改路向、修改要点和修改方案——关于修改〈行政诉讼法〉的中国人民大学专家建议稿》，《河南财经政法大学学报》2012 年第 3 期。

又可分为法规裁量行为和自由裁量行为两种类型。① 按照传统观点，法院只对行政机关羁束行为的合法性进行审查，而一般不对裁量行为的合理性进行审查。现行《行政诉讼法》的有关规定便体现了这一理论。然而，任何行政裁量都具有一定的限度，一旦存在裁量权的逾越和滥用，便构成违法，就要接受法院的司法审查，这种观点已被诸多国家的通说和判例所采纳。② 过度承认裁量行为的独特性可能导致行政恣意。实际上，合法性与合理性只是程度上的区别，明显不合理的情况本质上就已属于违法。因此，学者在《行政诉讼法》修改建议稿中将"行政裁量权行使明显不合理"的情形"视为违法"，从而将其纳入合法性审查范围。③

（三）强调合法权益保护优先原则

有学者在谈到行政诉讼法修改的意见时，指出在人权入宪和全面推进依法行政的宏观背景下，行政诉讼立法应特别注重贯彻公民合法权益保护优先的原则，或曰更有利于保护公民合法权益的原则。④

（四）在一定范围引入穷尽行政救济原则

《行政诉讼法》规定了公民对于行政复议和行政诉讼救济的选择权，但由于复议和诉讼制度之间在审查范围和审查程度等方面的不同，致使部分当事人在选择救济途径后，却出现了对自己不利的后果。这一现象影响了行政法上救济制度功能的实现和公民权利的保护。有学者主张，鉴于我国实际情况，在借鉴国外和有关地区经验的基础上，应当在一定范围内建立"穷尽行政救济原则"，使一部分在行政诉讼中难以解决的案件，只有经过行政复议程序才能向法院提起行政诉讼。这一制度的建立，符合我国行政复议和行政诉讼制度的分工定位，符合行政复议制度本身的特性，同时也可以促进我国行政复议制度的创新。该学者认为，在行政复议和行政

---

① 杨建顺：《论行政裁量与司法审查——兼及行政自我拘束原则的理论根据》，《法商研究》2003 年第 1 期。

② 同上。

③ 莫于川、雷振：《我国〈行政诉讼法〉的修改路向、修改要点和修改方案——关于修改〈行政诉讼法〉的中国人民大学专家建议稿》，《河南财经政法大学学报》2012 年第 3 期。

④ 莫于川：《公民合法权益保护优先是行政诉讼立法的重要原则——关于修改我国行政诉讼法的若干建议》，《中国人民大学学报》2005 年第 5 期。

诉讼的关系之上，也应当汲取他国之长，在符合本国实际的前提之下，从根本上维护当事人的合法权益为出发点，以实现行政复议和行政诉讼的功能为目标，在一定范围内建立"穷尽行政救济原则"，就显得非常有必要了。①

（五）司法审查有限原则

行政合法性原则不仅是行政法上的基本原则，而且是行政诉讼法（司法审查制度）上应当遵循的基本原则。行政合理性原则（the Principle of Reasonableness）则是与行政合法性原则相并列的行政法上的一项基本原则，是行政法诸项制度必须遵循的基础性规范，而且又是对行政合法性原则的补充。但一般认为，行政合理性原则能否成为行政诉讼法（司法审查制度）上的原则，不仅争议颇大，而且也是我国司法审查范围扩大、强度增加的理论障碍。在严格的成文法主义者看来，我国现行《行政诉讼法》第5条的规定，排斥了司法对行政权行使的合理性问题进行干预。有学者认为，无论现代行政法学还是司法审查制度，在我国毕竟属于"舶来品"，因此，学者们不仅不能漠视行政法学和司法审查制度的"原产地"关于合理性原则的产生和发展史，而且必须汲取相关经验。我国司法审查制度的发展及其赖以发生变化基础的社会经济条件、公民权利意识和诉求增强等巨大变迁，更应触动机械法条主义者的神经，充分调动司法的能动性，在司法审查实践中催生、培育对行政行为进行合理性审查的原则，具有历史的必然性。② 实践证明，仅对行政处罚的合法性问题进行审查似乎范围太小。有人提出，行政诉讼应该既可以审查合法性，也可以审查合理性，但如果这样规定范围又太广，那么是不是要增加一些限制来具体规定哪些是合理性问题，有待进一步斟酌。③

另外，还有学者提出，要建立行政诉讼的平衡原则。其理由包括以下方面：首先，平衡原则的平衡是有价值导向的平衡。平衡原则不是折中主义，不是平均主义，不是和稀泥，更不是迁就违法、滥权，而是有价值导

---

① 沈福俊：《论"穷尽行政救济原则"在我国之适用——我国提起行政诉讼的前置条件分析》，《政治与法律》2004 年第 2 期。

② 卜晓虹：《行政合理性原则在行政诉讼中之实然状况与应然构造论司法审查对行政自由裁量的有限监控》，《法律适用》2006 年第 1 期。

③ 杨建顺：《论行政裁量与司法审查》，《法商研究》2003 年第 1 期。

向的平衡。其次，平衡原则的平衡是整体的平衡。行政法在整体上是平衡法，但在其不同的运作阶段，不同的调整领域，却是有倾斜、有注重面的。再次，平衡原则的平衡是动态的平衡。最后，平衡原则的平衡是符合比例性的平衡。①

---

① 姜明安：《中国行政诉讼的平衡原则》，《行政法学研究》2009 年第 3 期。

第 三 章

行政诉讼受案范围

　　行政诉讼受案范围是行政诉讼的基础性和前提性的问题，关系到行政相对人通过司法途径寻求救济、维护自身合法权益的可能性与范围大小，也关系到行政主体的哪些行为可以受到司法的监督和审查。行政诉讼受案范围的研究是整个行政诉讼法学研究的重点，在行政诉讼法立法过程中，学界就已经开始关注行政诉讼的受案范围，研究从最初的总结受案范围模式（列举式、概况式），到分析受案范围规定过窄的原因，再到如何扩大行政诉讼的受案范围，研究内容正在逐步深入。进入 21 世纪之后，行政诉讼的受案范围问题仍是行政法学界历久弥新的研究课题，但与 20 世纪的研究不同的是，新时期行政诉讼法学将该问题放在保障人权的这一大的语境下，从法理角度对行政行为和行政权进行深入剖析，并从宪法的角度，对行政权与司法权的界限划分进行考量和权衡。因此，行政诉讼受案范围的研究可以上升到宪法研究的层面，本质是司法最终与司法节制等的宪法问题。

第一节　行政诉讼受案范围概述

一　行政诉讼受案范围的界定

　　"行政诉讼受案范围" 又被称之为 "司法审查的范围"（Scope of Judicial Review）、"司法审查监督的范围"、"法院或受理机构的主管范围" 或 "行政诉讼的范围" 等，① 是一个涉及 "法院受理行

---

　　① 孙家栋：《我国行政诉讼受案范围的历史回顾与发展完善》，《山东审判》2009 年第 2 期。

政争议案件的界限的概念，即可以受理什么样的案件，不能受理什么样的案件，哪些行政活动应当由法院审查，哪些不能被审查"①；或者说，是行政相对人能够通过司法程序对造成自身不利益的行政行为进行司法救济资源的多寡。② 学界对该概念的解释一般是："行政诉讼主管范围或人民法院受理行政案件的范围，是指人民法院对行政机关的哪些行政行为拥有司法审查权，或者说是指公民、法人或者其他组织对行政机关的哪些行政行为可以向人民法院提起诉讼的界限"③。

二 研究行政诉讼受案范围的意义

行政诉讼受案范围是行政诉讼法律制度中一个非常重要的问题，一方面它是界定司法权对行政权及其活动能够实施司法审查和进行干预的范围，是在防止司法权对行政的过度干预和司法权对行政权的必要控制之间，寻求的一种制度设计平衡；另一方面，它反映了国家对公民合法权益在司法制度中保护范围的周延性，是衡量行政法治发展的重要标志。④ 行政诉讼受案范围是行政诉讼法规定的起点，行政诉讼受案范围的宽窄直接决定了行政诉讼目的的实现、行政诉讼功能的发挥。⑤ 行政诉讼受案范围的大小直接关系到司法监督行政的强度和保障公民权益的力度，是行政诉讼制度的一个支撑点。因此有这样一种说法：行政诉讼制度主要由受案范围和诉讼程

---

① 马怀德：《行政诉讼范围研究》，《诉讼法学研究》第 1 卷，中国检察出版社 2002 年版。

② 同上。

③ 方世荣：《论我国行政诉讼受案范围的局限性及其改进》，《行政法学研究》2012 年第 2 期。

④ 王周户、李大勇：《行政诉讼受案范围的重新解读——以法律适用为视角看〈行政诉讼法〉相关制度的修改》，《法律科学》（西北政法学院学报）2006 年第 6 期。

⑤ 论述行政诉讼受案范围意义的主要文献有：侯继虎：《客观法秩序维护模式：行政诉讼受案范围扩大的理论基础及其制度建构》，《政治与法律》2011 年第 12 期；孔海见、黄志勇：《我国行政诉讼受案范围立法研究述评》，《社会科学管理与评论》2007 年第 4 期；赵素艳：《论我国行政诉讼受案范围的重构》，《社会科学辑刊》2009 年第 3 期，等。

序两大要素构成。①

（一）有利于切实保障相对人权利

正确、恰当地确定行政诉讼的受案范围，是兑现宪法所许诺的公民有关权利保障的规定、实现真正意义上的宪政、弥补宪法诉讼制度的空白，防止宪法所规定的公民权被架空、使宪法成为一纸空文的关键，也是促进依法行政、深化法治的关键。通过正确、恰当确立行政诉讼的受案范围，将行政诉讼落到实处，使得行政机关和其他组织的行政行为置于司法审查之下，通过司法程序支持依法行政、纠正违法及不当行政，可有效地促进依法行政，落实、保障宪法赋予的公民权利，在一定程度上"弥补我国宪法诉讼空白、宪法监督无力所带来的法治上的巨大不足"。②

（二）有利于有效监督行政权

正确、恰当地确立行政诉讼的受案范围，是控制和监督行政权的关键。有学者指出，在我国，"抽象行政行为逍遥于司法监督之外，行政终局行为不受司法审查，内部行政行为不容司法介入，就是连不少具体的行政行为引起的争议能否提起行政诉讼，都要行政诉讼法乃至于最高法院通过司法解释进行不厌其烦的列举，等等，造成我国司法权对行政权的制约显得底气不足，力度不够"③。如此司法与行政分权的失衡，使得司法难以有效、充分地监督行政，"司法独立"也就难免大打折扣。故唯有通过恰当确立行政诉讼受案范围，加强司法监督的力度，才可以让司法机关有独立的基础和力量，从而从司法角度实现"法治国"目标。

（三）有利于解决行政争议

恰当确立行政诉讼的受案范围，是我国及时有效解决各种行政纷争，在法治、文明的框架内化解矛盾，实现社会的真正稳定与国家长治久安的关键。有的学者指出，中国"古代倡导忍耐与非讼，除了惩办小民百姓的刑事诉讼以外，连民事诉讼都极不发达，自然也就更无真正意义上的行

———————————

① 莫于川、雷振：《我国〈行政诉讼法〉的修改路向、修改要点和修改方案——关于修改〈行政诉讼法〉的中国人民大学专家建议稿》，《河南财经政法大学学报》2012 年第 3 期。

② 孔海见、黄志勇：《我国行政诉讼受案范围立法研究述评》，《社会科学管理与评论》2007 年第 4 期。

③ 陈谷亮：《司法权能动性研究——以行政诉讼受案范围为视角》，复旦大学 2011 年硕士论文。

政诉讼可言"①。真正的行政诉讼制度，只有在现代法治社会才有得以制定和实施的社会环境和法律空间。通过行政诉讼制度的制定与实施，可以将民众与行政机关之间的争议纳入到法治框架中予以解决，即可保障因行政争议而发生的纠纷得到有程序保障的有效解决，也可以防止因行政争议导致的社会矛盾积累。

第二节　我国的行政诉讼受案范围

一　行政诉讼受案范围的法律规定

1989 年 4 月 4 日颁布、1990 年 10 月 1 日施行的《中华人民共和国行政诉讼法》以法典形式，确立了行政诉讼制度，明确了行政诉讼的受案范围。主要是以概括的方式规定具体行政行为可诉；列举了"对拘留、罚款、吊销许可证和执照、责令停产停业、没收财物等行政处罚不服的；对限制人身自由或者对财产的查封、扣押、冻结等行政强制措施不服的；认为行政机关侵犯法律规定的经营自主权的；认为符合法定条件申请行政机关颁发许可证和执照，行政机关拒绝颁发或者不予答复的；申请行政机关履行保护人身权、财产权的法定职责，行政机关拒绝履行或者不予答复的；认为行政机关没有依法发给抚恤金的；认为行政机关违法要求履行义务的；认为行政机关侵犯其他人身权、财产权的"八种可诉具体行政行为；排除了国防外交行为、抽象行政行为、内部行政行为和终局行政行为的可诉性。《行政诉讼法》第 12 条排除了下列行为的行政诉讼可诉性：（一）国防、外交等国家行为；（二）行政法规、规章或者行政机关制定、发布的具有普遍约束力的决定、命令；（三）行政机关对行政机关工作人员的奖惩、任免等决定；（四）法律规定由行政机关最终裁决的具体行政行为。

1991 年 6 月 11 日，最高人民法院公布了《最高人民法院关于贯彻执行〈中华人民共和国行政诉讼法〉若干问题的意见（试行）》，针对行政诉讼司法实践当中出现的具体问题，在《行政诉讼法》原先列举八项可诉具体行政行为之外，进一步将劳动教养的决定、强制收

---

① 　杨小军：《行政诉讼受案范围之反思》，《法商研究》2009 年第 4 期。

容审查的决定、征收超生费、罚款的行政处罚、依据法规或者规章作出的"最终裁决"、赔偿问题所作的裁决、依照职权作出的强制性补偿决定、土地、矿产、森林等资源的所有权或者使用权归属的处理决定等，明确纳入行政诉讼的受案范围。这在当时对于明确可诉具体行政行为、指导审判实践、完善行政诉讼制度，具有不可忽视的积极作用。

2000 年 3 月公布的《最高人民法院关于执行〈中华人民共和国行政诉讼法〉若干问题的解释》（以下简称《若干问题的解释》），针对行政诉讼审判实务中遇到的各类问题，包括受案范围的问题，进一步对行政诉讼法的适用进行了解释。《若干问题的解释》第 1 条规定："公民、法人或者其他组织对具有国家行政职权的机关和组织及其工作人员的行政行为不服，依法提起诉讼的，属于人民法院行政诉讼的受案范围"。与原来"概括列举加排除"模式不同的是，《若干问题的解释》采用的是"概括加排除"的模式，在首条"公民、法人或者其他组织对具有国家行政职权的机关和组织及其工作人员的行政行为不服，依法提起诉讼的，属于人民法院行政诉讼的受案范围"的基础上，对国防外交行为、抽象行政行为、内部行政行为、终局行政行为、行政调解和法律规定的行政仲裁行为、不具行政强制力的行政指导行为等"不可诉行政行为"进行了排除。

对于不可诉的行政行为，《若干问题的解释》除复述《行政诉讼法》第 12 条规定的行为外，还明确下列行为行政诉讼不可诉：（一）公安、国家安全等机关依照刑事诉讼法的明确授权实施的行为；（二）调解行为以及法律规定的仲裁行为；（三）不具有强制力的行政指导行为；（四）驳回当事人对行政行为提起申诉的重复处理行为；（五）对公民、法人或者其他组织权利义务不产生实际影响的行为。

二　现行行政诉讼受案范围存在的问题

法院能够受理哪些案件，是行政诉讼制度中的一个基本问题，不但关系到原告能否通过诉讼程序获得救济，也涉及法院对行政行为的审查范围。我国《行政诉讼法》用整整一章的篇幅，试图界定受案范围，但受案范围问题仍然经常困扰司法实践，不断引发学术争论。尤其是 2000 年最高法院《若干问题的解释》公布后，如何看待我国行政诉讼受案范围，更成了一个热门话题。① 时任最高人民法院行政审判庭庭长的江必新在随后出版的《中国行政诉讼制度之发展·行政诉讼司法解释解读》一书认为，司法解释已经将事实行为和行政合同纳入行政行为范围，也即已经纳入行政诉讼的受案范围，因此行政诉讼的受案范围"从法律行为扩大到事实行为"，"从单方行为扩大到双方行为"。② 最高院行政审判庭编著的《关于执行〈中华人民共和国行政诉讼法〉若干问题的解释的释义》也认为，"应当准确把握行政行为的内涵和外延。随着国家管理职能的扩大，行政行为方式也将逐步增加，行政行为的内容将会越来越丰富，行政行为的内涵和外延也将随之发展"。③

现行行政诉讼受案范围的局限过大，在实践中不断暴露出各种问题，比如，其受案范围仅限于外部的、具体的、涉及人身权与财产权的、单方性的行政行为，随着我国市场经济体制的建立和民主法治的进步，现行行政诉讼受案范围的规定明显滞后，已不适应社会发展的需要，其局限性大大制约了行政审判的发展。④ 近 10 年来，学界关于行政诉讼受案范围的讨论，主要集中于以下几个方面。

（一）不应采用列举式规定法院应当受理的案件

列举是一种相对于概括而言的规定方法。这种方法的优点在于明白清楚，易于掌握，而且能够起到明确界定范围的作用。但是，随着行政诉讼制度的实施和社会发展，人们日渐意识到，用这种方法规定司法机关在行政诉讼中应当受理的案件，存在众多欠妥之处。因为法律无论列举出多少可以受理的案件，总会有遗漏，所以以用这种方法规定法院应当受理的案件难免"挂一漏万"，实际上会给相对人寻求司法救济带来不便，尤其是在当前司法机关权威式微、地方保护主义还有市场的形势下，这一规定往往

① 何海波：《行政诉讼受案范围：一页司法权的实践史（1990—2000）》，《北大法律评论》2001 年第 2 期。

② 江必新：《中国行政诉讼制度之发展·行政诉讼司法解释解读》，金城出版社2001 年版，第 31—32 页。

③ 最高人民法院行政审判庭编：《关于执行〈中华人民共和国行政诉讼法〉若干问题的解释的释义》，中国城市出版社 2000 年版，第 5—6 页。

④ 林宁：《试论我国的行政诉讼受案范围》，《法制与经济》（上半月）2008 年第 1 期；孔海见、黄志勇：《我国行政诉讼受案范围立法研究述评》，《社会科学管理与评论》2007 年第 4 期。

成为司法机关拒绝审判的理由。对此，有学者提出，尽管《行政诉讼法》在其第 11 条列举了很多案件，但是，现实生活中的行政争议是纷繁复杂、无法穷尽的，就像法律规定了"不发抚恤金"案件属于受案范围，但不发社会保险金和最低生活保障费的案件能否起诉呢？法律规定对于拒绝颁发许可证执照的行为可以起诉，但拒绝注册登记或者发放毕业证学位证的行为能否起诉呢？[1] 可见，用实际事例稍加列举，就可发现，法律制度上的列举法在实际生活中常常会陷入左支右绌的尴尬境地。因而有的学者认为，"列举规定的方法是不科学的，也容易导致司法标准混乱，给公民、法人或者其他组织提起诉讼，法院受理案件带来不必要的麻烦"。[2]

（二）我国行政诉讼受案范围的标准复杂

有学者认为，现行行政诉讼受案范围受到比较严格的限制，有行为种类限制，有权利种类限制，还有主体限制和关系限制等。[3] 首先，被诉行为必须是行政行为。《行政诉讼法》第 2 条、第 5 条使用的是"具体行政行为"的概念，而最高人民法院《若干问题的解释》第 1 条将"具体行政行为"改为"行政行为"。其次，必须是对被诉行为的合法性产生争议；《行政诉讼法》第 5 条规定，"人民法院审理行政案件，对具体行政行为是否合法进行审查。"第三，必须是人身权、财产权受到了被诉行为的侵犯。尽管《行政诉讼法》第 2 条表述为"合法权益"，但《行政诉讼法》第 11 条却将"合法权益"限缩为"人身权、财产权"两种具体权利，至于其他权利纠纷可否受理，要看"法律、法规"有无特别规定，这基本上排除了合法利益和其他合法权利（如劳动权、受教育权等）。

这种繁复的制度设计无疑是人为地给"民告官"设置了很高的制度门槛，导致了行政诉讼实践中出现广受诟病的"起诉难"现象，其主要弊端就是行政诉讼范围过于狭窄所致。现行法以法定"权利"为标准，而现实中颇多与法定"权利"无关的利益之争，严格而僵化地套用这一纸面上的规定，必然使实际中许多受到行政行为侵害的权益难以获得司法

---

[1]　张聪：《从传统行政特色观察现行行政诉讼受案范围》，青岛大学 2010 年硕士论文。

[2]　杨士林：《抽象行政行为不宜纳入行政诉讼受案范围》，《济南大学学报》（社会科学版）2010 年第 1 期。

[3]　杨小君：《行政诉讼问题研究及制度改革》，中国人民公安大学出版社 2007 年版，第 2 页。

的保护。即使就"权利"的保护而言，现有制度以人身权和财产权为主的设计，也已大大落后于时代的发展。因为公民权利早已不限于人身权和财产权，从科学发展观"全面协调可持续"的要求来看，现有的制度框架确已不敷使用。在现有的行政诉讼制度框架中，以私益救济为本位，专注于受害者自身个体权利的保护，但无法为公共利益受损提供救济。由于立足于有形的行政行为，便不可避免地忽视了在无行政行为时的责任分担问题（如公共设施致害问题）。而且即使就行政行为而言，也并非都在受案范围之内，现行法在对行政行为作肯定式列举时，偏重于行政法律行为，但是行政事实行为基本不在其内。所以有学者认为，这种制度标准具有机械法治主义倾向，削弱了司法的应变能力，使法院在面对诸多新情况、新问题时难以能动地应对。虽然美国行政诉讼的受案范围也是行政行为标准，但美国存在判例制度，可以弥补这一僵硬标准的不足，而我国的现行制度显然没有为判例制度留下足够空间。在德国、日本和我国台湾地区，则是通过受案范围的宽松化来解决的，例如，德国以"公法争议"为标准（德国《行政法院法》第 40 条第 1 款），日本以"法律上的争议"为标准（日本《行政案件诉讼法》第 3—6 条），我国台湾地区以"公法上之争议"为标准（我国台湾地区《行政诉讼法》第 2 条）。①

（三）行政行为的划分标准不一致

有学者指出，行政诉讼法规定受案范围时，采用了不同标准划分行政行为，使得第 11 条列举的 7 项行为根本不是同一个层次的概念。② 例如，第一项和第二项中的"行政处罚"和"行政强制措施"是根据行政行为的性质所做的划分；而第三项"侵犯法定经营自主权"又变成了根据行政行为的结果所做的划分；第四项"拒绝颁发许可证执照"又是根据行为的作为和不作为状态所做的划分；而第五项"没有依法发给抚恤金"则完全是一个具体领域中"不作为"行为的表现形式；第六项"拒绝履行保护人身权和财产权法定职责"又是不作为行为的表现形式之一；第

---

① 莫于川、雷振：《我国〈行政诉讼法〉的修改路向、修改要点和修改方案——关于修改〈行政诉讼法〉的中国人民大学专家建议稿》，《河南财经政法大学学报》2012 年第 3 期。

② 夏赢：《论我国行政诉讼受案范围的立法完善》，郑州大学 2009 年硕士论文；曹立波：《行政诉讼受案范围研究》，东北师范大学 2009 年硕士论文。

七项"违法要求履行义务"又是根据行政行为的内容和特点所做的划分。总之，上述划分缺乏一个统一的标准，其结果就造成受案范围的规定语焉不详，列举的七项行为之间相互交叉或者重复甚至遗漏。①

（四）不能局限于涉及人身权、财产权的行政行为

根据我国《行政诉讼法》第 11 条规定，行政诉讼受案范围限于行政主体侵犯公民、法人或者其他组织的人身权、财产权的具体行政行为，除法律法规特别规定外，对涉及政治权利或其他权利的行政行为，则排除于行政诉讼受案范围之外。按照我国法律规定，政治权利包括选举权和被选举权，并且有言论、出版、集会、结社、游行、示威的自由，有宗教信仰自由等。其他权利有劳动权、休息权、物资帮助权、受教育权等。因此，有学者指出，上述这些权利都是公民享有的基本权利，它是由国家宪法赋予的，并由国家强制力保证实现的真正的权利；如果这些权利受到行政机关的侵犯，却不能得到保护，不能得到救济，"那么不能不说是我国立法的失误"。② 因此，将涉及政治权利和其他权利的行政行为纳入司法审查范围，不仅可行，而且十分必要。

（五）对具体行政行为的审查，不能仅局限于合法性审查

《行政诉讼法》第 5 条规定："人民法院审理行政案件，对具体行政行为是否合法进行审查。"理论界和司法界将这一条的规定称之为合法性审查原则。它的立法意图是："人民法院审理行政案件，是对具体行政行为是否合法进行审查，至于行政机关在法律法规规定范围内作出的具体行政行为是否适当，原则上应由行政复议处理，人民法院不能代替行政机关作出决定。"基于此，从目前看，基本排除了合理性审查，也就是说，人民法院只能根据合法性审查原则来确定具体的受案范围，对于那些要审查行政行为合理性的案件，只能选择不予受理。但是，现实的情况是，行政行为具有复杂性而立法具有各方面的局限性，立法难以把社会生活中可能发生的任何情况都毫无遗漏地详尽地规定下来，因此，就必然允许行政主体享有行政自由裁量权，也就意味着大量的自由裁量行为存在。行政主体做出自由裁量必须受到一定的限制，遵循一定的规则，其中，主要是要遵

---

① 夏赢：《论我国行政诉讼受案范围的立法完善》，郑州大学 2009 年硕士论文。

② 王洪芳、曹建军：《司法救济：高校学生受教育权所面临的困惑——谈对我国行政诉讼受案范围相关法律规定的理解》，《四川警察学院学报》2009 年第 1 期。

循合理性原则。合理性原则要求行政自由裁量行为要公平、客观、公正、适当、符合公理。如果将行政自由裁量行为排除在司法审查之外，就等于撤除了界于自由和随意之间一道必要的防线，默许了主观随意产生的那些不公平、不公正、不适当的行政行为合法，其结果，必然与我国行政诉讼制度的根本宗旨相悖。

（六）仅以具体行政行为作为审查对象，制约了行政诉讼范围

我国《行政诉讼法》第 2 条规定，行政诉讼审查对象是具体行政行为。因此，作为与具体行政行为相对应的行政抽象行为，长期被排除在司法审查之外。有的学者指出："在行政机关的行政活动中，具体行政行为确实占有一定的比重，但更多的还是行政抽象行为，行政抽象行为不仅适用范围广，而且还具有反复适用性。"① 所以，与具体行政行为相比，一些违法的行政抽象行为侵害相对人权益的机会也就越多、范围也就越广、危害也就越大。《行政诉讼法》将行政抽象行为排除于受案范围之外，"实际上致使大量的、主要的行政侵权行为处于司法审查的真空地带"。② 其结果是，相对人对于违法的抽象行政行为束手无策，难以获得法律的有效救济；作出违法的抽象行政行为的行政机关，也无须为此承担任何责任，只能由执行此决定的行政主体承担败诉的责任，这显然是不公平的。如果将抽象行政行为排除在行政诉讼受案范围之外，这对于受该行政行为侵害的复数相对人来说，除提起诉讼的相对人外，其他受同一行政抽象行为侵害的权益人，则因未行使诉权而得不到保护。另外，将行政抽象行为排除于司法审查之外的另一个不良后果是，"某一具体行政行为被判决撤销或变更后，而作为该行为依据的行政抽象行为依然合法存在，并可能被反复适用，其结果必然导致相同的违法行政行为的再现，从而达不到行政诉讼的效果，产生不必要的重复诉讼"。③

总之，有关行政诉讼受案范围问题，已经成为现行《行政诉讼法》所存在问题的核心症结和今后改革的重点方面。在中国，公民权利与国家

---

① 杨士林：《抽象行政行为不宜纳入行政诉讼受案范围》，《济南大学学报》（社会科学版）2010 年第 1 期。

② 同上。

③ 杨士林：《抽象行政行为不宜纳入行政诉讼受案范围》，《济南大学学报》（社会科学版）2010 年第 1 期；杨小军：《行政诉讼受案范围之反思》，《法商研究》2009 年第 4 期。

权力相互"对峙"时，为合法有效地消除这种"对峙"局面，法律设定恰当的行政诉讼的受案范围，就是非常重要的制度措施。但是，现有的行政诉讼受案范围的规定，将许多本应通过诉讼解决的法律问题，挡在司法救济的大门之外，使得越来越多的法律问题无法通过法律的途径获得救济，公民只能通过上访等非法律途径寻求救济，最终大量纠纷日积月累，给社会稳定带来严重压力。

第三节　扩大和完善行政诉讼受案范围

我国行政诉讼受案范围的狭窄、不合理已经大大限制了我国司法审查的力度，使其本应具有的作用未能有效发挥。目前，行政法学界对于现行行政诉讼法规定的受案范围存在的问题早已达成共识，并纷纷提出要进一步扩大受案范围。

现行《行政诉讼法》规定的行政诉讼受案范围的标准是"具体行政行为"，要扩大行政诉讼受案范围，必须对该标准进行调整。有学者主张，德国《行政法院法》中规定的"公法争议"就能为我国行政诉讼范围的抽象化提供很好的借鉴，其采取"概括界定＋特别排除"的方式，使得一切只要不被明确排除的公法争议都可以进入到行政诉讼程序中来，必将有力保障当事人获得救济的机会。[1] 有学者主张，行政诉讼法的修改，应当对行政诉讼范围标准进行重新解读和反思，即用"行政案件"标准代替"行为"标准。[2] 还有学者建议，在《行政诉讼法》第 2 条增加"其他公权力措施"这一受案标准，它把行政主体作出的大量的非"最后性的行为"或可称之为"准备行为"、"中间性的行为"纳入行政诉讼的受案范围。[3]

---

① 湛中乐：《论中华人民共和国行政诉法的修改》，《苏州大学学报》2012 年第 1 期。

② 王周户、李大勇：《行政诉讼受案范围的重新解读——以法律适用为视角看〈行政诉讼法〉相关制度的修改》，《法律科学》（西北政法学院学报）2006 年第 6 期。

③ 朱应平：《扩大行政诉讼受案范围的两条新路径》，《政治与法律》2008 年第 5 期。

一　采取概括式的肯定规定加列举式的排除规定方式

为了最大限度扩展行政诉讼的受案范围，不少学者建议，摒弃现行《行政诉讼法》中关于受案范围的规定方式，而改为采取概括式的规定，对行政诉讼的受案范围进行抽象概括，然后再以列举的方式，对哪些事项不属于行政诉讼的受案范围作出规定。① 按照这一规定方式，凡是属于概括规定的范围又不属于明确列举排除的范围的，都属于行政诉讼的受案范围。这种规定方式，可以有效避免法律规定中的列举条文难以穷尽复杂的行政争议种类并且标准不易统一的缺陷，也使得受案范围更加便于操作。除明确列举排除的情况外，所有行政争议均应在受案范围之内，这已经成为行政法学界的共识，也符合当今世界通例。这一方式暗含着行政行为无须法律明示即具有可诉性的假定，与过去某一行政行为是否可诉须法律明确规定的理念有着根本性区别。这一理念一旦为立法所确认，必将是中国行政法治的一大进步，对于切实推动依法行政、化解各类行政纠纷也会起到极为重要的作用。

二　用"行政争议"取代"具体行政行为"，作为肯定式概括标准

对于我国行政诉讼受案范围的概括规定，可以表述为："自然人、法人或者其他组织和行政机关发生行政争议提起诉讼的，人民法院应当受理。本法规定不予受理的争议除外"。用"行政争议"取代"具体行政行为"符合当前的国际发展趋势；行政争议的含义比行政行为更宽泛，可以适应扩大行政诉讼范围的趋势；法院审理的前提当然是争议的存在，以争议为基本概念确定法院受案范围更符合逻辑。

学术界认为，只有采用"行政争议"的规定方法，才能与行政诉讼法"保护公民合法权益"的根本目的相匹配，并更好地实现尊重和保障人权的宪法价值。当代立法的趋势是放宽起诉资格的要求，扩大公民对行

---

① 马怀德：《〈行政诉讼法〉存在的问题及修改建议》，《法学论坛》2010 年第 5 期；方世荣：《论我国行政诉讼受案范围的局限性及其改进》，《行政法学研究》2012 年第 2 期；杨伟东：《行政诉讼受案范围分析》，《行政法学研究》2004 年第 3 期；喜子：《反思与重构：完善行政诉讼受案范围的诉权视角》，《中国法学》2004 年第 1 期；湛中乐：《论中华人民共和国行政诉法的修改》，《苏州大学学报》2012 年第 1 期。

政活动的监督和本身利益的维护，而以"行政争议"为标准，显然有利于放宽起诉资格，扩大原告范围。因此，"行政争议"具有更大的包容性，可以建立一种开放性的救济结构——既包括权利纠纷，也包括利益纠纷；既可以救济直接受害者的权益，也可以救济公共利益；既可以做"合法/违法"的判断，也为调解、和解等多元化解纷机制提供了制度空间。但原告资格的扩展是与受案范围紧密相关的，若受案范围仅限于与行政行为有直接利害关系的权利人，那么，那些不享有法定权利的利害关系人（如享有反射利益的间接的利害关系人），将无法通过行政诉讼寻求救济。①

三　明确界定国防外交行为

世界上仅有美国、比利时等极少数国家允许公众对国防、外交等"国家行为"提起诉讼。理论上讲，国家行为也是行政行为的一种，但由于这种行政行为具有更为明显的主权性和高度政治性，完全用法律进行规范和调整，多有不适，所以被排除于行政复议和行政诉讼范围之外。②

关于我国行政诉讼法学对"国家行为不可诉"的研究，有两点需要明确。其一，不可诉的国家行为的范畴。并非所有与国防、外交有关的行为都是国家行为，有些行政行为虽然与国防、外交领域相关，但行政相对人仍有权提起诉讼，如行政机关征集兵役、发放护照、批准出国考察等。《若干问题的解释》第2条对国家行为进行了描述："国家行为是指国务院、中央军事委员会、国防部、外交部等根据宪法和法律的授权，以国家名义实施的有关国防和外交事务的行为，以及经宪法和法律授权的国家机关宣布紧急状态、实施戒严和总动员的行为"。根据该规定，界定国家行为应该关注以下几个方面：（1）以国家名义；（2）有宪法及法律的授权；（3）仅限于由国务院、中央军事委员会、国防部、外交部以及经宪法和法律授权的国家机关等极少数国家机关实施；（4）部分国家行为，如宣

---

① 莫于川、雷振：《我国〈行政诉讼法〉的修改路向、修改要点和修改方案——关于修改〈行政诉讼法〉的中国人民大学专家建议稿》，《河南财经政法大学学报》2012年第3期。

② 杨小军：《定密行为的法律性质与可诉性研究》，《河南科技学院学报》2011年第7期。

布紧急状态、实施戒严和总动员，只能发生在非正常时期；（5）没有特定的行政相对人。

其二，我国行政诉讼法学对"国家行为不可诉"的原因认识稍有差别。有学者认为，对国家行为不能提起行政诉讼，是因为"主权是国家最高权力的概念，不受法律的限制"。① 也有学者指出，从各国实践来看，国家行为通常不纳入行政诉讼的范围，主要理由在于：国家行为具有主权性、整体性、政治性、高度的机密性，同时对国家行为存在着独特的责任追究机制以及补偿机制。②

四　将部分抽象行政行为纳入审查范围

我国《行政诉讼法》规定，行政诉讼仅审查具体行政行为，不审查抽象行政行为。在行政法学理论处于发展的初级阶段时，由于司法审查和救济能力的有限性，把"具体行政行为"作为是否纳入审查范围的标准是可以理解的。但随着理论和实践的发展，仅对"具体行政行为"进行审查显然是不够的，既表现出明显的滞后性，也暴露出认识上的偏差，目前到了非改不可的地步。③ 行政法学理论是以行政行为的对象是否特定为标准区分抽象行政行为与具体行政行为，而特定与不特定本身就是一个相对的概念，并且把行政行为的对象是否特定与行政诉讼的受案范围联系起来，实际上混淆了两个不同问题的实质。④ 行政诉讼法学界针对"抽象行政行为不可诉"问题展开了研究，认为把抽象行政行为纳入行政诉讼受案范围，赋予法院对行政机关制定、发布的规范性文件的司法审查权，既有充分的学理和法律根据，又为行政权力行使的现状所需要。⑤

---

① 张步洪、王万华编著：《行政诉讼法律解释与判例述评》，中国法制出版社2000年版，第127页。

② 莫于川、雷振：《我国〈行政诉讼法〉的修改路向、修改要点和修改方案》，《河南财经政法大学学报》2012年第3期。

③ 王周户、李大勇：《行政诉讼受案范围的重新解读——以法律适用为视角看〈行政诉讼法〉相关制度的修改》，《法律科学》（西北政法学院学报）2006年第6期。

④ 杨小军：《行政诉讼受案范围之反思》，《法商研究》2009年第4期。

⑤ 刘德兴、黄基泉：《抽象行政行为应纳入行政诉讼受案范围》，《现代法学》2000年第3期；马怀德：《修改行政诉讼法需重点解决的几个问题》，《江苏社会科学》2005年第6期。

　　有学者从行政诉讼审查抽象行政行为的必然性、全面保护公民合法权益、维护国家行政法制统一等方面论证应将抽象行政行为纳入司法审查。首先，法院在行政诉讼中审查具体行政行为时，不能不涉及对作出具体行政行为依据的抽象行政行为进行审查，否则，无法确定被诉具体行政行为的合法性，仅靠消极的"不适用"方式，无法实质性解决问题。其次，相对于具体行政行为，抽象行政行为一旦违法，影响面将非常广泛，如果游弋于司法审查之外，不利于在更大范围内保护公民、法人或其他组织的合法权益。第三，从维护法制统一的角度看，抽象行政行为的大量存在的现实也迫切需要司法机关通过行政诉讼对其合法性进行审查。[①] 另外，根据 WTO 规则中的司法终局原则，司法审查的对象包括任何行政行为，而不限于具体行政行为。因此，建立科学、公正、有效的抽象行政行为审查机制，可以使我国将有关国际贸易争端纳入国内法律体系解决，这不仅有利于树立良好的法治国家的形象，也可以为调整相关贸易政策赢得时间和机会。[②]

　　就目前的研究而言，对于抽象行政行为进行合法性审查已经达成共识。对抽象行政行为进行司法审查有两个层面的问题，一是可以纳入司法审查的抽象行政行为的范围，二是审查方式，即是单独审查还是附带审查。

　　针对第一个问题，从我国的国情和目前可行性条件讲，不宜将全部抽象行政行为都纳入行政诉讼受案范围，对于不同层次的抽象行政行为需加以具体分析。学者建议，国务院制定、发布的行政法规和具有普遍约束力的决定、命令不宜直接纳入行政诉讼的受案范围；规章以及规章以下的规范性文件可以分两步考虑：根据条件和可能性，规章可暂不纳入行政诉讼受案范围，规章以下的规范性文件可以先纳入行政诉讼的受案范围。[③] 学者在《行政诉讼法》建议稿中指出，之所以将国务院制定、发布的行政法规和具有普遍约束力的决定、命令以及行政规章排除在司法审查之外，

----

　　① 方世荣：《论我国行政诉讼受案范围的局限性及其改进》，《行政法学研究》2012 年第 2 期。

　　② 杨寅、吴偕林：《中国行政诉讼制度研究》，人民法院出版社 2003 年版，第90 页。

　　③ 方世荣：《论我国行政诉讼受案范围的局限性及其改进》，《行政法学研究》2012 年第 2 期。

因为《立法法》、《行政法规制定程序条例》、《规章制定程序》、《法规规章备案条例》等专门立法，已就行政法规、规章建立了备案审查制度、参照适用制度和冲突解决机制；且法院对规章的审查缺乏经验，尚不具备足够权威，条件尚未成熟。①

对于纳入受案范围的规范性文件，是直接提起行政诉讼还是对具体行政行为起诉时一并提起，学者通常认为附带审查优于独立审查。② 只有案件当事人在诉讼过程中，才能请求法院对抽象行政行为的合法性进行审查。③ 有学者在《行政诉讼法》修改建议稿中提出，原则上司法机关不应直接审查抽象行政行为，而应采取附带性审查的方式，理由在于附带性审查原则是基于权利救济的需要，而不是出于政治监督的考虑，如果允许对抽象行政行为直接起诉则制度改变跨度大，目前法院审理完全没有实践，需要附带审查的方式作为过渡，同时也要考虑与行政复议制度之间的衔接。如果在行政复议法不做修改的情况下，将法院审查抽象行政行为方式设定为直接而非间接，那么在复议与诉讼之间必然会出现脱节与冲突。④

五 缩小终局行政行为范围

"司法终局原则"作为现代法治的一项基本原则，意味着所有的争议都可以最终通过司法渠道获得救济，也意味着所有的行政行为最终要受到司法权力的审查，原则上不能有排斥司法审查的事项。然而，我国《行政诉讼法》规定"法律规定由行政机关最终裁决的具体行政行为"不可诉。2001 年，我国在世贸组织和加入议定书中承诺，"如初始上诉权需向行政机关提出，则在所有情况下有选择向司法机关对决定提出上诉的机会"。这表明，我国向世贸组织其他成员国承

① 莫于川、雷振：《我国〈行政诉讼法〉的修改路向、修改要点和修改方案》，《河南财经政法大学学报》2012 年第 3 期。

② 方世荣：《论我国行政诉讼受案范围的局限性及其改进》，《行政法学研究》2012 年第 2 期。

③ 胡锦光：《我国行政行为司法审查的演进与问题》，《华东政法大学学报》2009 年第 5 期。

④ 王欢：《抽象行政行为司法审查制度探析》，《湖南社会科学》2011 年第 4 期。

诺司法最终审查原则。① 为了回应 WTO 关于司法审查的要求，我国对《商标法》、《专利法》等法律进行修订，取消了有关"最终由行政机关裁决"的规定。但是我国《行政复议法》第 30 条还保留着行政终局裁决的规定，显然不符合我国对世贸组织作出的承诺，也不符合保障公民合法权益的法治原则。

应当严格限定由行政机关终局裁决行为的主张，已在学术界形成共识。学者们普遍同意取消行政终局行为，其理由在于，第一，保留行政终局行为明显违反了现代法治社会的司法最终解决原则；第二，考察在一定范围内承认行政最终裁决行为的国家的做法，这些国家常在立法中同时给予了严格的限制条件，而对比这些限制条件，我国的行政最终裁决程序却完全不具备；第三，我国在 WTO 加入议定书中承诺了司法最终解决原则；第四，从国外发展趋势看，取消行政最终裁决行为，扩大行政诉讼受案范围是一个世界性的潮流。② 因此，长远来看，随着我国法治进程加快，一般的行政管理行为发生行政争议由司法权进行最终裁决已是大势所趋，终局行政行为的范围必将越来越小，对行政行为的最终审查与最终裁定的权力，应全部回归于司法机关。学者建议在《行政诉讼法》第 3 条中增加一款，即"行政相对人与行政机关之间的行政争议，由人民法院行使最终裁决权"。③

六　将部分内部行政行为纳入审查范围

《行政诉讼法》第 12 条第 3 项规定，对行政机关管理内部事务的行政行为，人民法院不予受理，即所谓的"内部行政行为不可诉"。《行政诉讼法》关于内部行政行为与外部行政行为的规定是与行政诉讼受案范围联系在一起的，并未对内部行政行为和外部行政行为加以解释和区别。近年来，学界在论证如何"扩大行政诉讼受案范围"的过程中对内部行

---

① 　马怀德、葛波蔚：《WTO 与中国行政诉讼制度的发展——兼论对现行行政诉讼法的修改》，《政法论坛》2002 年第 2 期。

② 　王雪梅：《司法最终原则——从行政最终裁决谈起》，《行政法学研究》2001 年第 4 期；谢尚果、江南：《行政诉讼受案范围若干问题的思考》，《湘潭大学学报》（哲学社会科学版）2006 年第 6 期。

③ 　湛中乐：《论〈中华人民共和国行政诉讼法〉的修改》，《苏州大学学报》2012 年第 1 期。

政行为及其可诉性进行了广泛的讨论。

内部行政行为的外延很宽泛，包括内部行政规则、行政处分、人事管理以及公立高校对学生、教师的纪律处分等。西方过去曾基于特别权力关系理论将内部行政行为排除在司法审查之外。然而，随着时代的发展，特别权力关系理论违反法治精神已经受到广泛批评和限制，相应地，从保障基本权利的角度出发，部分内部行政行为也开始作为司法审查的对象。我国《行政诉讼法》将行政机关对其工作人员的人事管理行为不加区别地一概视为内部行政行为过于武断，毕竟行政机关在录用和辞退工作人员的过程中，涉及工作人员身份的取得与丧失，不应该全部视为内部行政行为。

对于内部行政行为，学者们普遍认为，应当将内部行政行为纳入受案范围，考虑到我国国情，目前修订法律不宜完全将内部行政行为纳入受案范围。[1] 但对于应在多大范围内将内部行政行为纳入行政诉讼范围，学界并未达成共识。[2] 境外国家和地区也并非将所有的内部行政行为均纳入司法审查，但对于影响公务员的公民权利的行政行为，则往往纳入行政诉讼范围。[3] 有的学者提出将降级以上的行政处分纳入司法审查范围。[4] 也有的学者主张将初任公务员报考录用、聘用，丧失公务员身份的解聘、辞退、开除等人事管理决定纳入行政诉讼受案范围，理由是，"涉及初任公务员报考录用、聘用的决定针对的是还未取得公务员身份的公民，初任公

---

① 江必新、梁凤云：《行政诉讼法理论与实务》，北京大学出版社 2009 年版，第 253—254 页。

② 应松年主持起草的《中华人民共和国行政诉讼法》修订专家建议稿（2011年）和姜明安主持起草的《中华人民共和国行政诉讼法》修订专家建议稿（2012年），将部分人事管理决定纳入了受案范围；而有的专家意见稿并未将这部分纳入司法审查的范围，参见马怀德《司法改革与行政诉讼制度的完善》，中国政法大学出版社 2004 年版，第 126 页；胡建淼：《行政诉讼法修改研究》，浙江大学出版社 2007 年版，第 117 页。

③ 江必新、梁凤云：《行政诉讼法理论与实务》，北京大学出版社 2009 年版，第 251 页；马怀德：《司法改革与行政诉讼制度的完善》，中国政法大学出版社 2004年版，第 128—129 页；［日］室井力在：《日本现代行政法》，吴微译，中国政法大学出版社 1995 年版，第 40 页。

④ 张志勇：《行政诉讼受案范围与行政行为概念新解——兼论〈行政诉讼法〉的修改》，《法治研究》2011 年第 3 期。

务员报考录用、聘用纠纷是他们以公民的身份主张劳动权、平等权、公平竞争权等",同理,丧失公务员身份的解聘、辞退、开除等人事管理决定一旦作出,当事人即不再具有公务员身份,因而也是以公民的身份主张劳动权等作为公民所享有的基本权利。① 为了确定纳入司法审查的内部行政行为的范围,还有的学者主张抛弃形式标准实行实质标准,提出"两个凡是",即凡是涉及国家工作人员公民权利和义务内容的行为,均应纳入行政诉讼的受案范围,接受司法审查;凡是涉及国家工作人员身份资格等重要权利的行政行为,均应纳入行政诉讼受案范围,如开除、除名、辞退等行政行为。②

"对内部行政行为提供司法救济",有学者提出商榷,认为"内部行政行为"这个概念是不成立的,可以说"内部行为",而不能说"内部行政行为",该学者还进一步指出不加任何限制地对内部行为提供司法救济,忽略了行政和行政诉讼的特殊性,对司法权的界限认识不够。③ 有学者主张,法院是否受理一个行政案件,不应是根据行为的对象而是根据行为的性质确定的。④ 一个行为是针对普通公民,还是针对公务员,并不能改变行为的本质,更不应该成为排除司法裁判权的标准,因此,应当将内部行政行为纳入行政诉讼的受案范围。需要注意的是,并非所有的内部行政行为均应纳入行政诉讼的受案范围,对于高度人性化判断的事项,不应纳入行政诉讼的受案范围。在高等学校与学生的关系方面,涉及大量的此类行为,如考试阅卷、课程安排、作息时间等行为均属于高度人性化判断的行为。高度人性化判断的行为属于行政主体的专属权限范围,对其进行审查也超越了法官的能力范围。因此,对于此类事项,不应纳入行政诉讼的受案范围。

总之,对于内部行政行为的司法救济问题,还有待于进一步深入研究,在强调穷尽行政救济原则的基础上,确立相应的司法救济途径。⑤

---

① 方世荣:《论我国行政诉讼受案范围的局限性及其改进》,《行政法学研究》2012 年第 2 期。

② 杨小军:《行政诉讼受案范围之反思》,《法商研究》2009 年第 4 期。

③ 杨建顺:《行政诉讼法修改的视点和方向》,《人民法院报》2005 年 6 月 20 日。

④ 马怀德:《行政诉讼范围研究》,《诉讼法学研究》(第一卷),中国检察出版社2002 年版,第 321 页。

⑤ 杨建顺:《行政诉讼法如何修改》,法律教育网 http://chinalawedu. com,最后访问时间 2012 年 11 月 20 日。

七 行政指导行为的可诉性问题

现代行政法的一个重要特征就是越来越多地采用柔性行政手段（如行政合同、行政指导），而非强制性手段（如行政处罚、行政强制）。行政指导具有非权力性、非强制性的特点，可弥补立法的滞后、抽象，使行政管理更具有灵活性和探试性，行政相对人也更容易接受。然而，由于行政指导透明度不够、救济性差等功能缺陷，极易导致腐败，有使法治空洞化的危险，因此如何对行政指导加以司法控制成为不得不面对的问题，否则将会影响行政指导进一步发挥作用。为了维护相对人合法权益、促使行政机关积极认真履行职责，有必要将行政指导纳入司法审查范围。我国可以通过若干立法和司法改革措施，将行政指导引起的行政争议纳入行政诉讼的受案范围，对行政指导行为予以司法审查，以促进行政指导法治化的进程。①

日本的行政指导制度最为发达。日本放弃对行政行为严格的概念主义的理解，将行政指导纳入受案范围，以协调行政管理的灵活性、公民权利的保护和加强司法监督之间的关系。日本法院对行政指导从开始的完全拒绝审查到如今进行全面的审查，逐步发展出一套行政指导司法审查的理论。因此，有学者主张，借鉴日本理论和实践的发展，检讨我国行政指导理论，应当明确行政指导的行为性质、深化认识以及加强程序立法，使行政指导纳入我国行政诉讼受案范围成为可能。②

八 将行政自由裁量行为纳入行政诉讼受案范围

近年来，越来越多的学者主张将行政自由裁量行为纳入行政诉讼的审查范围。③ 20 世纪中叶之前，世界各国的行政法几乎都将行政自由裁量

---

① 莫于川：《应将行政指导纳入我国行政诉讼受案范围——兼析国外行政指导诉讼的典型案例和特点》，《重庆社会科学》2005 年第 8 期。

② 李燕：《论将行政指导纳入我国行政诉讼受案范围——以日本法院对行政指导的司法审查为启示和借鉴》，《行政法学研究》2009 年第 3 期。

③ 马怀德《行政诉讼范围研究》，《诉讼法学研究》2002 年第 1 期；莫于川、雷振：《我国〈行政诉讼法〉的修改路向、修改要点和修改方案》，《河南财经政法大学学报》2012 年第 3 期；湛中乐：《论〈中华人民共和国行政诉法〉的修改》，《苏州大学学报》2012 年第 1 期；杨建顺：《行政裁量的运用及其监督》，《法学研究》2004 年第 1 期。

行为排除在司法监督之外，但是随着实践中暴露出的问题越来越多，20世纪80年代，不少国家和地区开始建立较为完备的对行政自由裁量行为进行控制的制度。我国《行政诉讼法》规定，法院对行政机关滥用职权和行政处罚显失公正的行为可以作出撤销或变更的判决。这在一定程度上承认了人民法院可以在一定的范围内对行政行为进行合理性审查。从目前来看，仅对显失公正的行政处罚进行变更或撤销，范围还很狭小、单一，与行政自由裁量行为广泛存在的现实不相适应，不利于充分发挥行政审判监督行政权和保障公民合法权益的作用。行政自由裁量权的行使，要求行政自我拘束，从保护私人权利的观点出发，来扩大法院对于行使行政裁量权进行事后干预的范围。①因此，为了实现依法治国、建立社会主义法治国家的目标，同时也是为了顺应国际惯例，有必要修改《行政诉讼法》，将行政自由裁量行为纳入司法监督范围。同时，也有学者指出，在主张充分的司法救济时，对于哪些行政自由裁量行为适合司法审查，还要具体分析，如学校教育行政中有关是否授予学位、毕业证等的裁量，足协对黑哨事件予以惩处时的裁量，以及关于人事争议的裁决等，不宜笼统地一律主张司法审查。具体说来，对这些特殊领域或者特殊形态的行政裁量进行司法审查有其必要性，但需要建立不同的审查规则和基准。②有学者从立法技巧出发，提醒在审查标准问题上，不宜过于宽泛，应该在立法上作一个简单的规定，给司法解释留出一个设置和调整具体标准的空间。③

九　刑事侦查行为是否可诉尚无定论

对于公安机关、国家安全机关根据《刑事诉讼法》的授权实施的行为是否可诉，在学界尚有争论。有学者主张，应将公安机关、国家安全机关根据《刑事诉讼法》的授权实施的行为，纳入行政诉讼受案

---

① 杨建顺：《论行政裁量与司法审查——兼及行政自我拘束原则的理论根据》，《法商研究》2003年第1期。

② 杨建顺：《行政裁量的运用及其监督》，《法学研究》2004年第1期。

③ 湛中乐：《论〈中华人民共和国行政诉法〉的修改》，《苏州大学学报》2012年第1期。

范围，其理由是：第一，公安机关、国家安全机关的职权究其本质而言是行政职权，由此引发的争议归入行政诉讼的范围理所当然。并且考虑到目前刑事侦查等行为容易滥用以及监督乏力的现状，将此类行为纳入行政诉讼范围也是必要的；① 第二，公安机关等侦查机关的侦查行为与非侦查行为难以区分；第三，从比较法的角度看，无论是大陆法系国家还是英美法系国家，刑事司法行为都受司法审查。但也有学者反对将这类行为纳入受案范围，其理由则在于：第一，如果急于将刑事侦查行为和采取刑事强制措施的行为纳入行政诉讼的范围，事实上是限制这些机关的权限；② 第二，采取诉讼的途径来解决刑事侦查过程中发生的争议缺乏效率，会减损公安机关的侦查能力；③ 第三，在我国，对于刑事司法行为，我国《刑事诉讼法》明确规定由检察机关承担监督责任，通过行政诉讼来监督刑事司法行为的时机还不够成熟，接受审查的可能性还不大。

目前，针对公安机关、国家安全机关根据《刑事诉讼法》的授权实施的行为，专家学者提出了两种备选方案。方案一：原则上对这种行为作了排除规定，主要原因是适应转型时期打击犯罪的需要。但对于"以刑事侦查为名，有干预经济纠纷重大嫌疑"的疑似"假刑侦案件"，则纳入行政诉讼范围。这主要考虑到在实践中，公安机关以刑事侦查为名介入经济纠纷的案件十分常见，至于有无"重大嫌疑"，则交由法院判定。方案二：原则未对此类行为作出排除规定，而是将其统一纳入诉讼范围，这种方案有利于对公安机关和国家安全机关行使刑事侦查权进行全面监督，从而对公民的合法权益形成更有力的保护。

另外，目前学界对于证明行为是否可诉存在激烈争论。证明行为包括公证行为、交通责任事故认定行为和医疗事故鉴定行为等。对于这类行为是否可诉，学界存在几种鲜明的观点。以公证行为为例，持

---

① 马怀德：《司法改革与行政诉讼制度的完善》，中国政法大学出版社 2004 年版，第 118—140 页。

② 马怀德：《司法改革与行政诉讼制度的完善——〈行政诉讼法〉修改建议稿及理由说明书》，中国政法大学出版社 2004 年版，第 118—140 页。

③ 喜子：《反思与重构：完善行政诉讼受案范围的诉权视角》，《中国法学》2004 年第 1 期。

可诉观点的学者认为，公证行为属于公权力行为，既然可以申请行政复议，就应该可以纳入行政诉讼的范围。① 主张不属于行政诉讼受案范围的学者认为，对于公证行为可以申请复议，并不意味着对公证行为可以提起行政诉。② 还有学者认为，在我国公证机构完全摆脱行政属性之前，应该将部分因公证行为引起的争议纳入行政诉讼的受案范围。③

---

① 马怀德：《行政诉讼范围研究》，《诉讼法学研究》2002 年第 1 期。

② 甘文：《行政诉讼法司法解释之评论》，中国法制出版社 2000 年版，第 40—41 页。

③ 杨寅、吴偕林：《中国行政诉讼制度研究》，人民法院出版社 2003 年版，第 94 页。

第 四 章

行政诉讼当事人

行政诉讼当事人一直是我国行政诉讼法学研究的热点之一。进入 21 世纪以来，随着 2000 年《若干问题的解释》的实施，学界对行政诉讼当事人的研究进入了一个新的阶段，并将之作为修订《行政诉讼法》重点讨论的内容之一。

学界根据现行《行政诉讼法》及司法解释的规定，总结出了行政诉讼当事人的概念。行政诉讼当事人是指与被诉具体行政行为有利害关系，以自己的名义参加诉讼并受人民法院裁判拘束的个人和组织，包括原告、被告、共同诉讼人和第三人。行政诉讼的原告是指，认为行政机关的具体行政行为侵犯了自己的合法权益，因而以自己的名义向人民法院提起诉讼的公民、法人和其他组织。行政诉讼被告是指，被原告认为其具体行政行为侵犯了自己的合法权益而诉至法院，因而由法院通知其应诉的行政机关以及法律、法规授权的组织。行政诉讼第三人是指，同被诉具体行政行为有利害关系，在行政诉讼过程中申请参加诉讼或由人民法院通知参加诉讼的公民、法人或其他组织。行政诉讼一方或双方当事人为两人以上的，学界称之为共同诉讼人，包括共同原告和共同被告。这些概念仅仅是从法律规定中推导和总结出来的，随着现行法律规定远远滞后于实践发展的需要而面临修改，学界对行政诉讼当事人相关的概念和理论也进行了反思与重构。

另外，2007 年《政府信息公开条例》颁布之后，学者对政府信息公开行政诉讼案件中的当事人问题也进行了研究，将行政诉讼基本的理论问题放在具体案件类型中加以研究，进一步拓展了研究的深度。①

---

① 吕艳滨《行政诉讼新发展》，中国社会科学出版社 2008 年版，第 192 页；李广宇：《政府信息公开行政诉讼的当事人》，《电子商务》第 4 期。

第一节　行政诉讼原告资格

　　行政诉讼的原告资格关系到由什么样的人提起行政诉讼并启动对行政行为的司法审查。由于原告资格直接影响到法院司法审查权对行政权制约的力度，因此，原告资格的认定成为行政诉讼的基本问题之一。①

一　行政诉讼原告资格相关概念

　　我国自行政诉讼制度建立以来，原告资格一直是一个理论上争论不休、实践中难以把握的问题。这一状况的存在，一方面使我国行政诉讼的诉权保护范围不够明确，同时也使行政诉讼制度的特有功能难以得到正常发挥。准确界定行政诉讼原告资格，是关系到国家保护公民合法权益、监督行政机关依法行政这一特定制度发展的水平，同时，也是民主政治发展的体现。②

　　我国《行政诉讼法》第 2 条规定："公民、法人或者其他组织认为行政机关和行政机关工作人员的具体行政行为侵犯其合法权益，有权依照本法向人民法院提起诉讼。"《若干问题的解释》第 12 条规定："与具体行政行为有法律上利害关系的公民、法人或者其他组织对该行为不服的，可以依法提起行政诉讼。"学界通常认为这两条是现行法规定行政诉讼原告资格的核心条款，认为《行政诉讼法》第 2 条规定是对我国行政诉讼原告资格界定标准的高度概括。③ 传统上，通常根据《行政诉讼法》第 2 条界定行政诉讼原告，认为行政诉讼原告是指认为具体行政行为侵犯其合法权益，而以自己的名义向人民法院起诉，引起行政诉讼发生的人。有学者对此提出异议，认为《行政诉讼法》第 2 条规定的是起诉人而非原告或者原告资格。该学者指出，长期以来，在我国行政诉讼（包括民事诉讼）概念体系中，只有原告的概念，而无起诉人的概念。在不存在原告资格壁

---

　　① 李广宇：《政府信息公开行政诉讼的当事人》，《电子商务》第 4 期。

　　② 沈福俊：《论对我国行政诉讼原告资格制度的认识及其发展》，《华东政法学院学报》2000 年第 5 期。

　　③ 马怀德：《〈行政诉讼法〉存在的问题及修改建议》，《法学论坛》2010 年第 5 期。

垒的国家或地区，这两个概念间的区别意义不大，但在中国行政诉讼的理论和实践中，这种区别具有重要意义。从司法最终或者司法权力对行政争议具有一般管辖权这个意义上来说，任何自然人、法人或者其他组织都有权提起行政诉讼。即使是像中国这样的人民法院对行政争议具有特定管辖权的国家，自然人、法人或者其他组织依据《行政诉讼法》第 2 条的规定向人民法院提起行政诉讼，其就可以被称为行政诉讼的起诉人。也就是说，起诉权不应当存在任何限制，起诉人也不应当存在所谓的资格问题。该学者还批评有些学者提出的起诉资格概念以及将起诉资格等同于原告资格的观点①。

有学者认为，原告必然是引发诉讼程序的一方当事人，而起诉人只是有可能引发诉讼程序。从概念和称谓上区分起诉人和原告，不仅是明确诉讼过程不同阶段的诉讼主体法律地位的要求，更是保护自然人、法人或者其他组织起诉权的需要。值得注意的是，《若干问题的解释》的第 32 条第 3 款中已经使用了"起诉人"的概念。②

原告资格（locus standi）并非是《行政诉讼法》所规定的法律概念。原告资格是公民、法人或者其他组织提起行政诉讼，获得法律认可的身份条件，是否具有原告资格也是其能否通过行政诉讼程序以获取司法救济的前提。原告资格意味着行政诉讼的起诉人可以成为原告的限制条件，起诉人只有具有原告资格才能成为行政诉讼的原告，但是学界对此的认识并不统一，有的学者甚至将原告资格的概念进一步复杂化，认为原告资格主要解决的是在行政诉讼中，确定什么人具备何种条件可以请求人民法院保护其合法权益的问题，至于是否能真正成为诉讼原告，则不是原告资格所能解决的问题。③ 持这种观点的学者还将原告资格作为起诉条件之一，认为起诉人除具备原告资格外，还需要有起诉的具体条件。④

---

① 该观点见张步洪、王万华《行政诉讼法律解释与判例述评》，中国法制出版社 2000 年版，第 185 页。

② 杨寅：《行政诉讼原告资格新说》，《法学》2002 年第 5 期。

③ 胡锦光、王丛虎：《论行政诉讼原告资格》，陈光中、江伟主编：《诉讼法论丛》（第 4 卷），法律出版社 2000 年版，第 593—594 页。

④ 同上书，第 595 页。

二　行政诉讼原告资格设定的价值

关于原告资格设定的价值，有学者从行政职权行使的初衷以及防止滥诉等方面加以论述。原告的资格需要限制，这是立法者制定法律时必须考虑的事情。就世界各国行政诉讼制度中有关原告资格的规定来看，莫不对其起诉资格进行一定的限制。行政法对公共行政活动的调整，有着一个不可忽视的功能，就是促进公共利益的实现，至少是促进政府行政职能的完成与实现。所以，对原告资格没有应有的限制或者把原告资格规定得过于宽泛，都可能使法律所确立的诉讼权利被滥用，必将使行政机关陷入众多的无休止的而又毫无实际意义及价值的行政诉讼中。这样，既会挫伤了行政机关及工作人员的积极性，又会影响行政效率、行政职能乃至公共利益的实现。毫无疑问，对原告资格的限制，无论从理论上看，还是从实践上看都是必要的。[1]

也有学者指出，不应该过分夸大诉讼资格的意义。人们通常认为，原告资格制度可以防止滥诉、避免浪费司法资源并保证行政权的有效行使。其实，上述理由并不完全正确。长期以来，我国行政诉讼在起诉阶段的真实问题是老百姓不愿告、不敢告和不会告，法院受理行政案件的数量也远没有超过警戒线。实践证明，纵然取消了原告资格制度，也不会出现滥诉现象。就起诉同行政权力行使之间的关系来看，《行政诉讼法》现有的受案范围制度、复议与诉讼的关系制度、起诉期限制度以及起诉不停止执行制度等已经对司法审查和行政效率之间的关系平衡作了充分考虑，无必要再动过分限制原告资格的脑筋。从社会学来看，老百姓有怨、有冤不能诉诸法院的话，最终还会通过其他途径予以宣泄，何况起诉本身也是一种有成本的社会选择过程，过分抬高原告资格的门槛同浪费司法资源之间无必然瓜葛，相反，大量的行政审判人员无案可受、无案可审，才是真正的资源闲置。而要改变行政诉讼起诉环节的疲软现象，就必须从理论到立法进行一次反动。[2]

---

① 胡锦光、王丛虎：《论行政诉讼原告资格》，陈光中、江伟主编：《诉讼法论丛》（第 4 卷），法律出版社 2000 年版，第 607—609 页。

② 杨寅：《行政诉讼原告资格新说》，《法学》2002 年第 5 期。

三 域外行政诉讼原告资格设定标准的变动趋势

综观域外有关原告资格的规定，其主要特点是简单、宽松、可操作性强。例如，澳大利亚《行政决定（司法审查）法》第3条规定，原告资格限定于受到或者即将受到行政决定不利影响的利害关系人；日本《行政案件诉讼法》第9条和第36条规定，撤销诉讼和确认诉讼仅限于与行政行为具有法律上的利益者。学者在对德国、日本、美国、法国、英国等国家的行政诉讼原告资格的设定标准进行考察的基础上指出，从世界范围来看，行政诉讼原告资格大都是不断变动的，而变动的总趋势是逐步放宽对原告资格的限制。当然，目前发达国家取消原先对原告资格的过分严格限制，进而拓宽行政诉讼途径的趋势并非巧合，乃是多种原因而使之成为必然。①

首先，放宽对原告资格的限制是民主法制化运动发展的必然结果。随着世界民主法制进展的加速，公民参政意识和对行政机关监督意识的增强，人们普遍认识到放宽原告资格是健全监督机制和参与机制的一条重要途径。

其次，原告资格的拓宽并不必然影响行政机关的正常工作或法院有效的审判。正如我国目前许多人抱有的顾虑一样，西方国家起初也有过这样的担心：原告资格过于宽泛，会人为地制造行政纠纷和行政案件，从而影响行政机关和法院的工作。而在实际上，由于个人对政府的失职和侵权行为普遍比较冷漠，担心败诉、诉讼费负担过高以及法院的裁量权功能的发挥和司法审查自身价值对行政机关的影响等因素，普遍滥诉的情况并没有出现，而且，也根本不可能出现。在这种情况下，对原告资格的过分限制已显得是多余了。

最后，放宽对原告资格的限制，也是世界各个国家和地区相互借鉴和移植的必然结果。经济的发展，文化交流的增多，促进了各国相互学习，取长补短。每一个国家和地区行政诉讼原告资格标准的设定，取决于该国家和地区行政诉讼的目的、民主参与机制和发展水平以及对公民权益的保护程度。但是，由于相互借鉴和移植的结果，这种对原告资格限制的差别

---

① 胡锦光、王丛虎：《论行政诉讼原告资格》，陈光中、江伟主编：《诉讼法论丛》（第4卷），法律出版社2000年版，第607—609页。

正在缩小，即大有同一化的趋势。行政诉讼原告资格的设定从个人权利扩展到个人利益，进而向公共利益的拓展，呈现出越来越宽的趋势。由于全球化背景下的制度理念与经验的跨国交流，这种行政诉讼法上的世界发展趋势，也必将越来越深刻地影响着中国行政诉讼原告资格的发展方向。

四　我国原告资格规定所存在的问题

《行政诉讼法》有关原告资格的制度，共有三个方面的立法规定：一是《行政诉讼法》第 2 条关于行政诉权的规定；二是《行政诉讼法》第 24 条关于原告范围的规定；三是《行政诉讼法》第 37—41 条关于起诉、受理条件的规定。① 关于行政诉讼原告资格存在的问题，学术界主要从以下几个方面进行了概括和论证。

（一）确定原告资格的标准过窄

有学者指出，现行法律和司法解释对确定原告资格的标准规定得过于狭窄，不利于保护公民、法人和其他组织的权益，而且立法上存在相互矛盾之处。② 《行政诉讼法》第 2 条的规定表明，我国在确定行政诉讼原告资格方面，立法上采取的是"合法权益"的标准。理论上"合法权益"既包括权利，也包括利益，前者称为法定的利益，而后者称为事实上的利益。根据《行政诉讼法》第 11 条关于受案范围的规定，我国在确定行政诉讼的原告资格上，实际上采取的是法律权利标准，即只有当行政相对人实定法上的权利遭受行政主体的具体行政行为侵害时，才可以提起行政诉讼。另外一个需要注意的问题是，合法权益中的"法"在理论上，应当涵盖宪法、民法、行政法及相关法律、法规等，"合法权益"就是上述的"法"所赋予或保护的权益。但是，根据《行政诉讼法》第 11 条第 1 款所规定的受案范围明确表示出的意图，这里"合法"的外延是有限的，换言之，此处所指的"合法权益"仅是公民、法人或者其他组织的人身权和财产权，而对于其他的权利，如公民的受教育权、公平竞争权、承包企业的人事任用权等，在受到行政机关的具体行政行为侵害时是否可以提

---

① 姜明安：《行政法与行政诉讼法》，高等教育出版社、北京大学出版社 2007 年版。

② 马怀德：《〈行政诉讼法〉存在的问题及修改建议》，《法学论坛》2010 年第 5 期。

起行政诉讼，则是一直存在讨论余地的。①

（二）行政诉讼原告的确定标准不明确

根据《行政诉讼法》第 2 条的规定，公民、法人或者其他组织只要"认为"行政机关和行政机关工作人员的具体行政行为侵犯其合法权益，就有权向人民法院提起诉讼。学者认为，这种规定非常主观和模糊，让法院、法官理解和执行起来也非常吃力。而在现实生活中，也就出现了各种各样的有关原告资格争议的案件。②

还有学者对《若干问题的解释》关于原告资格的规定进行了分析。《行政诉讼法》颁布以后，在较长的时期里，人们普遍将是否具有行政诉讼的原告资格同是否为具体行政行为的直接相对人联系起来。这种"相对人原告资格论"受到很多学者的批评。随后，《若干问题的解释》的相关规定被学界和实务界认为是确定了原告资格的"法律上的利害关系"标准，扩展了可以成为原告的主体范围。学界充分肯定了我国行政诉讼实践中的原告资格从"相对人资格论"向"法律上利害关系人资格论"的转变，认为不仅是行政诉讼制度在某一环节上的变化，更体现了观念层面的飞跃和发展。③ 但是，由于"法律上的利害关系"仍属于高度不确定的法律概念，导致我国行政诉讼原告资格拓展的方向并不明朗。④ 可以说，在实践中，如果法院仅凭这几个字来明确原告资格，仍颇有困难。

首先，对"法律上"这一字眼的理解不同。在行政诉讼的理论与实践中，主要形成了两种理解，即"法律上保护的利害关系"和"法律上应当保护的利害关系"。"法律上保护的利害关系"是指当事人的权益属于法律明确保护的利益，没有法律明确规定，起诉人就不具有原告资格。"法律上应当保护的利害关系"不仅是法律已经明确规定的权利，还包括起诉人期望通过诉讼可以得到的法律予以保护的利益，即法律上的权利和事实上的利益。

---

① 马怀德：《〈行政诉讼法〉存在的问题及修改建议》，《法学论坛》2010 年第 5 期。

② 同上。

③ 沈福俊：《论对我国行政诉讼原告资格制度的认识及其发展》，《华东政法学院学报》2000 年第 5 期。

④ 应松年、杨伟东：《我国〈行政诉讼法〉修正初步设想（下）》，《中国司法》2004 年第 5 期。

其次，对"利害关系"的内涵把握有困难。《若干问题的解释》第12条的表达方式与《行政诉讼法》第27条关于行政诉讼第三人的规定一脉相承。《若干问题的解释》将第三人的标准上升为原告资格标准，意在拓展可以成为原告的利害关系人的范围。但是与《行政诉讼法》关于第三人的"利害关系标准"相比，"法律上利害关系标准"是一种倒退。① 因为，从理论上来说，利害关系可以分为直接利害关系和间接利害关系、切身利害关系和非切身利害关系、现实利害关系和可能利害关系。② "法律上的利害关系"应是何种类型，司法实践中的法官难以明确界定。

五　重构行政诉讼原告资格

著名行政法学者伯纳德·施瓦茨曾说："行政法的任何方面都没有有关原告资格方面的法律变化迅速。"③ 该论断同样适用于中国，理论研究关于原告资格的标准，从"相对人原告资格论"到"合法权益论"再到"法律上的利害关系论"，经历了从严到宽不断放松的发展过程。

在谈到《行政诉讼法》修改的时候，有的学者提出，应当重构行政诉讼原告资格，将原告资格限定为同被诉的行政行为有"法律上的利益"，放宽原告资格限制，以"法律上利益"标准作为原告资格的界限，实现权利标准向法律利益标准的转变。④ 行政诉讼的原告资格范围应当扩大，这是大势所趋，"只要公权力主体的行为对相对人受法律保护的利益造成了不利影响，而法院又能够提供有效的救济，则该相对人享有提起诉讼的权利"。⑤ 综合各国各地区对原告资格条件的规定和发展趋势，有学

---

① 高新华：《我国行政诉讼原告资格制度发展的社会背景及其得失评价》，《西南政法大学学报》2004年第6期。

② 杨寅：《行政诉讼原告资格新说》，《法学》2002年第5期。

③ ［美］伯纳德·施瓦茨：《行政法》，徐炳译，群众出版社1986年版，第419页。

④ 马怀德：《〈行政诉讼法〉存在的问题及修改建议》，《法学论坛》2010年第5期；湛中乐：《论〈中华人民共和国行政诉讼法〉的修改》，《苏州大学学报》2012年第1期；王彦：《行政诉讼当事人研究》，中国政法大学2004年博士论文。

⑤ 马怀德：《修改行政诉讼法需重点解决的几个问题》，《江苏社会科学》2005年第6期。

者认为，将我国原告资格条件限定为须与被诉行政行为有法律上的利益是比较恰当的。这一界定适应了原告资格扩大化的世界趋势，特别是对"法律上的利益"的阐释，充分借鉴了美国行政法的观念，使原告资格的确定更具可操作性。应当说，将原告资格限定为同被诉的行政行为有"法律上的利益"，仍然是比较抽象和有弹性的界定。因此，须在立法上对"法律上的利益"作一阐释。法律上保护的利益，首先是指相关法律要求行政机关作出行政行为时应当考虑的利益；此外，法律上的利益还应当包括通过诉讼值得保护的实质的利益。①

也有学者将确定行政诉讼原告资格的要件，分为四个方面：（1）同被诉具体行政行为之间有法律上的利害关系（谁来告）；（2）有具体、明确的诉讼请求（告什么）和被告（要告谁）；（3）被诉具体行政行为所引起的行政争议属于法院的受案范围（为何告）；（4）没有超过法定的起诉期限（何时告）。②

还有学者认为，应从行政诉讼类型化的角度入手，对不同诉讼类型的原告资格予以分别规定。具体来说，在现阶段只需将行政诉讼区分为撤销诉讼、确认诉讼和履行诉讼三大类。撤销诉讼的原告资格包括以下三个方面的条件：（1）起诉人应证明其所主张的合法权益受到违法行政行为侵害或影响的事实；（2）起诉人所主张合法权益受到行政行为侵害或影响的事实与被诉行政行为之间具有因果关系；（3）撤销诉讼之被诉行政行为具有可撤销性，即通过法院撤销权的行使，原告合法权益具有恢复至违法行政行为实施前状态的可能性。提起确认诉讼的原告应具备的条件是：（1）被诉行政行为不具有可撤销性，即该行政行为客观上已实施终了，且不可能通过撤销判决等形式使法律关系恢复至行政行为实施前的状态；（2）必须提供证据证明其合法权益已经受到被诉行政行为侵害或影响的事实；（3）起诉人所主张合法权益已经受到被诉行政行为侵害或影响的事实与被诉行政行为之间有因果关系。相比之下，履行诉讼的原告资格应最为宽松：（1）须是被诉行政主体对于起诉人负有行政法上特定的作为义务；（2）须是被诉行政主体不履行特定行政作为义务的行为实际侵犯

---

① 马怀德：《〈行政诉讼法〉存在的问题及修改建议》，《法学论坛》2010年第5期。

② 杨寅：《行政诉讼原告资格新说》，《法学》2002年第5期。

了起诉人的合法权益。①

第二节　行政诉讼被告

一　行政主体与行政诉讼被告

我国行政诉讼制度在建立之初，面对庞大、复杂的行政组织体系，学者们从便利的角度，从行政主体开始研究行政诉讼被告，力图寻找一个能对行政诉讼中法律责任的承担者予以抽象概括的概念。于是在 20 世纪 80 年代中期，我国从法国引入了"行政主体"概念，并形成了我国的行政主体理论。因特定历史条件下的需要，加之行政诉讼被告理论的匮乏，行政诉讼被告与行政主体就被天然地联系起来了。② 西方国家的法学家认为，行政法的宗旨是控制行政权，强调对行政行为的监督与控制，因而将行政行为视为制度的核心要素，确立为行政诉讼被告确认规则的重要标准。而我国强调行政主体的核心地位，处处把行政主体放在应当考虑的主要位置上，所以法学家的视角始终以行政主体为核心，将之作为行政诉讼被告确认规则的标准。③

我国《行政诉讼法》第 25 条规定了成为行政诉讼被告的几种情况，其中直接起诉的，作出具体行政行为的行政机关是被告；由法律、法规授权的组织所作的具体行政行为，该组织是被告，由行政机关委托的组织所作的具体行政行为，委托的行政机关是被告。根据该条规定，不论是做出行为的机关，还是复议机关，不论是法律、法规授权的组织还是行政机关委托的组织，要想充当行政诉讼的被告，必须满足一个条件，即必须是行政主体。因此，我国行政法学界普遍认为，认定行政诉讼被告的必要条件是该机关或组织具备行政主体资格，只有具备行政主体资格的机关和组织，才能成为行政诉讼的被告，否则该机关和组织就不是行政诉讼的适格被告。④ 现行的行政被告资格制度，就是以行政主体资格理论为基础的，

---

① 侯勇：《重构我国行政诉讼原告资格制度的思考》，《行政法学研究》2004 年第 4 期。

② 周伟：《我国现行行政诉讼被告确认规则之反思》，《河南省政法管理干部学院学报》2005 年第 4 期。

③ 同上。

④ 宋雅芳：《行政诉讼被告资格范式的重构》，《甘肃政法学院学报》2006 年第 4 期。

这种理论可以称之为"行政主体资格说"。①

二 "行政主体资格说"的缺陷

学者们普遍承认"行政主体资格说"对我国行政法和行政诉讼法的发展所具有的贡献，特别是在我国法治还不完善的阶段、在行政诉讼法发展的初始阶段，该说具有积极意义。② 但是学者们同时指出，"行政主体资格说"具有天然的缺陷，因为"行政主体资格说"是从行政救济制度出发，很大程度上仅仅是为了满足实践对于确定行政被告资格的需要，所以缺乏全面和理性的思考。这种与生俱来的缺陷，随着行政法和行政法学的发展，更为突出地暴露出来。学者们将"行政主体资格说"的缺陷归纳为三个方面。

首先，标准混淆。"行政主体资格说"所主张的理论，实际上是合法行政主体的理论。一个合法行政主体应当具备三个实质要件，即行为、职权和责任，只有具备这三种要件，才是一个合法的行政主体。只有合法的行政主体，才可能成为适格的行政被告。因此，合法行政主体的标准，也就成了适格行政被告的标准。其实，这种理论和逻辑是不正确的。行政主体标准是个实体问题，是主体与法律的关系问题，是解决主体的法律性质、法律地位和法律权限的问题。而被告资格标准，则是程序问题，是主体与行为、后果的关系问题，是解决行为的责任归属问题。这是两个不同性质的问题，不能画等号。也就是说，合法行政主体与适格行政被告之间，没有必然的联系，更不是同一回事。把确定是否为合法行政主体的标准，用来作为认定适格行政被告的标准，是混淆了事物的本质。③

其次，套用民事理论，忽视行政诉讼被告独有的特点。"行政主体资格说"非常强调行政被告的"独立承担责任能力"，这与民事诉讼的当事人理一脉相承。但是，行政法理论上的独立承担责任能力与民事法上的独立承担责任能力是有本质区别的。民事法上的独立承担责任能力，是针对

---

① 杨小军：《行政被告资格辨析》，《法商研究》2003 年第 6 期。

② 杨小军：《行政被告资格辨析》，《法商研究》2003 年第 6 期；宋雅芳：《行政诉讼被告资格范式的重构》，《甘肃政法学院学报》2006 年第 4 期；马怀德：《〈行政诉讼法〉存在的问题及修改建议》，《法学论坛》2010 年第 5 期。

③ 杨小军：《行政被告资格辨析》，《法商研究》2003 年第 6 期。

自然人、法人和非法人组织这些主体的。他们的独立责任能力本质上是独立的财产权利和支配力，因为民事责任主要表现为财产责任，如果主体没有独立的财产权利和支配力，就不可能承担相应的民事责任。而行政被告则不然，行政被告当然也要具备独立承担责任的能力，但这种责任能力从根本上说，与财产无关。首先，行政被告要承担的责任，并不主要是财产责任，更不全是财产责任，用财产责任能力来定义行政被告的责任能力，显然是不正确的。其次，行政被告即使承担财产责任（如行政赔偿或行政补偿），也不是行政被告用自己的、能够独立支配的财产来承担财产责任，而是用国家财产来承担国家赔偿或者国家补偿责任。所以，如果按照民事责任主体的理论，行政诉讼被告就不是责任主体，更不是具有独立（财产）责任能力的主体。这是行政诉被告的特点，但是这个特点在"主体资格说"中被完全忽略了，使我们误认为行政诉讼被告也像民事被告那样具有独立（财产）责任能力，这是不正确的。①

第三，将行政诉讼被告复杂化，不利于体现便民原则。"行政主体资格说"的标准是合法标准，而合法标准的认定，又是以行政组织法的规定为根据的，也就是说，要根据行政机构体系的结构、隶属关系、行政职权分配和再分配等规定来决定。而行政机构的结构、隶属关系、职权划分等，是由不同时期的不同部门制定的法律、法规、规章甚至规范性文件等综合决定的，这是一个非常复杂的行政与法律问题。将这些经常使法学家和法官都争论不休的专业和内部标准，作为行政被告的法律标准，让老百姓在起诉时自己确定要起诉的对方究竟是否是合格的行政诉讼被告，这是极不合理和不现实的，也违背了救济程序简便易行的原则。复杂的被告标准增加了启动救济程序的难度和成本，使得原告在"打官司"以前，首先得与制度和标准"打官司"，既不必要，也不利于行政救济范围的扩大。现行的行政复议、行政诉讼和行政赔偿范围，因受制于各种形式条件而非常有限。在这些形式条件中，主体条件也是限制行政救济范围的一个主要的方面。按照"行政主体资格说"的理论，只有合法行政主体的行为才是行政行为，不是合法行政主体，其行为就不是行政行为，既然不是行政行

---

① 杨小军：《行政被告资格辨析》，《法商研究》2003 年第 6 期。

为，也就不在行政救济的范围之内。因此，主体标准成了确定行政救济范围的重要形式标准。其实，从世界各国行政救济制度看，从来就不仅仅是对行政机关、行政主体行为的监督，而是对公权力或公务行为的监督，是解决公法纠纷的救济制度。主体标准已经成为扩大行政救济范围、发展行政救济制度的一个障碍。①

三 域外行政诉讼被告资格

在国外，行政诉讼的被告资格是一个未被学界关注的问题。之所以该问题未被关注，原因在于行政诉讼被告资格的确定极其简单，完全是从便于诉讼的角度出发。其中大多数国家和地区都是以"行为主体说"，作为确立行政诉讼被告资格的标准。②

域外有关被告资格的规定都比较简单、宽松，并且具有较强的可操作性。例如，联邦德国《行政法院法》第78条规定，被告可以是行政行为作出机关或者行政机关所属的联邦、州或者机构，且原告只需"指出有关行政机关即可"；在日本，"行政厅并不限于大臣等通常的行政机关，只要以法律赋予其行使公权力的权限，即使是民法上的法人，也可以作为行政厅而成为被告"。可见，在有关国家和地区，法院一般不会苛求原告证明被告适格，而原告只要证明该机关存在即可。③ 国外行政诉讼被告制度多是出于诉讼便利，因而存在大量的形式被告，一般由作出行为的机关或官员作被告，无法确定时由行政主体作被告。④ 被告的身份和地位不能成为阻却原告行使诉权的理由。

在美国，行政诉讼被称为司法审查。其行政诉讼被告的范围极为宽泛。美国《联邦行政程序法》第702条规定："美国法院受理的诉讼，不是寻求金钱赔偿，而是控告行政机关或其官员或职员，以官方身份的或在法律掩饰下的作为或不作为时，不得以该诉讼反对美国或美国是必不可少的当事人为理由而驳回，或拒绝给予救济。美国在这

---

① 杨小军：《行政被告资格辨析》，《法商研究》2003年第6期。

② 宋雅芳：《行政诉讼被告资格范式的重构》，《甘肃政法学院学报》2006年第4期。

③ 梁凤云：《〈行政诉讼法〉修改八论》，《华东政法大学学报》2012年第2期。

④ 薛刚凌、王霁霞：《论行政诉讼制度的完善与发展——行政诉讼法修订之构想》，《政法论坛》2003年第1期。

类诉讼中可以被指名为被告，也可以对美国作出不利的判决或命令。"
美国《联邦侵权赔偿法》规定，凡联邦政府之任何人员与其职权范围
内因过失、不法行为或不作为，致人民财产之损害或损失，或人身上
之伤害或死亡，受害人可以以美国政府为被告，向联邦法院起诉，请
求损害赔偿。因此，美国联邦政府可以成为司法审查中的行政诉讼被
告。美国《联邦行政程序法》第 703 条规定"……在没有能够适用的
特定的法定的审查程序时，司法审查的诉讼可以对美国、对机关以其
机关名称，或者适当的官员提起。"美国最高法院在 1947 年的一个判
决中甚至认为，如果法院对出庭的下级官员发布的命令，能够使当事
人的被损害的损失有效地得到所要求的救济时，下级官员执行上级命
令，原告可以对该下级官员单独作为被告提起司法审查。由此可见，
在美国，联邦政府、行使行政职权的行政机关、行政官员等都可以成
为行政诉讼的被告。①

四　完善行政诉讼被告资格的建议

学者在论述行政诉讼法的修改时，往往会提到行政诉讼的被告问题，
认为由于我国行政机关林立，层次复杂，存在大量的内部机构、临时机
构、联合执法机构、派出机构和法律法规授权组织，所以，如何确定这些
主体的诉讼地位，将是行政诉讼法修改的重点。

有学者认为，可以考虑将行政诉讼的被告界定为，"以自己的名义作
出行政行为，又能够独立承担行政责任的主体"。② 有学者也提出类似观
点，应确认行政机关和法律法规授权的组织为形式正当被告，确立"谁
名义，谁被告"的形式正当被告辨识标准。③

现行制度中，以行政主体、行为主体和责任主体三个主体统一的被告
资格制度，不利于启动行政诉讼程序，也不符合行政系统的组织结构，应
当予以简化和使之更加务实。为此，可以引入行为者作为被告的制度，或

---

① 周伟：《我国现行行政诉讼被告确认规则之反思》，《河南省政法管理干
部学院学报》2005 年第 4 期。

② 马怀德：《司法改革与行政诉讼制度的完善》，《法律适用》2005 年第 8 期；
马怀德：《修改行政诉讼法需重点解决的几个问题》，《江苏社会科学》2005 年第 6
期。

③ 胡肖华：《行政诉讼当事人制度》，湘潭大学 2008 年硕士论文。

者代表者作被告的制度。① 为了使确定行政诉讼被告资格的标准更加简单明了，学者在批判行政被告"行政主体资格说"的基础上，抛弃"主体标准"，确立了"行为标准"，即以对外作出行政行为名义的主体为适格行政被告，谁行为，谁当被告。② 有学者在提出行政被告"行为标准"时，还对其理论依据加以阐述，认为行政权的统一性与行使行政权的代表性，是"行为标准"的权力基础。另外，确立行政被告"行为标准"符合实际、方便易行。便民原则一直是中国的救济制度的基本原则，从这一原则出发，也应当选择让行为者作被告的制度。③ 在行政诉讼被告"行为标准说"之下，行政诉讼的被告非常容易确定，即原则上以作出行政行为的机关或组织为被告。行政诉讼被告的确定规则应避免复杂化，为此应坚持一个总原则，即：谁行为，谁为被告。应避免追究作出行政行为的机构或组织是否具有独立承担责任的能力、能否成为行政主体的问题，而从形式上判断被告。行政机关内设机构或派出机构，不管有没有法律的授权，只要这些内设机构或派出机构以自己的名义作出行政行为，原告就可以控告这些内设机构或派出机构，这些机构就是被告。行政机关、行政机关的内设机构、派出机构、临时机构以及其他公法性行为的作出者，都可以成为被告。④

　　根据上述"谁行为，谁为被告"的规则，经复议的案件，复议机关维持原行政行为的，等同于复议机关作出了与原行政行为同样的行为，因此，以复议机关为被告完全说得通。⑤ 如此规定的最大益处是强化了复议

---

　　① 杨小君：《行政诉讼问题研究及制度改革》，中国人民公安大学出版社 2007 年版，第 4 页。

　　② 马怀德：《〈行政诉讼法〉存在的问题及修改建议》，《法学论坛》2010 年第 5 期。

　　③ 杨小军：《行政诉讼被告资格辨析》，《法商研究》2003 年第 6 期。

　　④ 马怀德：《〈行政诉讼法〉存在的问题及修改建议》，《法学论坛》2010 年第 5 期。

　　⑤ 应松年：《完善我国的行政救济制度》，《江海学刊》2003 年第 1 期；马怀德：《司法改革与行政诉讼制度的完善》，中国政法大学出版社 2004 年版，第 203 页；胡建淼：《〈行政诉讼法〉的修改方向》，《法制日报》2005 年 1 月 27 日；薛刚凌、王霁霞：《论行政诉讼制度的完善与发展——〈行政诉讼法〉修订之构想》，《政法论坛》2003 年第 1 期；莫于川：《关于修改我国行政诉讼法的若干建议》，《检察日报》2011 年 10 月 10 日。

机关的责任心。从统计情况来看，经复议的案件，绝大多数都是复议机关作出维持原行政行为的裁决，这其中当然有最初作出行政行为是正确的原因，但是复议机关害怕当被告，以维持来敷衍塞责也是主要原因。规定复议机关维持原行政行为时也是被告，有利于督促复议机关认真履行职责，即使被起诉了，也可避免败诉。至于担心复议机关过多地被起诉，增加法院和当事人的成本，影响效率，都是多虑的。① 强化行政复议责任，对复议维持原行政行为的，复议机关也应当与原行政机关一并成为行政诉讼的共同被告，以消除或减少因为规避成为被告而随意维持错误行政行为的弊端。在复议机关决定不予受理复议申请的情形下，也应当规定其对该复议决定承担责任。也就是增加复议机关在不作为决定和不予复议情况下作行政诉讼被告的规定，即复议机关在法定期限内不作复议决定，当事人对原行政行为不服提起诉讼的，应当以做出原行为的行政机关和复议机关为共同被告；复议机关决定不予复议的案件，当事人不服提起行政诉讼的，应当以作为原行政行为的行政机关和复议机关作共同被告。②

而行为主体能否成为行政诉讼被告，并不以其是否是行政主体的身份来判断，这宣示了行政主体与行政诉讼被告之间并无直接、必然的联系，这对于解决行政诉讼被告问题的痛疾，具有重要意义。③

还有学者在检讨我国行政主体理论的基础上，认为行政诉讼被告应突破行政主体标准的束缚，适应第三部门发展及行政主体多元化趋势，使行政诉讼被告的确定标准更容易，更简便，更具开拓性和开放性，并提出了确定行政诉讼被告的多元标准，即行为主体标准、公权力（狭义）标准和公共行政标准。特别是以公办高等学校为例，强调非政府公共组织作为公权力主体，当其履行公共行政职能时，不管这种职能是得到法律、法规的直接授权，还是接受政府机关的委托，抑或是根据自主权限制定的内部使用的强制性规则，其行为便具有被诉性，从而杜绝权利救济的真空。④

有学者在主张扩大被告范围的同时，建议将选择权留给原告，即规定

---

① 马怀德：《〈行政诉讼法〉存在的问题及修改建议》，《法学论坛》2010 年第 5 期。

② 杨小君：《行政诉讼问题研究及制度改革》，中国人民公安大学出版社 2007 年版，第 5 页。

③ 王彦：《行政诉讼当事人研究》，中国政法大学 2004 年博士论文。

④ 同上。

由实施被诉行为的行政机关，法律、法规授权组织，或者上述机关、组织所属政府作被告，并由当事人选择决定。由同级政府作被告，有利于保护相对人的行政诉权，也符合我国现行的行政管理体制。各级人民政府具有综合协调和统一指挥的功能，并具有对下属行政机关监督控制的权力，由其作被告有利于各级政府履行监督职能。当然相对人也可选择由实施被诉行为的行政机关作被告，可强化政府责任，从而推动行政法治的进程。① 持这类观点的学者很多，如有学者建议，我国的被告确认制度也可采取形式被告的作法，让原告选择由作出行为的机关或机构作被告，或由同级政府作被告；在被告无法确定的情况下，由同级政府作被告。这样就可以避免在诉讼中确定被告的困难和无被告局面的出现，而且行政机关行为的责任归属于同级政府，也便于强化政府对下设部门的监督。② 被告资格应当采取完全形式意义上的界定，即只要属于行政争议的另一方均可作为被告。③ 只要某个法律上的主体没有被法律禁止行使某项行政职权，且在行使行政职权的过程中，是以自己的名义作出行政行为，就应当对自己的行为负责，就可以成为行政诉讼被告。而不必追求实体法上的法律责任和诉讼法上的法律责任。④ 以行政行为作为行政诉讼被告的确认标准，确立"谁行为，谁被告"的确认规则，是行政诉讼受案范围的至上性决定的，是行政诉讼法学的学科性质——人文科学决定的，也是行政诉讼被告不同于行政主体的性质决定的。它与行政诉讼审查的对象是一致的。⑤

　　还有学者进一步界定了行政行为，认为行政行为的精髓，可以借鉴美国的标准。美国法院在理解行政行为时，主要是从实用主义出发，他们避

---

　　① 应松年、薛刚凌：《行政诉讼十年回顾》，《行政法学研究》1999 年第 4 期。

　　② 薛刚凌、王霁霞：《论行政诉讼制度的完善与发展——行政诉讼法修订之构想》，《政法论坛》2003 年第 1 期。

　　③ 梁凤云：《〈行政诉讼法〉修改八论》，《华东政法大学学报》2012 年第 2 期。

　　④ 周伟：《我国现行行政诉讼被告确认规则之反思》，《河南省政法管理干部学院学报》2005 年第 4 期。

　　⑤ 同上。

免给受审查的行政行为作出一个抽象的定义，而是根据案件具体分析。法院在判断某一行为是否要受司法审查时，主要有以下几个标准：首先看该行为是否符合联邦程序法中规定的行为；其次，如果不是法律明确规定的行为，则考察该行为是否对当事人具有拘束力，直接影响当事人的法律地位；最后，如果不符合前两个条件中的任何一个，则考察该行为是否已经产生损害，如果已经产生损害，则是可以受司法审查的行为。①

---

① 周伟：《我国现行行政诉讼被告确认规则的反思》，《河南省政法管理干部学院学报》2005 年第 4 期。

第 五 章

行政审判体制

第一节　行政审判体制概述

一　行政审判体制的概念

行政审判体制是指，行政审判权的组织机构系统以及其实施行政审判权活动规则的总和。围绕着行政审判权在各组织之间的权限划分，可以称之为行政审判体制，包括两个方面的内容：行政机关与司法机关之间的关系，主要解决行政审判组织的外部关系；司法机关的内部运行体制，主要解决司法机关行政审判的权限分工问题。①

二　行政审判体制的类型

域外的行政审判体制主要有普通法院型和行政法院型两种，前者属于一元制，采取合并主义；后者属于二元制，采取分离主义。一元制以英美为典型代表，主要包括英联邦成员国等英美法系国家；二元制以法国、德国为代表，还有意大利、瑞典、瑞士、芬兰、奥地利等。②

（一）普通法院管辖

1. 英国的行政审判机构

英国行政审判机构与我国的行政审判体制有非常大的差异。英国没有单列的行政审判机构，英国的普通法院系统承担了对行政案件的审理职

---

① 张树义：《行政诉讼法学》，中国政法大学出版社 2007 年版，第 41 页。
② 江必新：《中国行政诉讼制度的完善》，法律出版社 2005 年版，第 12 页。

责，但并非所有的普通法院都有对行政案件的管辖权力。根据普通法的传统和制定法的规定，对于一审行政案件享有管辖权的法院，一般只是高等法院中的王座分院，而郡法院对行政案件没有管辖权。由于行政案件涉及的影响面较大以及常常涉及法律使用问题，所以，行政审判机构通常级别较高。英国普通法院有权受理行政案件的法院，实际就是高等法院的王座分院、上诉法院以及最高法院三级。①

2. 美国的行政审判机构

由于英美法系的继承关系，美国的行政审判机构与英国相似，即均由普通法院受理行政案件。美国法院体系包括地区法院、上诉法院、专门法院以及最高法院，各级各类的法院都可能进行司法审查。美国专门行政法院是行政上诉的重要机制。值得注意的是，由于普通法院具有审查行政行为的最终权力，无论是独立管制机构，还是专门法院，都没有突破其普通法院的单轨制。美国专门法院主要有：根据 1982 年《联邦法院改进法》设立的联邦巡回区上诉法院，代替原来的美国海关法院和专利上诉法院，审理关于专利、商标、版权、植物品种等上诉案件，以及美国索赔法院上诉案件、美国国际贸易法院上诉案件、专利和商标上诉委员会的某些裁决、商业部关于进口仪器的某些法律方面的裁决；美国索赔法院，受理根据宪法、法律、法规和美国签订的合同提出的金钱要求的案件；税务法院，作为联邦政府行政部门的一个独立机构，受理纳税人反对内地税务机构的欠税通知；国际贸易法院，对执行关税法律的诉讼有管辖权。②

（二）行政法院管辖

行政法院是指专门审理行政诉讼的法院。行政法院最早起源于法国，后来逐步为大陆法系国家和地区接受，如德国和中国的台湾地区。行政法院是相对于处理民事、刑事诉讼的普通法院而言的，通常包括地方行政法院、高等行政法院和最高行政法院。

1. 法国模式

法国的行政法院由普通行政法院和专门的行政法院构成，法国的普通行政法院是由最高行政法院、上诉行政法院、行政法庭、行政争议庭共同组成。由于法国的行政法院是由国家参事院发展而来的，而参事院最初是

---

① 江必新:《中国行政诉讼制度的完善》，法律出版社 2005 年版，第 19 页。
② 同上书，第 21 页。

国王的咨询机关。因此，最高行政法院既具备咨询的功能，又行使司法机关的审判功能，而且它还是全部行政法院的最高法院，具有初审管辖权、上诉审管辖权和复核审管辖权。

上诉行政法院的管辖权是针对那些普通行政法庭判决的案件，在法国的行政法院系统中是上诉审级法院。为了减轻最高行政法院的上诉审负担，是设置上诉行政法院创设的初衷。除最高行政法院保留上诉审管辖权的案件之外，法国的上诉行政法院受理范围包括，对地方行政法庭的所有上诉案件，以及法律明文规定的对专门行政法院的上诉案件。上诉行政法院的管辖权没有初审管辖权，只有上诉管辖权。

行政法庭对于初审行政案件具有一般管辖权，除法律有特殊规定的由其他法院管辖的一切行政案件，行政法庭均具有管辖权。法国到目前为止共有33个行政法庭，本土26个，海外7个。① 由于行政法院审判系统和普通法院审判系统分立，而在不同的审判系统关于管辖权难免出现争议，为了解决两个系统之间在管辖权限上的冲突，权限争议法庭的应运而生。行政法庭为一般权限法庭，凡法律未规定由其他法院管辖的一切行政诉讼案件，都以行政法庭为初审法庭。权限争议庭是处理那些在管辖权出现争议的案件，宪法委员会承担司法审查的功能。

法国行政法院的法官有两种来源。一种来源是，毕业于国家行政学院的名列前茅的优秀毕业生，他们在毕业后被分配到各基层法院开始其行政法官生涯。他们的晋升是以资历为标准，经过一定的年限，可以成为上诉行政法院的法官，最后可进入国家行政法院。另一种来源是，由政府任命的国家行政法院担任国务顾问的法官。行政法院的法官录用有三种方式：一种是通过外调任命，对象为公务员或军队的文职人员，其在当年12月31日前，满足所任职的级别、年限和文凭的要求，并接受遴选委员会的审查；一种是通过录用选任，行政法庭和上诉行政法院的人员为公务员，在国立行政学院的毕业生中录用；另外一种是补充录用，年龄不低于25周岁并持有国家行政学院 ENA 入学考试证书的人员，通过考试被录用为法官。最高行政法院的人员录用有两种：一种是竞争，每年都有5到7名国家行政学院的优秀毕业生被录用为助理办案员，他们通过晋级，大约3

① 张磊：《试论大陆法系行政法院制度的借鉴——以法国为例》，《法制与社会》2011年第13期。

年后出任查案员，12 年后可任普通职行政法官；另一种是外调，通过外调方式录用的人员，须经最高行政法院的副院长同意。

行政诉讼无疑是制约公权力、维护私权利的有力法律武器。法国是世界上最早建立独立的行政法院的国家，行政法院在法国已有了长足的发展。现如今，我国的司法系统仍存在着诸多弊病，亟须改革，通过对国外行政法院制度的借鉴，则可以使我国的司法系统改革的思路豁然通达，做出更为合理有效的方案选择。有学者认为，法国模式的优势在于，由行政机关内部解决行政纠纷，容易发挥行政层级性的实效，容易符合行政纠纷的专业性与技术性要求，容易适应纠纷的大量性与可变性特点。①

反对者则认为，法国模式具有不少缺点。一是行政法院既参与立法审核又进行执法监督，未免有集"运动员"和"裁判员"于一身之嫌；二是行政法院是一种半行政、半司法的双重机构，它由行政所设立，又为行政服务，更为行政所控制，其司法独立性较之于普通法院稍逊一筹；三是行政法院在诉讼程序中，不同于民事程序采用公开、辩论和言词审理原则，而以秘密、不辩论和书面方式进行，缺乏应有的监督；四是行政法院没有执行程序，不能向行政当局发布命令，强迫它作为或不作为，其行政诉讼程序更多的接近于行政行为，而非司法行为。②

2. 德国模式

在德国，行政法院属于司法的范畴，实行的是三级审判体制。联邦行政法院审级最高，一般审理涉及行政法一般原则的问题，或者是对于高等行政法院的判决不服所提起的上诉案。高等行政法院受理不服一审判决的上诉案，同时也可以受理一些特殊或意义重大的初审案件。高等行政法院一般是上诉法院，但是对于高等法院不同意上诉的初审法院的一审案件，公民对此不服的，可以直接上诉至审级最高的联邦行政法院。一般来讲，大部分案件由初审法院来进行审理，如果对于初审法院的判决不服，可以上诉到高等行政法院。

---

① 陈娟：《法国行政法院及对我国的启示》，《辽宁行政学院学报》2005 年第 4 期；王敬波、孙丽：《法国行政法院裁决评价之诉的基本原则及其借鉴》，《国家行政学院学报》2005 年第 5 期。

② 秦宁：《反思我国欲建立行政法院的理论模式》，《知识经济》2011 年第 2 期；杨成：《大陆法系国家行政法院之考察与启示》，《行政与法》2006 年第 10 期。

在行政法院的内部结构方面，需要区分三个方面，一是有关行政法院的人员构成，二是裁判机关的组成和划分问题，三是关于院委会和"法院内部组织"问题。就内部人员来说，任何一个层级的法院都没有固定的法官数目。裁判机关主要由普通合议庭、联邦行政法院和高级行政法院的大审判庭构成。不可忽视的是，法官自治和业务分配具有重要的意义和价值。①

联邦行政法院的法官经联邦行政法院法官选举委员会选举产生之后，由联邦总统任命，必须年满 35 周岁。一般来说，行政法院的法官为终身职务。行政法官在某种程度上影响了行政法院的地位与状况，行政法官的地位首先是由法官独立原则确定的。在德国，法官不仅具有人事上的独立性还具有事务上的独立性。法官的独立可以说是司法独立的关键。而行政法院的独立性是德国行政法院的特色之一。《基本法》第 97 条规定，法官独立，只服从法律，在既定职位上被任命为永久性的专业法官，不得违背其本人的意志而解除其职务，也不得长期地或暂时中止其职务。但是以法律规定为理由的作出的司法判决，可以解除或终止法官的职务。《基本法》第 98 条规定，法官的法律地位受特别法的调整，一个弹劾法官的最终决定必须由联邦宪法院作出。②

《行政法院法》第 40 条集中规定了行政诉讼的受案范围：发生宪法性质的公法争议且争议依法不由其他法院明确受理的，则由行政法院受理。透过这个法律条文，学者们可以得出这样的结论，凡是未被法律划归其他法院管辖的非宪法性质的公法争议，都是由行政法院受理的。这个条款可以被看作是公民法律救济权利的兜底条款。③

德国行政法院制度独立性的基础及内涵以及其司法制度的理念，对我国的司法改革极具启示。就我国现状而言，德国式的行政法院模式是更有助于确立司法独立的选择模式，因而建立独立的行政法院，可为司法独立的首要步骤。司法改革是国家制度性改革的重要环节。在现实国家生活

---

① 梁三利：《德国行政型法院管理模式解析及其启示》，《江苏科技大学学报》（社会科学版）2009 年第 1 期。

② 同上。

③ 李继桃、申东亮：《德国行政法院再认识》，《牡丹江大学学报》2008 年第 8 期。

中，司法改革更是国家政治体制改革的目标和步骤之一。独立司法体制的建设必将有一个渐进的过程。行政审判是司法制度中最亟待变革的部分，同时也是三大诉讼制度中比重最轻的部分。进行司法改革，建立独立、公正的司法体制，可以首先从建设独立的行政法院入手，一方面解决现行司法实践中行政审判工作难以开展的现实问题，另一方面又可以作为我国建设独立司法制度之制度尝试。①

各国的司法实践表明，行政审判具有以下几个方面的特殊性：一是行政审判的专业性和技术性较强，所以在诉讼程序以及实体处理上与民事、刑事案件的处理区别都很大；二是行政案件被告的特殊性对司法的独立性、自主性要求更高；三是行政审判就其运行机制而言，是司法权对行政权的监督和制约。各国采用不同的行政审判体制表明，制度在司法实践中的成功运行，其中定有各自不乏借鉴意义的成功经验。

第二节　我国的行政审判体制

一　我国行政审判体制现状

根据《宪法》、《法院组织法》、《行政诉讼法》及其司法解释，我国行政诉讼审判体制具有以下三方面的特点。

（一）专门法院不审理行政案件

根据《宪法》和《法院组织法》的规定，我国设立最高人民法院、地方各级人民法院和军事法院等专门人民法院行使审判权。对于专门人民法院，《宪法》和《法院组织法》仅明确规定必须设立军事法院，对于其他专门法院的设置没有具体规定。根据实践需要，我国已经设立了海事法院、铁路运输法院、森林法院、农垦法院、石油法院等专门人民法院。根据最高人民法院 2000 年《若干问题的解释》第 6 条第 2 款，专门人民法院、人民法庭不审理行政案件，也不审查和执行行政机关申请执行其具体行政行为的案件。2002 年最高人民法院还专门就某一类行政案件的管辖出台司法解释。根据最高人民法院《关于海关行政处罚案件诉讼管辖问题的解释》，海关处罚行政诉讼案件被排除出海事法院的受理范围，即

---

① 刘飞：《建立独立的行政法院可为实现司法独立之首要步骤——从德国行政法院之独立性谈起》，《行政法学研究》2002 年第 3 期。

"相对人不服海关作出的行政处罚决定提起诉讼的案件，由有管辖权的地方人民法院依照《中华人民共和国行政诉讼法》的有关规定审理。相对人向海事法院提起诉讼的，海事法院不予受理。"但是，根据2001年最高人民法院《关于海事法院受理案件范围的若干规定》，海事行政案件和海事行政赔偿案件仍由海事法院管辖。因此，我国行政诉讼的管辖法院是普通人民法院，将专门人民法院排除在外，但存在少数例外。

（二）未设置独立的行政法院

普通法系司法权监督行政权意义上的司法审查制度，对应于大陆法系的行政诉讼制度。而大陆法系之所以称为行政诉讼制度，缘于两方面的特点：首先，行政诉讼由专门的、独立于普通法院的行政法院管辖；① 其次，行政诉讼依据专门的《行政诉讼法》。与典型的行政诉讼制度相比，我国的行政诉讼虽然也有单独的《行政诉讼法》作为依据，但是由于我国未设置独立于普通法院的行政法院，行政诉讼是由普通法院受理，具体主要由普通法院的行政审判庭审理。② 因此，我国的行政诉讼制度更接近日本的行政诉讼制度。日本根据其战后《宪法》的规定，撤销了行政法院，将行政案件归属普通法院管辖，具体由普通法院内部的行政法庭审理。但是与美国司法审查的程序基本上适用民事诉讼程序规则③不同，日本的行政诉讼依据1962年制定的单独的《行政事件诉讼法》。

（三）级别管辖未实行职能分层制

法院的职能分层制是指各国一般以初审、上诉和终审的审级职能为中心，围绕着事实问题与法律问题、私人目的与公共目的之间关系的协调，对一般管辖权法院进行了明确的职能划分，确保通过诉讼实现解决纠纷和维护法律秩序的制度目标。

职能分层作为一种制度配置，其意义在于：一方面能够整合现有的司

---

① 当然大陆法系国家的行政诉讼也并非都由行政法院管辖，有些是由普通法院管辖，如对反垄断裁决的审查。

② 《行政诉讼法》第3条第2款规定，人民法院设行政审判庭，审理行政案件。

③ 美国联邦行政程序法和司法审查法均不是专门的行政诉讼程序法典，这些法律只是对于司法审查诉讼管辖及程序的某些特殊性问题作出了规定。凡法律未有特别规定者，均适用普通民事诉讼程序规则。

法资源，使下级法院形成专业化的分工，从而有利于法官的职业化；另一方面，职能分层与司法的金字塔结构完全契合，能够兼顾私权保护与法律统一适用的双重目的。① 正是职能分层制的存在，实行普通法院管辖司法审查的国家，对行政机构（administrative agency）作出的行政行为进行审查，往往排除初级法院管辖，而直接由上诉法院进行审查。然而，我国的法院体系并未采取职能分层制：我国包括最高、高级、中级和基层人民法院在内的四级法院系统在级别管辖权上，每一级法院都可以受理一审案件；在功能设置上，自中级法院开始，每一级法院都可作为终审法院。这种司法体制忽略了基于事实问题与法律问题、私人利益与公共利益、个案解决与统一法律规则之间的差异而对上下级法院职能分层的要求。制度设置上的叠床架屋容易带来法院职能混淆、功能不清的弊端，也使得中级法院和高级法院的法官同时兼理初审和上诉审双重任务，容易造成法官角色冲突。② 也有学者将我国现行的这种行政性审级制度形象地称为柱体结构，与西方法院体制的金字塔结构迥异。③ 由于职能分层制的缺失，我国行政诉讼法及其司法解释在管辖制度设计时，并未凸显行政诉讼与民事诉讼在审查对象上的区别，仍简单模仿民事诉讼制度中有关管辖的规定，每一级法院均有司法审查的初审管辖权。

（四）行政诉讼管辖制度的职能错位

我国《行政诉讼法》规定的级别管辖，以基层人民法院管辖行政案件为原则。有学者认为，基层人民法院管辖行政案件，无法摆脱地方政府的行政干预，不利于行政案件的公正审判，因此应该提高行政案件的一审

---

① 肖建国：《民事诉讼级别管辖制度的重构》，《法律适用》2007 年第 6 期。

② 同上。

③ 在当代世界，除少数前社会主义国家和极少数人口稀少的国家和州之外，以三个审级构成的司法金字塔成为一种通用的结构。三个审级通过职能分层而在满足私人利益和公共利益，解决个案纠纷与创制司法规则之间寻求妥协；越接近塔基的法院和审级越接近于民众，并且越易于掌握事实和解决个案纠纷，所以关注事实问题的程度越高；越接近于塔顶的法院和审级越接近于决策，并且越易于把握宏观信息和创制普适性规则，所以关注法律问题的程度越高，而各国最高法院均不审查事实问题（尽管对"事实问题"的定义差异很大）；位于塔腰的法院和审级对于事实问题和法律问题的倾斜度，则在很大程度上取决于初审程序的模式，同时取决于本国法律传统统一法律功能的实现模式和对最高法院在创制规则方面功能的期许。傅郁林：《转型中的中国民事诉讼制度》，《清华法治论衡》（第 6 辑）第 76 页。

管辖法院的级别。① 不可否认，在司法机关存在行政化和地方化的背景下，基层法院难以抵御政府的强势干预从而影响到案件的公正审判，是客观存在的。然而，当学者把批评主要集中在管辖法院级别过低不适应公正审判的要求时，很大程度上遮蔽了问题的实质。基层法院不能保证公正审判行政案件，并不是级别管辖低的要害所在。司法审查应该由较高级别的法院管辖，是基于司法审查制度本身的逻辑需要。行政诉讼与民事诉讼由于审查对象的不同，对一审管辖法院有着不同的要求。民事诉讼是法院对民事争议进行事实认定和法律适用的过程，因此一般以基层法院管辖为原则。以行政争议为审查对象的行政诉讼要对行政主体认定事实和适用法律是否正确进行审查，属于第二次适用法律，因此由上诉法院管辖较为适宜。提高审级，改变我国《行政诉讼法》规定的基层人民法院管辖原则，虽然客观上有利于行政案件公正审判，但是主要目的是回归司法审查管辖制度的应然状态。最高人民法院 2008 年初出台《最高人民法院关于行政案件管辖若干问题的规定》（简称《管辖司法解释》），其精神是集中在"提高审级"与"异地管辖"两点上，均是为了降低行政对司法的干预而对级别管辖和地域管辖作的调整。值得指出的是，其中的"异地管辖"在一定程度上牺牲了确定管辖制度的"两便"原则，只能是权宜之计。

二 中国行政审判体制暴露的问题

我国目前的行政审判体制所出现的问题主要集中在行政审判的独立性不足，法院的权威性严重缺乏，行政审判执行难，司法地方化和司法行政化等几个方面，这些都极大地妨碍了我国行政诉讼目的的实现。

（一）行政审判主体缺乏独立性

在司法实践中，人们一直强调裁判机构的独立与行政审判权的公正行使。法院作为审判机关，是维护公平正义和社会安定的最后一道防线，在当代多数国家的政治法律体制中，一般都赋予了法院独立行使审判权的地位，用以保障各种诉讼纠纷能够在司法裁判过程中得到公平的解决。要使处于弱势地位的法院公正行使司法审判权，就必须维护司法审判机关的独立地位，免受来自各方面的干预。

---

① 马怀德：《行政法制度建构与判例研究》，中国政法大学出版社 2000 年版，第 138 页。

我国《宪法》和《法院组织法》虽然也明确规定了人民法院依法独立行使审判权，不受行政机关、社会团体和个人的干涉，但在我国目前的司法实践中，这一规定并未得到很好的落实。行政审判的重点是对行政行为的合法性进行审查并对违法行政行为予以制裁，这必然涉及司法审判权和行政权力的博弈，由于我国法院的地方化和行政化都较为严重，因此，司法不公和司法公信力低一直是行政审判中比较突出的问题。

"法院地方化"主要是指，法院在机构设置、经费来源、法官产生及法院责任等方面主要属于地方，而不属于中央的司法体制模式。法院地方化表现为三个方面：人民法院由同级人大产生；人民法院受到地方党委的领导，地方党委一般通过政法委参与到重大案件中来；人民法院的经费由地方政府负担。

"法院行政化"包括两个方面：一是外部管理的行政化，法院往往被错误地认为是地方政府的一个部门，具有"行政级别"；二是内部管理的行政化，对法官实行的是行政化的管理模式，法官一般都是按照公务员的管理模式来管理的，法官的职级划分也是参照行政级别。

在现行审判组织机制中存在法院的地方化和法院行政化的现象，不仅是一个制度建构的逻辑问题，也是一个影响其运行机制实际效果的实践问题。这一问题的存在，必然导致这样一个机制中的法院在审理行政案件时，难以有效地独立行使行政审判权，影响对行政案件作出公正的裁判。

（二）行政审判人员的专业性不足

在英美法系国家，考虑到专业性需求，一般都设立了行政裁判机构（例如英国的行政裁判所），用以弥补普通法院的法官在审理行政案件时专业水平不足的缺陷。[①] 行政裁判机构的成员主要是行政领域某个方面的专家，行政裁判机构享有较高的独立地位。一些涉及到专业性、技术性或者政策性较强的行政争讼案件，行政裁判机构的处理是进行行政诉讼的前置程序，对其处理结果不服的才可以向法院提起行政诉讼。而法院一般对

---

① 该类观点参见以下文献，如宋华琳《英国的行政裁判所制度》，《华东政法学院学报》2004 年第 9 期；郑磊、沈开举：《英国行政裁判所的最新改革及其启示》，《行政法学研究》2009 年第 8 期；朱应平：《澳大利亚行政裁判所制度研究》，《行政法学研究》2004 年第 3 期；李启成：《清末民初关于设立行政裁判所的争议》，《现代法学》2005 年第 10 期，等。

行政裁判机构的事实认定予以认可，对不服行政裁决提起行政诉讼的案件，只进行合法性审查。因而，在英美法系国家，并不存在因普通法院的法官不具有行政经验和行政专业知识而不能胜任行政审判工作这一难题。①

目前我国不存在英美法系国家的行政裁判机构。尽管考虑到行政纠纷涉及到诸多复杂的行政专业知识，我国也设立了一些专门的裁判机构，如专利复审委员会、商标评审委员会等，但是这些机构毕竟是为数较少，而且就目前的专门裁判委员会，依然缺乏应有的独立性，其作出的行政裁决的公正性、公信力仍会受到质疑。另外，我国目前的行政复议制度和英美法系国家的行政裁判机构也存在较大的差别，它实际上是由政府法制部门来负责开展的，独立性同样受到质疑，且由于复议程序过于简化，审查方式不适应公正性要求，行政争议难以得到公正有效的解决。② 因此，在我国对行政争讼案件的审理工作全落到了人民法院身上，由人民法院对行政诉讼案件的事实部分和法律部分进行全面的审理，法院法官特别是行政庭的法官的素质就显得尤为重要，因为从事审判工作第一线的法官的专业素质高低，直接影响到行政审判权能否正确顺利行使和行政诉讼案件能否得到公平、公正的裁判。③ 我国法律也并未对从事审理行政案件的法官的专业知识结构作出特别的规定，且法院内不同审判庭法官可以随意流动，法官的专业性不受重视。④

（三）行政诉讼案件执行难

行政诉讼裁判执行是指，对已生效的行政案件的法律文书，在义务人逾期拒不履行时，执行机构依法采取强制执行措施，从而使生效法律文书得以实现的活动。有学者指出，其作为"行政诉讼制度的重要组成部分，是法院审理、裁判行政案件的延续，对实现法院裁判所确定的权利义务和

---

① 李荣珍：《行政诉讼原理与改革》，法律出版社2011年版，第74页。

② 李春久：《我国行政复议制度改革研究与行政复议委员会模式的构建——以〈行政复议法〉修改为视角》，国务院法制办网站，http://www.chinalaw.gov.cn/article/dfxx/zffzdt/201005/20100500254764，访问时间：2012年10月10日。

③ 参见李汉昌《司法制度改革背景下法官素质与法官教育之透视》，《中国法学》2000年第2期。

④ 戴建志：《关于基层法院行政审判法官能力的对话》，《人民司法》2005年第1期。

公民合法权利的保障具有重要意义"。① 行政诉讼执行虽然原则上不增加裁判所确定的权利义务，但是会对被执行人的权利义务产生实质性影响。尽管义务人的权利义务处于确定状态，但是否执行，以及执行的方法、范围和时间有待确认和判断，不同的执行方法、时间及范围在具体执行措施实施过程中，会对被执行人产生不同的影响。有学者通过比较研究发现：西方大陆法系国家在立法上有明确的规定，如法国 1980 年在《行政机关迟延罚款和判决执行》中规定：其一是行政机关被判决赔偿时必须在 4 个月内签发支付命令，逾期不支付的，会计员有义务根据判决书正本付款；其二是行政机关不主动履行赔偿义务，当事人可在 6 个月后向最高行政法院申诉；其三是对于引起迟延罚款的行政机关负责人，行政法院可以判处高达该公务员的全年薪俸的罚款。②

　　一些学者提出，随着行政诉讼实践和理论的发展，行政诉讼执行难问题日益凸显，甚至有"演化成为行政诉讼发展瓶颈的趋势，法院控制的加强激发了行政机关的反抗"③。这也许具有某种必然性，因为每一种新的社会力量都必须反抗当前现实中的保守主义。政府的政治化在现实中只是一个次级原因，而根本原因在于新观念对于某种状态——不确定倾向在这种状态中占据优势——所作的反应。诉讼难，诉讼裁判的执行更难。"行政机关不愿作被告，不应诉，不答辩，不出庭，败诉情况下，更可能以消极的或积极的方式对抗行政判决，使得行政诉讼执行难上加难。"④在目前司法相当程度上受制于行政的制度环境下，行政机关缺乏对法院裁判的尊重，往往置法院判决裁定于不顾。因此，以行政机关为对象的行政

---

① 马怀德、解志勇：《行政诉讼案件执行难的现状及对策——兼论建立行政法院的必要性与可行性》，《法商研究》（中南政法学院学报）2000 年第 11 期。

② 王敬波、孙丽：《法国行政法院裁决评价之诉的基本原则及其借鉴》，《国家行政学院学报》2005 年第 5 期。

③ 该类观点的代表文献有以下：马怀德、解志勇：《行政诉讼案件执行难的现状及对策——兼论建立行政法院的必要性与可行性》，《法商研究》（中南政法学院学报）2000 年第 11 期；罗永琳、向忠诚：《行政机关与行政诉讼执行》，《广西社会科学》2006 年第 10 期；朱勇：《从马易君案谈行政诉讼的"执行难"》，《安徽警官职业学院学报》2007 年第 5 期；李兴兴：《论行政诉讼执行措施的完善——〈行政诉讼法〉修改的设想》，《赤峰学院学报》（汉文哲学社会科学版）2012 年第 2 期。

④ 罗永琳、向忠诚：《行政机关与行政诉讼执行》，《广西社会科学》2006 年第 10 期。

诉讼执行的难度可想而知。实际层面上，有学者指出，行政诉讼执行的法律规定相当粗疏，对执行手段、时间、范围等规定不够详尽，我国《行政诉讼法》第65条对行政诉讼裁判执行所作规定过于简单，特别是对行政机关拒不履行人民法院生效判决、裁定时必须承担的法律责任规定十分不力，执行机构往往无法可依，从而导致案件无法执行，"法院的裁判也仅是权利义务的宣示空文"①。

我国行政审判目前遇到的困境，主要是行政审判体制所造成的。人民法院只有通过系统的、渐进的行政审判体制改革，逐步建立依法独立行使行政审判权的机制，才能适应社会主义市场经济和民主法治的需要。行政审判体制也是整个司法体制改革的重要组成部分，必须立足于我国行政审判实际的基础上，对我国行政审判体制进行改革。②

三 现行行政诉讼管辖制度的缺陷

（一）我国行政诉讼管辖制度的现状

中国法院的管辖权通过《法院组织法》和诉讼程序法加以规定，首先在《法院组织法》中对管辖权进行授权，然后再由专门的程序法按照法院审级和地域分配案件。③ 中国司法管辖包括民事诉讼、行政诉讼、刑事诉讼司法管辖，分别由《民事诉讼法》、《行政诉讼法》和《刑事诉讼法》加以规定。由于我国《行政诉讼法》规定的行政管辖制度脱胎于民事诉讼管辖，民事诉讼管辖对行政诉讼管辖规则的确定具有基础作用，因此这里也对民事诉讼的管辖予以一并简要介绍。

《法院组织法》第2条规定我国审判权由地方各级人民法院、军事法院等专门人民法院和最高人民法院行使，地方各级人民法院包括：基层人民法院、中级人民法院、高级人民法院。《法院组织法》和《民事诉讼法》、《行政诉讼法》均规定各级人民法院均有一审案件管辖权，实行两审终审制（最高人民法院的一审管辖案件除外）。《民事诉讼法》在第2章集中规定了民事案件的级别管辖、地域管辖、移送管辖和指定

---

① 余贵忠：《论我国行政案件"执行难"的现状与完善》，2000年首届贵州法学论坛文集。

② 江必新：《中国行政诉讼制度的完善》，法律出版社2005年版，第12页。

③ 德全英：《中美法院制度的宏观比较与思考》，《法律科学》1999年第3期。

管辖等管辖制度。《行政诉讼法》在第 3 章规定了行政案件的管辖制度。这里主要介绍包括级别管辖和地域管辖在内的由法律直接规定的法定管辖。

1. 级别管辖

通常认为级别管辖，是指按照一定的标准划分各级人民法院之间受理第一审案件的分工和权限。①

《行政诉讼法》第 13 条至 16 条分别规定了基层人民法院、中级人民法院、高级人民法院和最高人民法院的一审案件的管辖权。所依据的标准有：其一是案件性质，如确认专利权案件、海关案件；其二是被告的规格，如被告是国务院部门或省级人民政府；其三是案件的重要性，如复杂重大案件。《最高人民法院关于执行〈中华人民共和国行政诉讼法〉若干问题的解释》第 8 条对"重大、复杂"进行了解释，将被告级别、诉讼当事人人数（如共同诉讼、集团诉讼）、是否具有涉外因素作为判断此类案件的标准。为了进一步明确级别管辖的范围，2008 年 2 月 1 日起施行的《最高人民法院关于行政案件管辖若干问题的规定》对《行政诉讼法》第 14 条第（3）项规定的应有中级人民法院管辖的第一审行政案件作出司法解释，将重大、复杂的案件归属中级人民法院管辖。所谓重大、复杂案件，主要从被告身份、特殊类型案件的社会影响以及是否涉外或涉港、澳、台等因素加以衡量。

2. 行政诉讼的地域管辖

行政诉讼的地域管辖相对简单，《行政诉讼法》第 17 至 19 条规定了地域管辖的一般原则、例外情况和专属管辖。与民事诉讼地域管辖的原则相同，行政诉讼管辖原则上也是"原告就被告"，由被告所在地方法院管辖。对于经过复议的案件，如果"复议机关改变原具体行政行为的"，管辖法院即可以是被告（复议机关是被告）所在地法院，也可以是原行为机关所在地法院。对限制人身自由的行政强制措施不服提起的诉讼，原告所在地、② 被告所在地法院均具有管辖权，不动产案件由不动产所在地法院专属管辖。

---

① 张卫平：《民事诉讼法》，法律出版社 2004 年版，第 87 页。

② 根据《最高人民法院关于执行〈中华人民共和国行政诉讼法〉若干问题的解释》第 9 条，原告所在地包括原告的户籍所在地、经常居住地和被限制人身自由地。

（二）管辖权概念狭窄单薄

我国民事诉讼和行政诉讼的管辖权，是指各级人民法院之间以及同级人民法院之间受理第一审民事或行政案件的分工和权限。① 与西方管辖权的概念，尤其是英美法管辖权概念相比，存在内涵不够丰满、外延过于狭窄的问题。管辖权本来是一个具有丰富内涵和宽泛外延的概念，我国的管辖权概念仅仅摘取其中的一小部分。我国学者通常将法院的"司法权"或"审判权"，按照法院审理案件的程序先后分解为"主管权"、"管辖权"、"审理权"、"裁判权"和"执行权"，② 管辖权只是其中的一个阶段，甚至仅仅是案件受理阶段需要关注的技术性问题。管辖权与审判权的关系在某个层面上的确是部分与整体的关系，但不是将审判权本身分解，而是将整个法院系统的审判权在各类法院、各级法院乃至各个法院之间按照特定的标准进行分配，对于特定法院而言，其拥有的管辖权就是拥有对案件的完整的审判权，包括主管权、审理权、裁判权、执行权等。当然也有学者认识到"管辖权"与"审判权"进行割裂有问题，认为管辖权应该包括对案件的审判权，③ 但是对"管辖权"的理解仍比较狭窄，仅从促进法院在受理案件之后能够及时有效地审理的角度，将"管辖权"与"审判权"统一起来，而未将"主管权"纳入"管辖权"概念。

我国《民事诉讼法》和《行政诉讼法》则将法院的"主管"与"管辖"割裂开来。《民事诉讼法》第 3 条规定了人民法院的主管范围，即人民法院受理"公民之间、法人之间、其他组织之间以及他们相互之间因财产关系和人身关系提起的民事诉讼"。《行政诉讼法》第 11 条列举了人民法院受理的行政案件的范围，第 12 条列举了不属于人民法院管辖的涉及公共权力行使的行为。有关受案范围的规定，《行政诉讼法》称之为"主管"。我国学者在论述法院主管与管辖的关系时，认为主管是法院与其他国家机关和社会组织解决民事纠纷或行政争议的权限与分工，它赋予法院总体的审判权；而管辖是确定法院内部受理第一审民事案件的权限和

① 张卫平：《民事诉讼法》，法律出版社 2004 年版，第 83 页；黄川：《民事诉讼管辖研究：制度、案例与问题》，中国法制出版社 2001 年版，第 5 页；杨海坤、黄学贤：《行政诉讼基本原理与制度完善》，中国人事出版社 2005 年版，第 131 页。

② 应松年主编：《行政诉讼法学》，中国政法大学出版社 2002 年版，第 76 页。

③ 杨寅、吴偕林：《中国行政诉讼制度研究》，中国法制出版社 2001 年版，第 110 页。

分工，它所要解决的是法院对具体案件行使审判权。① 然而《民事诉讼法》第 3 条和《行政诉讼法》第 11 条的规定不仅仅是区别法院与其他国家机关的权限，同时也界定了法院内部民事法庭与行政法庭的权限。从这个意义上，这些规定应该属于管辖制度的一部分。《最高人民法院关于执行〈中华人民共和国行政诉讼法〉若干问题的解释》第 6 条第 1 款"各级人民法院行政审判庭审理行政案件和审查行政机关申请执行其具体行政行为的案件"的规定，实际上是对《行政诉讼法》第 11 条的概括与总结，其规定在"管辖"标题之下，也证明了"受案范围"的规定实质上就是"管辖"的一部分，相当于域外的"事务管辖"。另外依照法律规定，法院对不属于其主管的案件行使审判权所作的裁判是没有效力的，这与西方有关违反事务管辖的效果规定是一致的。正如我国学者指出的那样，"主管"本身是"具有能动和强制色彩的行政性术语"，不是严格意义上的法律术语，② 因此，应该废除"主管"概念，将"受案范围"纳入管辖制度范围，作为事务管辖的一部分，从而丰富"管辖权"概念。

（三）法院系统职能分层制缺失

域外法院体制的设置，无论是单轨制还是双轨制，一般都存在四级法院：简易法院（或小额法院或家庭法院）、普通一审法院、上诉法院以及最高法院，并且法院数目递减，呈金字塔形。这种金字塔形的设计强化了塔顶制定政策和服务于公共目的方面的功能，而"越靠近塔基的法院在直接解决纠纷和服务于私人目的方面的功能越强。"③ 西方一些国家管辖制度的"事务管辖权"往往是在两个一般管辖权法院之间进行划分，或者在一般管辖权法院与少数专门法院之间进行划分，上诉法院和最高法院

---

① 张卫平主编：《民事诉讼法教程》，法律出版社 1998 年版，第 98 页；黄川：《民事诉讼管辖研究：制度、案例与问题》，中国法制出版社 2001 年版，第 10—11 页；应松年主编：《行政诉讼法学》，中国政法大学出版社 2002 年版，第 76 页。

② 傅郁林：《司法权与管辖权——伯特尔政府协会诉国务院案点评》，来源：中国诉讼法律网 http://www.procedurallaw.cn/wgf/200807/t20080724_40800.html，最后访问时间：2009 年 5 月 12 日。

③ 傅郁林：《审级制度的建构原理——从民事程序视角的比较分析》，《中国社会科学》2002 年第 4 期。

则一般作为上诉审法院，特别是最高法院很少管辖一审案件，主要起到维护法律统一的作用。① 这种以初审、上诉和终审的审级职能为中心，围绕着事实与法律、私人目的与公共目的之关系协调，对法院进行了明确的职能划分的制度，称为法院的职能分层制。这种制度配置，一方面能够整合现有的司法资源使上下级法院形成专业化分工，有利于法官的职业化，另一方面契合了司法的金字塔结构，能够兼顾私权保护与法律统一适用的双重目的。②

与西方法院体制存在严格的职能分层制不同，我国法院组织法和诉讼法均规定了四级人民法院的一审管辖权，中级法院、高级法院和最高法院既是上诉法院又是一审法院，职能分层不明显。这种叠床架屋式的司法体制，忽略了基于实施问题与法律问题、私人利益与公共利益、个案解决与统一法制之间的差异，而对上下级法院职能分层的要求，最终导致法院职能混淆、功能不清的弊端。③ 针对这种情况，有学者提出，有必要建立法院职能分层制，剥离高级法院和最高法院的一审管辖权，使其作为上诉法院专门负责上诉案件的复审，以提高审判质量和司法权威。④

（四）"级别管辖"有待向"事务管辖"回归

域外管辖制度一般分为"事务管辖"和"地域管辖"，我国则采用"级别管辖"与"地域管辖"的分类。虽然国内许多学者将级别管辖等同于西方的"事务管辖"，⑤ 然而二者含义差别较大。西方的事务管辖权是根据事务性质不同或诉讼标的额的多少，将案件在专门法院与普通法院之间或初审法院之间进行分工。美国指在联邦法院系统的初审法院起诉还是在州法院系统的初审法院起诉；英国主要是处理郡法院和高等法院的一审管辖权的分割；法国根据金额大小在郡法院和民事法院之间分配，又根据案件的性质在商事法院、就业法院、社会保障法院等初审法院之间分配；

① 虽然有些国家，比如美国，其联邦最高法院对极少数特别案件也有初始管辖权（originaljurisdiction），但这些案件已经不再是一般意义上的法律案件，并且数量极为有限。

② 肖建国：《民事诉讼级别管辖制度的重构》，《法律适用》2007年第6期。

③ 同上。

④ 孙邦清：《民事诉讼管辖制度研究》，中国法制出版社2008年版，第95页。

⑤ 黄川：《民事诉讼管辖研究：制度、案例与问题》，中国法制出版社2001年版，第6页。

德国是根据金额大小和案件性质在初级法院与州法院之间进行一审案件的分配，根据案件性质在行政法院、劳动法院、财政法院、社会法院与普通法院之间进行一审案件分配。

我国未实行法院职能分层制，各个级别的法院都有一审管辖权，因此所谓的"级别管辖"，是指一审案件在各个级别法院的分工。与域外事务管辖采用标的额大小以及案件性质为标准不同，中国级别管辖的标准主要是案件在一定范围内是否有"重大影响"，标准本身具有高度的相对性。尽管各地司法实践中根据当地经济发展状况制定了涉诉金额标准，但这些标准庞杂，不够统一，缺乏公示性。针对级别管辖中存在的问题，有学者提出完善的进路：应借鉴国外的经验，采用案件性质和诉讼标的额相结合的办法明确基层法院或中级法院的管辖范围，将高级人民法院和最高人民法院管辖第一审民事案件的问题，规定到转移管辖权这一规则中去，即认为在本辖区内或全国有重大影响的案件，以及其他应当由本院管辖的案件，根据这一规则提审。① 然而最为彻底的进路应该是，在建立法院职能分层制的基础上，将级别管辖回归到事务管辖，重构相对明确的管辖标准，并整合诉讼法有关法院主管与管辖的规定，建构符合现代程序理念的、先进的管辖制度。

（五）未凸显行政审判管辖自身特点和规律

我国《行政诉讼法》有关管辖的模式、具体规则基本照搬《民事诉讼法》的规定。《行政诉讼法》关于级别管辖的标准，关于地域管辖一般标准的规定，关于不动产案件的管辖标准，以及关于共同管辖、裁定管辖的标准，都不同程度地沿袭了民事诉讼管辖的规定。在行政诉讼制度建立之初，这一规定是必要的而且发挥了应有的作用，但是在发展过程中逐渐显露出与现实的不适应性。②

然而，与以解决平等当事人之间的民事纠纷为主要职能的民事诉讼不同，行政诉讼是司法机关对行政机关作出的行政行为进行审查，更多体现了司法权对行政权的控制与监督。司法不统一、司法不独立以及司法行政

---

① 黄川：《民事诉讼管辖研究：制度、案例与问题》，中国法制出版社 2001 年版，第 105 页。

② 马怀德：《〈行政诉讼法〉存在的问题及修改建议》，《法学论坛》2010 年第5 期。

化、地方化对行政诉讼的影响巨大。

民事争议在进入法院之前，未经过任何权威机关的处理，因此法院在适用法律之前，要先根据证据对事实问题进行认定。行政争议则不同，在进入法院之前，行政机关已对事实问题和法律问题进行了处理，而法院作为适用法律的专家只需对法律问题进行条分缕析，而对行政机关作出的事实认定应给予一定的尊重，并且随着行政专业化程度的提高，这种尊重有进一步加强的趋势。正是基于行政裁决相当于初审法院的判断，西方国家通常规定司法审查案件的管辖属于较高级别的法院。《美国法典第28篇》第2342条规定，上诉法院对许多重要的行政机构的决定和命令拥有排他性的管辖权。英国法律规定，对第一审行政案件享有管辖权的法院，一般是高等法院中的后座分庭，而郡法院对行政案件没有管辖权。

我国《行政诉讼法》在级别管辖的规定上基本上简单模仿《民事诉讼法》的规定，未考虑到行政诉讼在司法构造上不同于民事诉讼的特点和规律，暴露出以下缺陷。

首先，级别管辖方面普遍过低。我国《行政诉讼法》规定的级别管辖是以基层法院管辖为原则，在行政诉讼法的实施过程中，级别管辖过低暴露出越来越多的弊端，受到学者和司法实践者的关注，最高人民法院也于2008年出台了《最高人民法院关于行政诉讼案件管辖若干问题的规定》，提升行政诉讼管辖级别，扩大中级人民法院的一审管辖权。然而，这种提升级别的做法并非是基于对行政诉讼作为"复审诉讼"具有特殊的司法构造的认识，而是源于基层法院审理被告是较高级别的行政案件时无法摆脱法外干预的担心。将提高审级增强案件的公正审理作为现行行政诉讼管辖改革的目的，并未抓住现行行政诉讼管辖体制的病症所在。司法不独立是制约所有诉讼制度健康发展的共同问题，而非行政诉讼所独有。行政诉讼应该提升审级，真正的原因在于，管辖行政案件的法院不需要像民事初审法院那样初次认定事实和首次适用法律，而是对行政机关调查事实的程序是否合法、适用的法律是否正确进行审查，因此是一种"上诉审查"。①

其次，管辖规则导致司法地方化问题严重。司法权对行政权的依附在

---

① 王小梅：《反垄断司法审查管辖研究》，中国社会科学院研究生院2010年博士论文。

现实中造成了地方保护主义、部门保护主义和执行难的现象，法院很难站在公正的立场上裁判，因此有所谓"选准了管辖法院等于官司赢了一半"的说法。① 在现行管辖规则之下，行政审判容易受到地方政府、人大、党委的干预，从而在一定程度上影响了行政案件的公正审理和裁判，自然人、法人和其他组织的正当权益也没有得到依法保护。②

第三节　完善我国行政审判体制的思路

管辖制度应根据行政审判的自身规律，从司法权与行政权的关系出发予以改造、完善。学界对完善行政审判体制的研究，一般从两个路径入手，一是建议单独设立行政法院，增强行政案件审判的独立性和专业性；二是在现行行政审判体制下，改革行政诉讼管辖制度，通过提高审级、异地管辖以及巡回审判等方式弥补现有管辖制度下行政审判的不足。

一　构建行政法院

在当前行政审判效果不尽人意的背景下，我国行政法学界对是否借鉴域外经验，建立行政法院展开了热烈的争论。倡导者认为，引入行政法院制度可以提升行政审判的独立性和专业性而最终达到维护公民权益、监督行政权力的目的；反对者则认为，与其另立炉灶建立新的一套法院体系，不如改良现有的司法体制以提升司法独立从而达到司法公正的目的；观望者则反对盲目引进行政法院制度，而主张要认真分析中国国情之后再提出具体的方案对策。

（一）呼吁构建行政法院的理由及具体制度设计

针对当下我国行政诉讼司法实践中存在的一系列问题，有很多学者将构建行政法院作为保证行政诉讼制度良好运行的一剂良药。是否设置行政法院，早在《行政诉讼法》的起草过程中就曾经有过争论。③ 多年来，设置行政法院的呼声始终没有中断。有学者认为，建立独立的行政法院体

---

① 孔祥林：《影响司法公正的制度性缺陷分析》，《唯实》2000 年第 3 期。

② 马怀德：《〈行政诉讼法〉存在的问题及修改建议》，《法学论坛》2010 年第 5 期。

③ 姜明安：《行政诉讼法学》，北京大学出版社 1998 年版，第 6 页。

系，是司法机关长久地、公正地承担其行政诉讼职能的基本条件，甚至认为只要建立独立的、脱离地方政府控制的行政法院体系，其他问题即可迎刃而解。① 学者建议设立行政法院的理由主要有以下几个方面。

（1）设立行政法院，有宪法上的依据。我国《宪法》第124条规定："中华人民共和国设立最高人民法院、地方各级人民法院和军事法院等专门人民法院。"有学者认为，《宪法》第124条有关"专门法院"的规定，为我国设置行政法院提供了宪法依据，因为专门人民法院包含了行政法院的内容。②

（2）法国、德国的行政法院积累了丰富的经验，可供我国借鉴。世界上许多国家都设立了行政法院。如法国行政法院，尽管它属于行政机关系统，但具有明显的独立性。而德国、瑞士、瑞典、比利时、意大利、芬兰、墨西哥等国的行政法院都属于司法系统。很多学者认为，以法国德国为代表的国家和地区的行政法院设置与运作模式，为我国构建行政法院积累了成功的经验。③

（3）建立行政法院，有助于减少行政权对行政诉讼的干预。《行政诉讼法》自1989年颁布以来，已经实施20余年，行政诉讼制度虽然有所发展，但是普遍存在"四难"、"两高"问题，即"起诉难"、"受理难"、"审判难"、"执行难"以及"维持率高"、"撤诉率高"。究其原因，除了《行政诉讼法》自身"受案范围"过窄等问题之外，更多的是行政诉讼受到法外干预，尤其是行政干预太多。为了降低行政干预，学者提出"提高审级"、"交叉审判"和"设置巡回法庭"等建议，其中"设置独立的行政法院"的建议，被认为是解决当前我国行政审判困境的最佳途径，为我国司法改革提供有效的突破口。④

（4）成立行政法院是应对行政案件日益专业化的需要。有学者认为，

---

① 梁凤云：《〈行政诉讼法〉修改八论》，《华东政法大学学报》2012年第2期。

② 江必新主编：《中国行政诉讼制度的完善——行政诉讼法修改问题事务研究》，法律出版社2005年版，第23页。

③ 李红枫：《行政诉讼管辖制度现状及对策分析》，《行政法学研究》2003年第1期；马怀德、王亦白：《透视中国的行政审判体制：问题与改革》，《求是学刊》2002年第3期。

④ 马怀德主编：《司法改革与行政诉讼制度的完善》，中国政法大学出版社2004年版，第43页。

随着现代行政的日趋复杂和专业，行政案件的审理对法官的专业知识背景提出更高的要求，而普通法院的法官由于不具备相应的专业知识和行政经验，不能胜任对行政案件的审理。而由具备特定专业背景的法官组成的行政法院，能够提高行政案件审理的质量与效率，满足现代行政的需要。另外，通过行政法院对行政案件的集中审理，有助于培育一批专业化程度较高的法官队伍。

（5）我国有设置行政法院的先例。有学者针对人们行政法院是否有历史先例可循的担心，阐明行政法院在中国并非新生事物，1906 年清廷就着手设立行政裁判院，1914 年北洋政府设立平政院，1928 年南京国民政府宣布设立行政法院。在社会主义国家，波兰在 1980 年也设立了行政法院。[1]

有学者将设立行政法院视为《行政诉讼法》修改的最重大课题，指出设置行政法院是完善行政审判体制的最优方案，并且对设置行政法院进行了乐观估计，认为脱离了地方控制的行政法院设立之后，司法机关对行政机关的监督将更为有效，司法将给人民提供更多的救济和服务。[2]

赞同构建行政法院的学者还提出了较为完整的设计方案。[3] 在行政法院的组织体系建构上，法学界存在不同的见解。一是主张在全国范围内建立最高行政法院和地方各级行政法院。地方各级行政法院分为基层行政法院、中级行政法院和高级行政法院。[4] 一是主张行政法院系统由最高行政法院、高等（上诉）行政法院、初审行政法院组成，其中，最高行政法院直属于最高人民法院，其他行政法院与地方各级人民法院没有隶属关系。后一种主张坚持我国应采用一元制的司法模式，各级行政法院属于司法系统，是下辖于最高人民法院专司行政审判的法院。[5] 还有学者提出，在不改变现行司法体制的前提下，可以仿效海事等专门法院的建制，设立

---

① 梁凤云：《〈行政诉讼法〉修改八论》，《华东政法大学学报》2012 年第 2 期。
② 同上。
③ 江必新主编：《中国行政诉讼制度的完善——行政诉讼法修改问题实务研究》，法律出版社 2005 年版，第 30—32 页。
④ 马怀德、解志勇：《行政诉讼案件执行难的现状及对策——兼论建立行政法院的必要性与可行性》，《法商研究》1999 年第 6 期。
⑤ 李红枫：《行政诉讼管辖制度现状及对策分析》，《行政法学研究》2003 年第 1 期；梁凤云：《〈行政诉讼法〉修改八论》，《华东政法大学学报》2012 年第 2 期。

相当于中级法院以上的专门化的行政法院，以保障行政审判的独立与公正。

在行政法院的设置上，有学者主张，应当按照不重合于行政区域的司法区划定，各级行政法院的财政由最高人民法院统收统支。① 也有学者主张，初审行政法院在设置上，基本按照目前我国地市的行政区划来设置，这主要是考虑到提高初审行政法院的审级和便于当事人诉讼两方面的因素。各不同的初审法院，可根据本地的人口分布、经济状况以及地理因素等，本着便于当事人（主要是指行政相对人）诉讼的原则，设置若干派出法庭或者巡回法庭。派出法庭或者巡回法庭所作出的裁决，与初审行政法院具有同等的效力。派出法庭或者巡回法庭由行政法院的法官组成，各巡回法庭人员定期轮换。上诉法院的设置，要依据目前我国人口分布状况、经济发展的不同差异等因素，可以在全国设立 10 到 15 个上诉行政法院。由于采用一元制的司法模式，因此在全国只设立一个名义隶属于最高人民法院的最高行政法院，最高行政法院独立行使行政审判权和终审权。最高行政法院受全国人民代表大会监督并对其负责。

在行政法院的人员任命上，有学者提出较为简单的设计方案，如最高行政法院的法官由全国人民代表大会常务委员会任命，其余行政法院的法官由本院院长提名后，提请所在地人民代表大会常务委员会任命。② 也有学者认为，为了彰显行政法院的重要地位和法官任免的庄重性，应由较高级别的权力机关决定。其中最高行政法院的院长、副院长以及行政法官由全国人民代表大会及其常委会任免；各高级（上诉）行政法院、初审行政法院的院长、副院长、正副庭长、审判员均由上级行政法院提名，由内设在全国人大常委会的法官任免专职机构决定任免；助理审判员和书记员由该行政法院院长任命。

在经费上，行政法院的经费来源应完全脱离于省级财政，将行政法院的经费纳入到中央财政预算，由中央财政统一负责行政法院经费的划拨，人、财、物等权由最高行政法院集中掌控，不再受行政机关的控制。这样能够更好地保证行政法院脱离地方政府，厘清他们之间的关系，对行政审判权的独立行使提供了充实的物质保障。

---

① 梁凤云：《〈行政诉讼法〉修改八论》，《华东政法大学学报》2012 年第 2 期。
② 同上。

（二）反对构建行政法院的观点及理由

推崇行政法院的学者认为，构建行政法院是提高行政审判的独立性以及应对日趋专业化的现代行政的必然选择，并且法德等国家的行政法院为我国提供了可资借鉴的经验。然而，这三点理由均受到质疑。①

首先，法德的行政法院是特定历史背景下的产物，而我国当下的司法境况与它们当时的历史背景相去甚远。法国人对分权理论的独特理解，以及法国大革命时期普通法院的保守促成了行政法院的最终建立。法国行政法院制度既有其优点，但又存在其缺陷。虽然法国行政法院制度一经确立就成为其他国家仿效的模式，但是毕竟它是法国特定文化背景下的产物，学者们不能盲目照搬法国经验来构建对行政权控制的机制。我国应结合自己的国情来决定是否建立行政法院制度。② 另外，法国和德国之所以成立独立的行政法院管辖行政诉讼案件，是基于长期形成的公法与私法区分的观念，认为由普通法院处理公法方面的事务是不适当的。③ 而我国并不存在这样的理念，并且美国与日本的成功经验显示，由普通法院管辖公法案件未尝不可。④

其次，构建行政法院虽然可以在一定程度上降低行政审判的法外干预，但绝非最佳选择。一方面，行政审判所面临的由于法院缺乏权威性、法院地方化等原因导致的行政干预司法问题，并非为行政诉讼所独有，而是整个司法体制面临的共性问题。虽然与普通民事诉讼相比，行政法院在审理行政案件时面临来自行政干预的力度更大，公正审判更难，然而，司法公正依赖于整个司法权力的独立。要从整体上彻底解决这些问题，只有不断推进和深化以司法独立为导向的司法改革。当然也有学者认为，实现司法独立是一个长期的、艰巨的历史任务，而构建独立的行政法院可以作为突破口，取得局部的司法独立。然而，这也只是学者的一厢情愿，因为，构建行政法院同样是一项关乎司法体制的重大变革。如果把以司法独

① 王小梅：《反垄断司法审查管辖研究》，中国社会科学院研究生院 2010 年博士论文。

② 侯宇：《法国行政法院制度之再认识》，《法制与社会》2006 年第 18 期。

③ ［印］M. P. 赛夫：《德国行政法——普通法的分析》，周伟译，山东人民出版社 2006 年版，第 192—193 页。

④ 王小梅：《反垄断司法审查管辖研究》，中国社会科学院研究生院 2010 年博士论文。

立为目标的司法改革比喻成换血手术的话，构建行政法院不亚于器官移植。既然我们的学者相信决策者有构建行政法院的决心，也应该相信决策者有决心和能力推进司法改革，构建独立的司法。因此，与其在旧的司法体系内重构一套法院系统，还不如更新整个司法体系，使其焕发出司法独立的光芒。更何况，没有整个司法体系的独立，行政法院也很难独善其身。① 行政诉讼案件的症结所在是司法体制问题，独立行政法院的设立不能从本质上解决行政诉讼所存在的问题。因此，解决行政诉讼案件的难点应放在改变司法机关地位和增强司法机关的独立性上，并无必要对现有的行政诉讼案件的审判体制做大幅度的改革。② 并且，正如有学者指出的那样，这种迫于中国行政审判困境而引入行政法院的主张，更多的是想借国外行政法院的名和壳，夺取司法独立至少是行政审判独立的高地，而在一定程度上掩盖了行政诉讼模式面临的深层问题和引进行政法院模式的真正价值。③ 另一方面，设置行政法院会使得司法系统变得庞杂和臃肿，增加运行成本。为解决普通法院与行政法院之间的管辖权争议，还需要设立权限争议法庭，这将进一步增加司法系统的复杂性，增加当事人寻求司法救济的成本。为了消除行政法院与普通法院在管辖权上的冲突，法国设立冲突法院（Tribunal des Confilcts），德国在五种最高法院类型之上建立一个联合参议院（Gemeinsamersenat）。④ 而目前，就整个世界趋势来看，降低司法烦琐，建立简单、统一的司法体系是各国司法改革的方向。因此，无论仰望理想，还是着眼现实，设置行政法院都不是最佳选择，"要走出行政诉讼的困境，除了司法制度自身的完善，还有赖于一个能够相对独立于国家权力的市民社会的成长，有赖于民主、宪政的完善"。⑤ 另外，第二次世界大战后撤销行政法院的日本，仍然成功演绎和发展出一套为世界公

---

① 王小梅：《反垄断司法审查管辖研究》，中国社会科学院研究生院 2010 年博士论文。

② 王鹏：《独立行政法院否定化思考——兼论行政诉讼困境之解决理念》，《行政与法》2008 年第 11 期。

③ 杨伟东：《建立行政法院的构想及其疏漏》，《广东社会科学》2008 年第 3 期。

④ ［印］M. P. 赛夫：《德国行政法——普通法的分析》，周伟译，山东人民出版社 2006 年版，第 186 页。

⑤ 何海波：《行政诉讼撤诉考》，《中外法学》2001 年第 2 期。

认的公正的行政诉讼制度，也再次昭示着——独立的司法体制才是保证行政诉讼制度取得成功的关键。

第三，行政法院并非是应对复杂行政案件的唯一选择。首先，并非所有的行政案件都具有较强的专业性，普通法院的法官完全有能力胜任。其次，即使专业性较强的行政案件，现行的在普通法院内设置行政审判庭同样能够应对行政案件的专业化审判。当然，有人担心行政审判庭内设于普通法院，地位较低，无法进行独立公正的审判。然而，这不是行政审判庭本身的问题，还是前面第二点提到的司法不独立问题。从整体上保障司法独立地位，就意味着整个法院系统、内设审判庭乃至每一个法官的独立。日本内设于普通法院的行政审判庭运行良好，就足以证明，在司法独立的前提下，无论是单设专门的行政法院还是在普通法院内设行政审判庭，都能够实现行政案件的公平和专业审判。①

第四，构建独立的行政法院成本高昂、阻碍重重，构建独立的行政法院不具有可行性。这方面的讨论已有很多，可以总结为如下方面。

首先，就政治体制层面而言，建立独立的行政法院必先修宪，难度极大。司法改革无论是体制性的，还是技术性的，都应该尽量在法律允许的范围和限度内进行。而设立行政法院，要突破的是我国的宪法规定。有学者认为，只有先修改宪法，才能设置行政法院。由于修宪设置行政法院，需要对整个国家的权力结构进行根本性的调整。甚至，建立行政法院似有"三权分立、分权制衡"的嫌疑，一些人忧心忡忡，决策者也因此顾虑重重，修改宪法难度很大，此乃最高法院不可能实现的方案。② 需要国家最高决策机构下大的决心才能推行。现在看来，实现的可能性还十分遥远。

其次，要撤销基层人民法院的行政审判庭，建立独立的、三级制的行政法院体系，成本巨大。另外，想借设置行政法院突破现行司法体制，为司法独立打开一个窗口的想法不切实际。法院独立审判问题，绝对不是只要法院的人财物不受政府控制就可以实现那么简单，而是与政治体制、司法体制、法院管理、法治意识等紧密相关。在目前的法治环境下，仅仅设

---

① 王小梅：《反垄断司法审查管辖研究》，中国社会科学院研究生院 2010 年博士论文。

② 王达：《〈关于行政案件管辖若干问题的规定〉的理解与适用》，《人民司法》2008 年第 3 期。

立一个人财物单独预算的行政法院，不能达到独立审判的目的与效果。①

（三）谨慎态度及理由

也有学者从循序渐进的角度，论证我国不宜单设行政法院，认为设立行政法院不是解决问题的根本出路。解决行政审判所面临的问题，根本出路不在于设不设行政法院，正如解决执行难问题的根本出路不在于设立执行局是一个道理。行政法院的设立不可能解决目前行政审判遇到的所有问题，也更不会从根本上扭转行政审判之不利局面。在目前不能从体制、制度上根本解决问题的情况下，只能循序而渐进。② 有观点认为，行政诉讼的真正出路在于在现有宪政背景下，通过制度内部和外部宏观体制的步步推进来实现司法权与行政权关系的合理配置。③ 行政法院制度的引入本质上代表着选择或转向一种新的行政法模式，必须深入论证这一模式存在的基础和我国是否具备采纳这一模式的条件。而从其运作机理看，行政法院模式的特色恰恰在于试图通过行政法院本身来调和专业性与独立性之间的矛盾，但要实现这一平衡并非易事。④ 我国行政审判体制不仅缺乏独立性，也未顾及行政诉讼的专业性。关于建立行政法院的问题，必须在慎重、认真、深入研究的基础上进行探讨。设置行政法院的必要性、可行性等问题，都需要认真探讨；对于行政法院的定位论，也需要深入研究。⑤

二　改革管辖制度

我国自 1989 年颁布《行政诉讼法》以来，行政诉讼有了较大发展，但实践中还存在一些问题，如"起诉受理难"、"审判不公"和"执行难"等。造成这些问题的原因很多，从根本上说是法院独立审判条件的

---

①　浙江省高级人民法院课题组：《行政案件管辖研究》，《法治研究》2007 年第 2 期。

②　万永海、姜福先：《我国不宜单设行政法院——兼论我国行政审判解困之出路》，《法律适用》2003 年第 6 期。

③　齐晓玉：《试论行政诉讼的困境与行政法院建制的必要性》，《法制与社会》2008 年第 27 期。

④　杨伟东：《建立行政法院的构想及其疏漏》，《广东社会科学》2009 年第 3 期。

⑤　杨建顺：《行政诉讼法修改的视点和方向》，《人民法院报》2005 年 6 月 20 日。

缺失所致。现行管辖制度的症结可以归结为一点，即不能阻隔政府的干预，反而成为政府干预的一条通道。当前行政诉讼比照民事诉讼"原告就被告"的地域管辖模式，既不利于保护原告的合法权益，也不利于人民法院对案件的公正审理，从制度设计层面切断或至少隔离这种密切联系的利益纽带，对于保障司法公正无疑是非常紧要的。① 我国行政诉讼的管辖制度规则存在严重缺陷，已为理论界和实务界所形成共识。相应的，改革现行行政案件管辖制度，是改善当前行政审判外部环境和树立司法权威的重要切入点和突破口，也成为《行政诉讼法》修改讨论的重点内容之一。

研究者针对行政审判不独立在各级法院尤其是基层法院表现突出的问题，对现行司法体制下行政诉讼管辖制度提出改革设想。② 学者们通常认为，提高行政诉讼初审法院的级别、取消基层人民法院的行政诉讼管辖权，是《行政诉讼法》修改的一个方向。也有学者更进一步地提出，应通过划分司法区的方式设置法院，并认为与设置行政法院相比，划分司法区设置法院是在现行行政审判体制基本不变的基础上，对行政案件的管辖制度进行的改革与尝试，是完善行政审判体制的一个次优方案。③

（一）提高审级

行政诉讼中级别管辖，是根据法院的组织体系和行政案件的性质、影响的范围及复杂程度，来划分上下级法院间审理第一审行政案件权限的制度。显而易见，初审管辖权的确定是级别管辖的核心内容，而行政案件一审法院级别过低，是目前行政诉讼普遍存在的问题。

提高审级，也被称为"提级管辖"，是指由上级人民法院审理下级人民法院管辖的行政案件的制度。提级管辖是管辖权转移的一种形式，也是

---

① 浙江省高级人民法院课题组：《行政案件管辖研究》，《法治研究》2007 年第 2 期。

② 李红枫：《行政诉讼管辖制度现状及对策分析》，《行政法学研究》2003 年第 1 期；应松年：《完善我国的行政救济制度》，《江海学刊》2003 年第 1 期；马怀德：《修改行政诉讼法需重点解决的几个问题》，《江苏社会科学》2005 年第 6 期；张显伟：《行政诉讼级别管辖制度之完善——基于行政诉讼目的的角度》，《河北法学》2009 年第 6 期。

③ 江必新主编：《中国行政诉讼制度的完善——行政诉讼法修改问题实务研究》，法律出版社 2005 年版，第 34 页。

排除当地政府行政干扰的一个变通方式。一般而言，行政机关往往希望将纠纷化解在当地，不愿意案件交给外地或上级人民法院审理，个别地方的党政部门甚至强烈要求当地基层法院审理当地的行政案件。这是因为行政案件在当地基层人民法院审理，行政机关往往较容易控制其裁判结果。因此，规定在某些特定情况下，上级人民法院可以审理下级人民法院管辖的案件，有利于排除行政干扰，便于人民法院行使行政审判权，更好地保护原告的合法权益。[①]

在审级的提高问题上，有学者指出需要注意以下问题。全国四级法院受理行政案件应当呈金字塔形，包括最高法院在内的上级法院应当适度办理一定数量的案件，对下级法院起到示范和指导作用。在案件分布上应力戒两个极端：一是大量的案件从基层法院往上级法院转移，使得矛盾没能化解在基层，上级法院疲于应付案件，无暇调研和指导；二是上级法院办理的案件过少，无法起到指导和示范的作用。[②]

提高部分行政案件一审法院级别的具体方案，内容如下：

（1）以县级以上人民政府（不包括国务院各部门及省、自治区、直辖市人民政府）为被告，及设区的市人民政府为被告的行政案件，应由中级法院管辖。被告级别较高，或其对基层法院具有较强优势的情况下，由基层人民法院管辖在实践中出现的问题较多，影响了案件的公正审理，不利于保障自然人、法人或其他组织的权益。除特殊情况外，改由中级人民法院审理。这一规则，已通过最高人民法院的司法解释加以确定了。

（2）涉及土地征用、房屋拆迁、企业改制、劳动和社会保障、环境保护等人数在 10 人以上的共同诉讼案件，涉及企业、众多股东的重大利益且在一定范围内有较大影响力的案件，以及新类型的行政案件等，均应由中级人民法院管辖。

涉及土地征用、房屋拆迁、企业改制、劳动和社会保障、环境保护等人数在 10 人以上的共同诉讼案件，这类案件往往与老百姓的生活密切相关，且人数较多，在当地往往有较大的社会影响，当地老百姓和政府较为

---

① 李荣珍、潘娜：《论我国行政诉讼管辖制度的改革与完善》，《海南大学学报人文社会科学版》2009 年第 2 期。

② 王达：《〈关于行政案件管辖若干问题的规定〉的理解与适用》，《人民司法》2008 年第 3 期。

关注。在浙江省台州市、山东省济宁市等在管辖制度的改革试点中，将这类案件作为中级人民法院管辖的"本辖区重大复杂案件"，这一试点经验应当加以普遍推广。

新类型案件一般案情比较复杂，专业性较强，审判结果对今后类似案件的审理有指导和借鉴意义，需要深入研究，统一裁判尺度。如果处理不当，无论对政府威信还是司法权威，都可能产生较大的负面影响。因此，由中级人民法院审理，更利于案件的全面把握。[1]

（3）以国务院各部门或者省、自治区、直辖市人民政府为被告的行政案件，应由高级人民法院行使一审管辖权。[2] 这既是出于减少行政干预、保障司法公正的考虑，同时也因为这一类案件一般情况比较复杂，专业性更强，高级人民法院在人员素质、审判条件上都较中级人民法院有优势，有利于案件的审理和裁判。而最高人民法院由于还有其他职能与任务，不宜增加一审数量，仍依照现行法律规定。[3]

关于提高审级，还有必要研讨现行制度中的"降级管辖"。《行政诉讼法》第 23 条规定，上级法院有权把自己管辖的一审案件移交下级法院审判。实践中当事人甚至遇到这样的情形：原告向市中级人民法院提起行政诉讼，状告某市人民政府；过了一些时候，案子被移送到该市某区人民法院。即便按照最高人民法院的《管辖规定》，对指定管辖裁定有异议的，也不适用管辖异议的规定，当事人不得提出管辖权异议。这样一来，该案的一审和二审就不会超出被告市政府的管辖范围，市政府可以利用自己的权力对案件的审理进行干涉，进而影响案件的裁判结果。因此，《行政诉讼法》有关上级人民法院可以把自己管辖的案件移交下级法院审理的规定，显然与"提高审级"的总体趋势背离，应予取消。[4]

（二）集中管辖

集中管辖制度的核心内容是将通常应由不同法院管辖审理的某类案件

---

[1]　李荣珍、潘娜：《论我国行政诉讼管辖制度的改革与完善》，《海南大学学报人文社会科学版》2009 年第 2 期。

[2]　胡建淼：《〈行政诉讼法〉的修改方向》，《法制日报》2005 年 1 月 27 日。

[3]　马怀德：《〈行政诉讼法〉存在的问题及修改建议》，《法学论坛》2010 年第 5 期。

[4]　李荣珍、潘娜：《论我国行政诉讼管辖制度的改革与完善》，《海南大学学报人文社会科学版》2009 年第 2 期。

交由若干特定的法院集中管辖和审理，以实现司法资源和案件数量的合理配置。集中管辖是对现行诉讼法所规定的管辖制度的变通，具体表现为一部分法院法定管辖权的缩减和另一部分法院法定管辖权的扩大。目前我国实行或者试行集中管辖的案件类型比较多，主要集中在民商事案件和刑事案件中，如最高人民法院确定实行的涉外民商事案件的集中管辖、知识产权案件的集中管辖、涉及金融危机的商事案件的集中管辖，各地人民法院探索实行的未成年人案件的集中管辖、劳动争议案件集中管辖、资金链断裂引发的企业债务案件集中管辖等等。这些集中管辖制度，有效发挥了在优化配置司法资源、保障司法公正性、提高裁判统一性、培育专业化法官队伍等方面的积极作用。

　　行政诉讼集中管辖是集中管辖制度中的一种，是对特定区域内行政诉讼案件的管辖权进行重新调整和合理配置，把某一区域的一审行政诉讼案件交由一个或几个特定法院管辖，实现一审行政诉讼案件的集中管辖和异地管辖。2007 年 9 月，浙江省丽水市中级人民法院在所辖的 9 个县（市、区）基层人民法院中，开始试行"行政诉讼相对集中指定管辖制度"，对行政诉讼案件的集中管辖制度进行了积极探索。试行结果表明，行政诉讼案件实行集中管辖，在优化司法资源配置、形成行政审判良好格局、改善行政审判司法环境、维护司法公正、培养和建设行政审判专业法官队伍、提高行政审判水平等方面，取得了良好的效果。但这一制度设计并不彻底，在实施集中管辖后，仍然存在有集中管辖权的法院如何有效排除当地同级政府的干预问题。并且，要撤销大部分基层法院的行政审判庭，不仅需要修改法律，同时还要取得各地人大和政府的支持，毕竟法院行政审判庭的存在对于当地的权力结构能起到一定的平衡作用。因此，集中管辖的设想有其优点，但也是牵一发而动全身，需要对体制进行局部调整，在目前的情况下实施起来具有相当的难度。当然，集中管辖也可以通过中级法院统一立案再集中指定到部分法院管辖的办法变通实施，但这显然又是异地交叉管辖模式的一种特殊方式。①

　　也有学者认为，将集中管辖可以分为"提高审级的集中管辖"和"跨区域的集中管辖"。提高审级的集中管辖，即通过提高行政诉讼案件

---

　　① 浙江省高级人民法院课题组：《行政案件管辖研究》，《法治研究》2007 年第 2 期。

的管辖级别来实现案件的集中，提高审级一方面表现为法院管辖的区域扩大，管辖的案件增多。跨区域的集中管辖，是通过一个法院审理若干个同一级别行政区域内的行政诉讼案件来实现案件的集中。跨区域的集中管辖主要是在审理层级不变的前提下，由少数法院审理不同区域的行政诉讼案件，这与提高层级必然导致的跨区域有所不同。跨区域的集中管辖可以根据区域大小、行政案件收案情况等，灵活设置集中管辖法院，保证和平衡各法院的行政案件受理数量。①

（三）异地交叉管辖

在现行法律框架内，和提级管辖一样，实行异地交叉管辖并不需要触及体制性调整。可以在现有的人、财、物配置的情况下实现司法公正的目标，属于比较务实的改革方案。异地管辖可以确立司法中立、重塑行政诉讼等腰三角形结构，法院的中立地位可以保证，法官的压力可以得到排解，行政审判的公信力得以体现。②

异地管辖已经在法院系统内部进行了不同层面和范围的改革实践。例如，浙江台州法院的异地交叉管辖模式即为典型。因此，法院系统的研究者认为，就当前法院行政案件管辖模式的改革而言，比较务实的方案还是异地交叉管辖模式。从有利于公正审判的角度，无论提级还是异地交叉管辖，均在一定程度上切断或隔离了法院和政府直接的、密切的联系，有利于法院排除各种法外的干扰。相比较而言，通过异地交叉管辖，既解决了困扰法院独立审判的难题，又能够使问题在本地区得到解决，比之提级管辖其诉讼成本控制相对合理，更加符合诉讼的"两便"原则。③ 另外，还有学者认为异地管辖还提高了对当事人意思自治的尊重，并改进司法环境，是对指定管辖制度的丰富。④

异地管辖并非"异地就灵"，中级法院在指定异地管辖时应当注意：

---

① 叶赞平、刘家库：《行政诉讼集中管辖制度的实证研究》，《浙江大学学报》（人文社会科学版）2011 年第 1 期。

② 王达：《〈关于行政案件管辖若干问题的规定〉的理解与适用》，《人民司法》2008 年第 3 期。

③ 浙江省高级人民法院课题组：《行政案件管辖研究》，《法治研究》2007 年第 2 期。

④ 刘继祥等：《对济宁中院行政案件异地审理制的调研》，《人民司法》2007 年第 15 期。

（1）避开固定对应管辖，以避免基层法院之间的"默契"，仍然影响司法公正；（2）考虑基层法院的人员配备、办案能力和该基层法院辖区案件的数量，在必要时，中级法院可以明确要求相应的法院调配增加行政法官；（3）为实现原告诉讼的便捷，应当尽可能采取就近原则。时任最高法院行政审判庭庭长赵大光在《管辖规定》的新闻发布会上明确指出："目前交通条件大为改善，原告宁愿多走几步路而选择司法公正，况且胜诉后其诉讼费用由被告承担。"但是，对于地处边远、交通不便的地方，应当考虑当事人的困难和负担，必要时应当征求当事人意见。中级法院在受理案件后，还可以书面告知当事人向有管辖权的基层人民法院起诉。当事人持有中级法院的通知书向基层法院起诉，这在一定程度上，也保护了原告的诉权。①

在异地管辖的案件范围上，有研究者提出，虽然一些地方法院试点的范围是有严格限定的，但鉴于法律和社会的矛盾、社会形势的变化和当事人的需求，案件范围也要与时俱进。② 一些案情并不复杂，但不指定管辖则可能干扰司法审判的，也应异地管辖。

在中级法院指定异地管辖时，对其中存在的问题，学界也有探讨。例如在指定的顺序上，应把主动指定管辖权后置，即启动指定管辖的权利是排序的，第一顺序是原告申请，第二顺序是享有管辖权的法院提请，第三顺序是中院主动指定。只有在原告未申请、享有管辖权的法院未提请时，中级法院才享有主动指定管辖权。这样，既允许中院享有对基层和中级法院可管辖案件的主动指定权，同时又要避免其主动指定受到行政干扰而变成非主动指定，而且同时赋予原告对上级法院指定管辖的异议权和规定严格的法院告知义务。在主体上，为避免更高层级的行政干扰，应让中院、高院、最高院三级法院都享有指定管辖权。③

有研究者提出，应扩大原告对地域管辖的选择空间。由原告选择法院，既能解决案件公正审理可能受影响的问题，又便于原告行使诉权，防

---

① 王达：《〈关于行政案件管辖若干问题的规定〉的理解与适用》，《人民司法》2008 年第 3 期。

② 刘继祥等：《对济宁中院行政案件异地审理制的调研》，《人民司法》2007 年第 15 期。

③ 同上。

止增加过多的诉讼负担。一是规定行政案件的一般地域管辖由被告或者原告所在地人民法院管辖，即原告可选择向其所在地的人民法院起诉，亦可选择向被告所在地的人民法院起诉。① 二是如果原、被告在同一个法院辖区的，原告可以申请其所在地人民法院的上级人民法院指定临近区域的法院管辖。这样修改地域管辖规则，可以保证其原告诉讼权利的充分行使，更符合"平等原则"。②

还有研究者认为，异地管辖一般应限于基层人民法院管辖的第一审行政案件。更高级别的人民法院管辖的第一审行政案件一般不宜实行异地管辖。如果对中级人民法院管辖的案件也实行异地管辖，由于区域跨度较大，原告诉讼成本将明显增加，且不利于执行。当然，作为一种例外，中级人民法院管辖的被告为市级人民政府的案件，为减少干预，可实行异地管辖。对高级人民法院管辖的第一审行政案件，考虑到法院级别已很高，且跨省之间的异地管辖严重违反便民原则，也不宜实行异地管辖。③

（四）按照分层制构建行政诉讼级别管辖

诚然，在我国司法权还未能完全摆脱行政权干预的情况下，提高审级、取消基层法院管辖权，不失为治愈行政诉讼司法不公的一个药方。然而，将提高审级归结于司法不独立并未抓住行政诉讼管辖制度的症结所在，毕竟，在司法高度独立的西方法治国家，从事司法审查的法院也一般都是级别较高的法院。以美国为例，"联邦政府进行司法审查最主要的法院是上诉法院"，"一切重要的行政决定，都由法律规定直接由上诉法院审查，不经过地区法院。"④ 提高审级固然可以增强管辖法院抗衡行政干预的能力，但还存在更深层次的原因。

我国行政诉讼的级别管辖沿袭了民事诉讼的管辖设置，未考虑到行政诉讼与民事诉讼在审查对象上的区别。与民事诉讼不同，法院在行政诉讼

---

① 李荣珍、潘娜：《论我国行政诉讼管辖制度的改革与完善》，《海南大学学报人文社会科学版》2009 年第 2 期。

② 马怀德：《〈行政诉讼法〉存在的问题及修改建议》，《法学论坛》2010 年第 5 期。

③ 李荣珍、潘娜：《论我国行政诉讼管辖制度的改革与完善》，《海南大学学报人文社会科学版》2009 年第 2 期。

④ 王名扬：《美国行政法》（下），中国法制出版社 2005 年 5 月第 2 版，第 586 页。

案件中是第二次适用法律，因此管辖法院的确定不应该照搬民事诉讼的管辖体制，而应该考虑直接由较高级别的法院审查行政行为，尤其是审查专业性较强的行政案件。

研究司法制度的具体问题本来应该在司法独立的前提和语境下展开，但是由于我国司法实践中还存在行政权的强势干预，因此许多问题的解决都集中在了"如何摆脱法外干预"上，而未抓住问题的本质。行政诉讼中的管辖问题就是这样一个例子，"承担'两便'功能（即方便当事人诉讼和方便法院调查执行）的行政诉讼管辖制度，居然部分地担当起保障司法独立的角色"①，显然属于功能错位。因此，唯有继续推进以保障司法独立为导向的司法改革，构建独立的司法体制，我们所做的具体制度的研究才能更接近问题的本质。②

（五）划分司法区

为了便于人民法院审理行政案件，尽可能减少人民法院审理行政案件的阻力，同时为了更好地保护原告的起诉利益，减少起诉的障碍和压力，《若干问题的解释》对行政诉讼的级别管辖进行了适当的调整，对地域管辖作了更加灵活的规定。但是这些规定是在现行《行政诉讼法》的框架之内进行的，因此在具体方式上显得比较保守。行政诉讼管辖的完善应该修改《人民法院组织法》，通过划分司法区的方式设置法院。③ 学者认为，划分司法区的意义有：有利于维护国家法制统一，克服地方保护主义；有利于维护法律的严肃性；有利于强化和更好地发挥最高法院的职能，加强最高法院对下指导的力度；有利于解决大量的进京上访问题，维护首都稳定。

划分司法区设置法院的方案有几种模式：最高法院在各大司法区设置"最高法院分院"④；最高法院设置英美模式的"司法巡回区"或者"巡

---

① 朱新力、唐明良、葛宗萍：《行政诉讼异地交叉审判的启示》，《团结》2005年第3期。

② 王小梅：《反垄断司法审查管辖研究》，中国社会科学院研究生院2010年博士论文。

③ 江必新主编：《中国行政诉讼制度的完善——行政诉讼法修改问题实务研究》，法律出版社2005年版，第34页。

④ 章武生、吴泽勇：《司法独立与法院组织机构的调整》，《中国法学》2000年第2期。

回法院"；建立中央和地方两套司法审判系统。无论采取哪种模式，目的都是为了摆脱行政区域束缚和行政干预。

（六）特殊种类案件的法院管辖

一些特殊种类的行政争议，其管辖表现出行政诉讼管辖的一般特征，也具有自身的特殊性，需专门分析。

1. 军事行政争议的管辖

有研究者认为，应当将军事行政争议纳入行政诉讼的受案范围之内，进而创新军内行政诉讼制度。由于中央军委对军事司法工作高度重视，近两次大规模精简中，军事司法编制没有相应压缩。但现有的军事司法编制也难以增加，军内行政诉讼机构不可能像地方各级人民法院那样都设置行政法庭。比较可行的办法是，解放军军事法院和各军区军事法院民事审判庭可改为民事行政审判庭，各省军事法院不设专门审判庭。在管辖方面，军内行政诉讼宜实行地域管辖。可考虑撤销现行的大军区、空军、海军和武警系统军事司法机关，在各大军区设立战区联合军事司法机关，在各战区内设立若干战区联合军事司法机关的派驻机构，分别管辖所辖区域内所有部队的相关案件的设想。① 军内行政诉讼应当汲取军事刑事案件实行序列管辖的教训，顺应军事司法改革趋势，直接实行地域管辖。②

2. 海事行政案件的法院管辖

海事行政案件的法院管辖几经反复，海事法院一度受理过，但又被划归地方法院。在实践中，虽然最高人民法院曾不允许海事法院对海事行政案件行使管辖权；但由于现实的需要，一些法律法规里又赋予海事法院对海事行政案件的介入权，这存在着严重的立法与司法的"尴尬"。为解决这一矛盾，最合情合理也最简单易行的方法，莫过于恢复海事法院对海事行政案件的管辖权，以理顺司法管辖体制，为海事行政机关履行职能提供有效的司法保障。加之海事法院在处理海事行政案件方面，具有体制上的优势，专业上的优势。有研究者通过实地调查研究，提出应由海事法院管辖海事行政案件。这样既能够充分发挥其业务专长，公正及时地处理案件，满足行政案件当事人迫切的司法需求，对维护航运秩序，促进经济发

---

① 田龙海主编：《军事审判学》，军事科学出版社 2002 年版，第 234 页。
② 徐占峰：《创建军内行政诉讼制度的新思考》，《法学》2006 年第 7 期。

展具有重要的作用。①

3. 抽象行政行为审查的法院管辖

有学者对未来行政规范的司法审查提出了自己的系统主张。对县市级地方各级人民政府及其工作部门的规定以及乡、镇人民政府的规定违反上位行政法规范或地方性法规和法律的，初审应由发布主体所在地的中级法院管辖。该中院享有完全意义上的审查权，即拥有判断权、裁判权与建议权；对于这些规范的违宪问题，中院只有不完全的审查权，即只有判断权、建议权，而没有直接的判决权。对省级政府、省会市政府、较大的市政府以及经济特区所在地的市政府，包括上述政府的各部门所发布的抽象行政行为违反法律、行政法规和地方性法规的，初审由发布主体所在地的高级法院管辖，高院享有完全意义上的审查权；对于这些规范的违宪问题，管辖的规则同上。对国务院的行政法规、部门规章和各种决定以及地方性法规违法的审查则由最高法院初审。最高法院享有完全意义上的审查权。对于这些规范的违宪问题，最高法院的权限与高院或中院的相同。行政法规、部门规章和决定与地方性法规冲突的，部门规章和各种决定与地方政府规章和各种决定相冲突的，由最高法院初审，最高法院享有完全意义上的审查权。②

---

① 吴南伟等：《海事法院受理海事行政案件必要性问题研究》，《法律适用》2007 年第 12 期。

② 方世荣：《论维护行政法制统一与行政诉讼制度创新》，《中国法学》2004 年第 1 期。

第 六 章

行政诉讼类型

第一节 行政诉讼类型概述

行政诉讼类型是行政诉讼理论与制度的一个重要组成部分，在许多国家和地区的行政诉讼法律条文中，都明确规定了行政诉讼的具体种类。行政诉讼类型是指，公民、法人和其他组织可以提起行政诉讼请求救济且法院仅在法定的裁判方法范围内裁判的诉讼形态。作为诉讼法学领域的基本研究方法之一，行政诉讼类型化研究的目的，是按照一定的标准对社会纠纷进行归类总结，从而为相应诉讼救济途径的设计或诉讼体系漏洞的弥补奠定社会实证基础。① 行政诉讼类型与当事人的起诉条件、法院的审理规则和权限以及判决形式密切相关。行政诉讼类型的多寡，直接影响到公民权利保护机会的多少和行政法院裁判方法的加强或抑制。② 诉讼类型化已经成为当今世界诉讼制度发展的重要趋势之一。

一 行政诉讼类型的含义及其功能

（一）行政诉讼类型的含义

学术界在研究行政诉讼类型化问题的时候，仍然沿用我国台湾地区学者蔡志方和翁岳生对行政诉讼类型化含义的界定。作为第一个使用"行

---

① 章志远：《行政诉讼类型化模式比较与选择》，《比较法研究》2006 年第 5 期。

② 马怀德、张红：《试论行政诉讼的种类》，《天津行政学院学报》2002 年第 1 期。

政诉讼类型化"的学者，蔡志方将其界定为："行政诉讼，习惯上仍循一定方式、形式或类型（Forms；Formen），原告始得就其所受侵害，请求行政法院提供救济，而行政法院亦仅能就法定之诉讼种类所相应得以救济之方法为裁判。此种诉讼方式或型态之格式化，谓之'行政诉讼之种类'（Klaearten des Verwaltungsprozesses）。"① 翁岳生也认为，"行政诉讼的类型又称为行政诉讼的种类，即公民、法人和其他组织可以行政诉讼请求救济且法院仅在法定的裁判方法范围内裁判的诉讼形态"。②

进入 21 世纪以来，随着越来越多的学者关注行政诉讼类型这一问题，学界对行政诉讼类型的含义和功能的理解也越来越深刻。行政诉讼类型，是指按照一定标准对行政诉讼所进行的科学分类，其目的在于使行政诉讼中的诉特定化和具体化。③ 学者们往往将行政诉讼类型与行政诉权、诉讼构成要件、适用审理规则和方式，以及法院的裁判权限等各种要素联系在一起，将行政诉讼类型的界定与确定，视为公民实现其公法上权利所不可或缺的救济方法。行政诉讼类型化不仅是分类结果的静态呈现，实际上更是行政诉讼的一种动态的运作状况。④

行政诉讼类型是行政法学者对司法实践进行的理论归纳，按照诉讼请求、诉讼标的以及判决种类等标准，将司法实践中已经形成的不同类型的行政诉讼表述出来。一种行政诉讼类型在诉讼请求、审判规则、审理程序、判决方式等方面基本上具有相同的特征。行政诉讼案件一旦被确认为某一类型，便可以依据行政诉讼类型预见到行政相对人的诉讼请求、法院的审判规则或审理程序以及相应的裁判文书种类等。

行政诉讼类型属于行政诉讼程序的范畴。程序设立的目的是为了实现某种实体权利。当事人在行政实体法上的权利往往是通过行政诉讼类型表现出来，不同的行政诉讼类型与行政实体法权利的类型相对应。划分行政诉讼的类型，也就是构建一种与行政实体法权利的类型相对应的诉讼程序。

（二）行政诉讼类型的功能

行政诉讼类型的功能即为行政诉讼类型的作用。行政诉讼类型化存在

---

① 蔡志方：《行政法救济新论》，台湾元照出版公司 2000 年版，第 169 页。
② 翁岳生编：《行政法》，台湾翰芦图书出版有限公司 1998 年版，第 1030 页。
③ 向忠诚：《行政诉讼类型研究》，《湖南科技学院学报》2005 年第 2 期。
④ 陈惠菊：《行政诉讼类型化之研究》，中国政法大学 2008 年博士论文。

"两功能说"和"三功能说"。持"两功能说"的学者认为，行政诉讼类型具有两个重要功能，一是影响公民权利保护的机会；二是影响行政法院裁判手段的强弱。① 提出行政诉讼类型化的"三功能说"的学者认为，行政诉讼的类型化具有提供适当的权利保护类型、统一处理和筛选适当的诉讼方式以及调整行政权与司法权的功能。②

1. "两功能说"

（1）行政诉讼类型有利于原告明晰诉讼请求、诉讼程序等问题，有利于全面保护公民的合法权利。③ 行政相对人在提起行政诉讼之前，首先需要解决的问题是如何确定诉讼请求。行政诉讼请求包括请求确认行政机关的具体行政行为无效或违法；请求撤销行政机关的行政决定；要求行政机关履行职责、义务等。由于每一种行政诉讼类型都存在与之相匹配的诉讼请求、审判规则、审理程序、裁判文书种类等内容，因此，行政相对人只要能明确行政诉讼类型，便会知道自己应该基于该行政诉讼类型提出何种诉讼请求，也能够预见到法院会适用什么样的审判规则、审理程序等来审理这种类型的行政案件。行政诉讼类型应该尽可能涵盖现有的全部行政纠纷类型，在科学、全面的行政诉讼类型化的制度下，任何人受到公权力任何形式的违法侵害，都能找到适合自己案件特征的行政诉讼类型，从而依据该行政诉讼类型的指引来维护自己的合法权益。

（2）行政诉讼类型有利于法院审判规则的系统化和判决类型的确定化。作为程序范畴的行政诉讼类型，每一种行政诉讼类型都存在与之相匹配的审判规则，法院在裁判特定行政诉讼类型案件时，应当适用这种行政诉讼类型的审判规则，而不能适用其他行政诉讼类型的审判规则。例如在撤销诉讼中，法官的审判权力受到了限制，他们只能按照相应的行政诉讼类型审查行政行为的合法性，而不能变更行政机关的决定，更不能判决行政机关向行政诉讼原告承担赔偿责任，只能判决撤销或者不应当撤销行政

---

① 马怀德、吴华：《对我国行政诉讼类型的反思与重构》，《政法论坛》2001 年第 5 期。

② 袁曙宏：《社会变革中的行政法制》，法律出版社 2001 年版，第 364 页。

③ 参见章志远《行政诉讼类型构造之理论内涵与时代背景》，《长春市委党校学报》2009 年第 1 期；张栩、马欣：《行政诉讼类型化探析》，《武警学院学报》2009 年第 7 期。

行为。① 另外，行政诉讼类型与行政诉讼前置程序、诉讼时效等问题存在密切联系。例如德国以及我国台湾地区的抗告诉讼，一般都对诉讼时效作出了明确规定，而给付之诉和确认之诉往往不对诉讼时效加以任何限制；② 课予义务诉讼和撤销诉讼一般需要经过行政复议前置程序才能提起行政诉讼，而给付之诉则不受行政复议前置这一规定的限制。③

行政诉讼判决的种类是由行政诉讼类型决定的。因为确定行政诉讼类型的重要依据之一就是行政诉讼请求的内容，而行政诉讼请求正是法院裁判的对象，依据诉讼请求制约审判的规则，行政诉讼类型也就制约着行政诉讼判决的种类。④ 例如，对于确认诉讼，法院不应当做出变更判决或者其他判决，只应当做出确认判决，既可以是肯定的确认判决，也可以是否定的确认判决。"在行政诉讼中还存在着虽然行政行为违法，但出于维护公共利益的考虑而做出情况判决的情况，但这只是例外，不能代表一般。"⑤ 正是因为行政诉讼类型具有模式化效果，才使得在行政诉讼类型化的过程中，法院的审判规则的系统化和判决类型的确定化成为必然。

2. "三功能说"

有学者认为，行政诉讼类型的功能表现在三方面：能够实现公民权利有效而无漏洞的司法救济；提升行政诉讼程序规则设计的理性程度；妥善消解司法权与行政权间的紧张对立。⑥

（1）权利救济功能

在论述权利救济功能时，有学者认为，为权利提供完整性和有效性的司法救济必须借助于行政诉讼的类型化才能得以实现。首先，行政诉讼类型的不断丰富意味着公民权利获得保护和救济的机会越多。随着福利国家

---

① 雷建国：《法美两国行政诉讼类型之比较——兼谈对我国行政诉讼类型的启示》，《甘肃政法成人教育学院学报》2004 年第 4 期。

② 苑晓光：《德美行政诉讼类型之比较与借鉴》，《理论界》2007 年第 6 期。

③ 章志远：《行政诉讼类型化之影响因素与规范模式——一个比较法的考察》，《学习论坛》2008 年第 9 期。

④ 王志勤：《行政诉讼类型与类型化之辩》，《前沿》2007 年第 9 期。

⑤ 马怀德、吴华：《对我国行政诉讼类型的反思与重构》，《政法论坛》2001 年第 5 期。

⑥ 章志远：《行政诉讼类型化模式比较与选择》，《比较法研究》2006 年第 5 期。

时代的来临，给付行政的比重日益提高，传统的以撤销之诉为中心的行政诉讼模式显得捉襟见肘，难以实现现代给付行政国家的目的。为此，各国行政诉讼法纷纷增设行政给付之诉，竭力满足日渐扩大的公民对国家的公法给付请求权。从权利保护意义上来说，一种特定类型的诉，就是行政诉讼中对公民权利进行法律保护的一种特定方式。只有不断扩展和丰富行政诉讼的类型，公民权利才能获得无漏洞的完整性救济。其次，行政诉讼类型的设置也直接关系到公民权利保护的有效性。以行政不作为的司法救济模式为例，日本早期的行政诉讼法虽有不作为违法确认之诉，但是法院只能作出确认行政不作为违法的消极判决，尚不能作出课行政机关以作为义务的积极判决，因此对相对人的救济程度有所欠缺。在日本学界的大力推动下，2004 年公布的日本行政诉讼法修正案本着为国民权益谋求更为实效性救济的思路，设立了与现代积极行政模式相对应的课予义务诉讼，从而有效地解决了行政不作为侵权的司法救济问题。与此同时，为了克服传统行政诉讼"亡羊补牢"式权利救济体系的不足，该修正案还一并增设了具有事前预防性质的阻止诉讼，从而有效地解决了某些不可恢复的被侵害权益的保护问题。作为对行政诉讼类型化的探索，日本的立法实践充分体现了"行政救济完善性"在这一过程中的支配性地位。由此可见，行政诉讼类型化是攸关公民权利可否获得有效而无漏洞司法救济的根本性制度屏障。①

（2）规则设计功能

所有的行政诉讼，不论属于何种类型，都必然会有大体相近或相同的规则程序，如诉讼当事人的适格，案件管辖权，案件的起诉、受理、审理和判决，判决的效力和执行以及不服判决的请求再审和上诉等。但是，不同类型的行政诉讼由于诉讼纠纷的内容和性质、诉讼目的和诉讼请求等方面有所不同，程序规则也必然存在一定的差异。例如，不同类型的诉讼规则程序的繁简程度会有所不同，有些诉讼类型会设置临时课赋义务和临时禁止措施等特殊规则程序，而有的诉讼类型则不存在；不同的诉讼类型所要求的规则的宽严程度不同，如日本的抗告诉讼，作为主观诉讼，起诉人必须同被诉行政行为及诉讼请求之间具有"法律上的利益"关系，才可

---

① 章志远：《行政诉讼类型化模式比较与选择》，《比较法研究》2006 年第 5 期。

享有原告资格，但民众诉讼则不作此要求。①

现代法治强调程序价值，将程序正义视为审判正当性的重要根据。要实现行政裁判的公正目的，而赖于一整套理性的程序规则。在现代社会，行政争议表现出多样性与复杂性，只有把具有相同性质的行政诉讼案件作程式化的处理，才可以使法院统一高效地处理行政纠纷，从而避免因诉讼程序的混乱而使案件审理受阻。有学者还以德国行政复议与行政诉讼的衔接为例，阐明行政诉讼类型对于规则设计的意义。德国采取与诉讼类型相勾连的模式来处理行政复议与行政诉讼的程序衔接问题。根据德国《行政法院法》第68条的规定，行政复议是否成为行政诉讼的必经程序，关键要看行政案件的诉讼类型。对于撤销诉讼和课予义务诉讼而言，在提起这两类行政诉讼之前，原则上必须先经过行政复议程序，否则，不得请求行政诉讼救济。对于确认诉讼及一般给付诉讼，则可以不经行政复议而直接向法院起诉。从德国的例子可以看出，行政诉讼的类型化对于设计更为理性的行政诉讼程序规则具有重要意义，从而为特定行政纠纷的及时、公正解决奠定坚实基础。②

（3）消解行政权与司法权对立的功能

随着现代社会的发展，法院的功能日渐扩张，除了传统的纠纷解决功能之外，还具有控制和制约权力、参与制定公共政策等延伸性功能。行政审判权是一种由法律赋予法院在当事人提起行政诉讼后，对行政行为进行重新审查的权力，一方面受到外在程序规则的限制，另一方面本身又与受审查的行政权力之间存在内在的张力。在整个行政诉讼过程中，行政争议能够得到妥善解决的关键，是对司法权与行政权的关系进行妥当定位。一方面，根据分权原则，司法机关作为解释法律、适用法律的权威机构，应当理直气壮地对行政权行使的合法性进行审查，从而通过纠正违法行政来保障民众的基本权利；另一方面，司法权是一种有限的权力，具有谦抑性，必须对行政权的正当运用给予应有的尊重，避免造成审判权对行政权的侵蚀和僭越。可见，司法权与行政权之间的对立冲突构成了行政诉讼制

---

① 王丹红：《诉讼类型在〈日本行政法〉中的地位和作用》，《法律科学》（西北政法学院学报）2006年第3期。

② 章志远：《行政诉讼类型化模式比较与选择》，《比较法研究》2006年第5期。

度内在的主要矛盾。在行政诉讼制度的发展初期，由于诉讼类型单一，法院往往只能针对当事人的请求作出撤销判决。很显然，这种有限的行政审判权根本无法满足行政争议彻底解决和公民权利有效保护的现实需求。近年来，由于课予义务诉讼、给付诉讼、确认诉讼、预防性诉讼等新型诉讼的增加，法院可以在这些特定的诉讼请求范围之内进行灵活的裁判。行政诉讼的类型化能够在不同种类的行政案件中厘清司法权与行政权的界限，使得法院有无裁判权易于判断，从而确保行政审判权的有效运作。[①]

学界在论述行政诉讼类型化的功能时，除了上述"两功能说"和"三功能说"，还有学者从四个方面阐明行政诉讼类型化的意义，即行政诉讼类型化有助于形成无漏洞的权利救济机制，更好地监督和促进依法行政，有助于行政纠纷的实质性解决；通过固定行政争议焦点、完善案件审理流程、确定适当的司法审查范围，来提高行政审判的质量和效率。[②]

二　行政诉讼类型的划分

对于类型化研究而言，划分标准至关重要，科学的划分标准构成行政诉讼类型化的基础。划分行政诉讼类型的标准，可以是隐藏在行政诉讼案件内部的本质属性，也可以是浮现在其表面的显著特征。行政诉讼类型有多重的划分标准，行政诉讼所要审查的行政行为具有复杂多样的形式和内容，当事人的权利保护要求也不尽相同。因此，在各式各样的行政诉讼中，当事人的主体资格、原告诉讼请求的内容、法官的权限大小、行政诉讼的程序、判决的形式，也都不尽相同，因此，站在不同的角度会有不同的分类标准。

（一）主观诉讼与客观诉讼

将行政诉讼划分为主观诉讼与客观诉讼，是大陆法系国家中对行政诉讼类型的一种基本分类。我国学者对之进行解释和阐述，将行政诉讼的提起是否直接关涉起诉人自身的利益，作为划分主观诉讼和客观诉讼的标准。主观诉讼是以保护起诉人的个人利益为直接目的的诉讼，而客观之诉

[①]　章志远：《行政诉讼类型化模式比较与选择》，《比较法研究》2006 年第 5 期。

[②]　李广宇、王振宇：《行政诉讼类型化：完善行政诉讼制度的新思路》，《法律适用》2012 年第 2 期。

则是以维护客观的公法秩序为直接目的的诉讼。① 因此，主观诉讼也叫个人救济诉讼，客观诉讼又称公法秩序诉讼。② 客观诉讼是指以监督行政公权力行为为主要意旨的诉讼类型，在具体制度中表现为，法院仅仅就行政公权力行为的合法性进行审查，如德国的规范性审查诉讼和日本的民众诉讼、机关诉讼等。③ 客观诉讼是一种主要着眼于维护行政法律秩序、社会公共利益和可持续发展利益的诉讼种类，不限于保护受到直接侵害的原告的合法权益，甚至可以允许原告以纳税人或者选民的名义提起这类诉讼。④ 主观诉讼是指以回应原告诉讼请求为主要意旨的诉讼类型，在具体制度中体现为法院主要就原告的诉讼请求进行审查，附带审查被诉行政公权力行为的合法性，如确认诉讼、课予义务诉讼等。客观诉讼和主观诉讼的划分在诉讼宗旨、确定原告资格等方面具有重要意义。⑤

个人救济诉讼或主观诉讼包括如下几类：（1）撤销诉讼，即行政相对人对违法损害其利益的具体行政行为，请求人民法院予以撤销的行政诉讼；（2）课予义务诉讼，又称为"应为行政处分诉讼"，是行政相对人请求人民法院命令行政主体作出具体行政行为，或应作出含有特定内容的具体行政行为的诉讼；（3）给付诉讼，又称为"一般给付诉讼"，是请求法院命令行政主体作出具体行政行为以外的给付行为，而根据给付诉讼标的的不同，又可以将其分为财产给付之诉和非财产给付之诉；（4）确认诉讼，即行政相对人请求人民法院确认处于争议状态的具体行政行为是否无效、违法以及行政法律关系是否存在的诉讼形式；（5）当事人诉讼，即有关确认或形成当事人之间法律关系的处分或裁决的诉讼，它是依法律的规定以该法律关系的一方当事人作为被告的诉讼以及有关公法上法律关系的诉讼。公法秩序诉讼或者客观诉讼则包括公益诉讼和机关诉讼两类：公益诉讼是指为维护公益，允许与自己权利无直接法律利害关系的公民就行政主体的违法行为提起行政诉讼；机关诉讼是指行政主体之间因权限的存

---

① 章志远：《行政诉讼类型化模式比较与选择》，《比较法研究》2006年第5期。

② 同上。

③ 梁凤云：《〈行政诉讼法〉修改八论》，《华东政法大学学报》2012年第2期。

④ 于安：《发展导向的〈行政诉讼法〉修订问题》，《华东政法大学学报》2012年第2期。

⑤ 梁凤云：《〈行政诉讼法〉修改八论》，《华东政法大学学报》2012年第2期。

在或者行使而发生纷争，由法院通过诉讼程序解决争议的诉讼类型。①

有学者以日本法为考察对象，将主观诉讼与客观诉讼进行以下几个方面的区别。②

第一，诉讼目的不同。在日本，主观诉讼与客观诉讼的划分是以诉讼目的为标准。主观诉讼以权利利益保护为首要诉讼目的，客观诉讼则以法规维持为首要诉讼目的。换言之，主观诉讼是以保护公民个人的权利和利益为直接目的的诉讼，而客观诉讼则是以维护社会公共利益或客观法律秩序为直接目的的诉讼。这里所谓的诉讼目的是法律规范所预设的目的，而不论原告起诉时的真实目的和动机，不排除客观诉讼的原告会存在私益目的，主观诉讼的原告也有可能怀有维护公益和客观法律秩序的目的。主观诉讼与客观诉讼除了所要保护的对象不同之外，两者适用的诉讼程序也不同。因而，在实践中主观诉讼与客观诉讼可以通过诉讼法律规范保护的目的以及原告起诉时适用的程序来判断。

第二，诉讼对象不同。主观诉讼的诉讼对象通常为权利主体之间存在的，因利害冲突而产生的争议。法院作为中立的裁判者，对诉讼双方当事人的权利义务予以裁判并加以确认，从而定分止争。而在客观诉讼中，通常不存在权利义务相互对立的双方当事人，诉讼对象通常为宪法和法律特别规定的行为或事项。《日本法院法》第3条第1款规定："法院除日本宪法有特别规定外，可裁判一切法律上的争讼，并具有其他法律特别规定的权限。"在日本，主观诉讼的对象为"法律上的争讼"，即通过法律能够解决的，权利主体相互之间存在的、具体且现实的利害冲突。而客观诉讼的对象不属于"法律上的争讼"，而属于法律特别规定的权限，是在法律予以承认的范围内，作为例外允许提起的诉讼。

第三，原告资格不同。在日本，主观诉讼的原告资格是以"法律上的利益"作为判断标准，诉讼当事人与诉讼对象具有法律上的利害关系，是判断诉讼要件是否成立的标准之一。根据《日本行政诉讼法》第9条的规定，作为主观诉讼的撤销诉讼，限于就请求撤销该处分或裁决具有法

① 湛中乐：《论〈中华人民共和国行政诉讼法〉的修改》，《郑州大学学报》2012年第1期。
② 林莉红、马立群：《作为客观诉讼的行政公益诉讼》，《行政法学研究》2011年第4期。

律上的利益者才能提起。该法第 10 条明确规定：撤销诉讼，不能以与自己法律上的利益无关的违法为由而请求撤销。而客观诉讼的原告资格在于单行法律的特别规定赋予，并不以"法律上的利益"为判断标准。通常情况下，客观诉讼是以与自己的法律利益无关的某种资格进行的诉讼。根据《日本行政诉讼法》第 5 条和第 6 条的规定，民众诉讼是"以选举人资格或者其他无关自己法律上利益之资格"，而机关诉讼则是"国家或公共团体的机关相互之间"提起的诉讼。在民众诉讼中，违法行政行为侵犯的对象是公共利益和客观的法律秩序，对于普通公民通常只有不利影响，而无直接利益上的损失。

第四，判决的效力范围不同。在主观诉讼中，诉讼标的通常根据当事人的诉讼请求来确定，在诉讼程序中当事人对诉讼标的享有一定的处分权，且判决效力通常只对案件争议中的诉讼当事人具有拘束力，即既判力的影响范围仅限于诉讼当事人。而客观诉讼由于涉及到公共利益因素的考量，因此，在程序上尽可能限制当事人对诉讼标的的处分权能，诉讼判决通常会产生当事人之外的裁判外效力。例如，根据《日本地方自治法》第 242 条的规定，同一地方公共团体的住民，对他人已经起诉的事项，不得另行起诉，且法院判决的效力同时及于当事人以外的住民。同时，判决对地方公共团体的相关机关及公职人员也具有拘束力。①

（二）事后补救诉讼与事前预防诉讼

以行政诉讼的提起是否在损害已经实际发生时为标准，可将行政诉讼的类型划分为事后补救诉讼与事前预防诉讼两种。前者是起诉人在实际损害已经发生之后所提起的一种"亡羊补牢"式的诉讼；后者则是起诉人在实际损害尚未实际发生之前所提起的一种"防患于未然"式的诉讼。这两种类型区别的实质，是原告针对国家公权力行为是作出消极防御的选择还是积极提出给付要求，因此又称为消极防御之诉和积极要求之诉。在德国，消极防御之诉包括继续确认之诉、无效确认之诉和撤销之诉，积极要求之诉包括义务之诉、预防性确认之诉和预防性停止作为之诉。②

---

① 林莉红、马立群：《作为客观诉讼的行政公益诉讼》，《行政法学研究》2011年第 4 期。

② 刘飞：《行政诉讼类型制度探析——德国法的视角》，《法学》2004 年第 3期。

　　传统的行政诉讼偏重于事后补救诉讼，虽然对行政相对人合法权益起到了一定的事后弥补作用，但由于过度消极而不能对某些不可恢复的被侵害的权益起到积极的预防作用。随着"有效且无漏洞权利保障"理念的传播，现代国家已经纷纷尝试建立积极的、面向未来的预防性行政诉讼，从而实现对公民权益全方位的司法救济。一般来说，预防性诉讼是指为了避免即刻实施的行政行为给行政相对人造成无法弥补的损害，由行政相对人在行政活动作出或付诸实施之前，提请法院阻止该行政活动作出或实际执行的诉讼。预防性诉讼具有四个显著特征：一是预防性，旨在防止一个尚未发生的公权措施；二是直诉性，行政相对人无须经过行政复议程序，即可以直接向法院起诉；三是执行停止性，只要行政相对人提起此类行政诉讼，被诉的行政行为就应当立即自动停止执行；四是有限性，行政相对人只能在确有预防性法律保护的特别需要时，才能选择此类司法救济途径。①

　　（三）形成之诉、给付之诉与确认之诉

　　以行政诉讼提起人诉讼请求的内容或者原告要求法院提供的法律保护的方式为标准，可以将行政诉讼的类型区分为形成之诉、给付之诉与确认之诉三大基本类型。

　　形成之诉是指以请求法院直接形成一定法律关系为目的的诉讼，主要包括撤销之诉和变更之诉，以撤销之诉最为典型。撤销之诉被《德国法院法》明文规定，是指原告要求撤销已作出的行政行为的诉。该行政行为可以是经过复议程序后未被复议机关改变的原行政行为，也可以是改变了原行政行为的复议决定。

　　给付之诉是指以请求法院判决被告作出特定内容给付为目的的诉讼，根据给付的具体内容不同，可以进一步将此类诉讼区分为义务之诉和一般给付之诉两种：前者给付的是一种行政处理，而后者给付的则是一种财产或者处理之外的非财产性内容（如事实行为）。义务之诉，同样为《德国法院法》明文规定，是指原告要求法院判决被告作出其拒绝作出或停止作出的（通常是授益性的）行政行为的诉。义务之诉是给付之诉中特别针对行政行为的诉种，也称为特别给付之诉。义务之诉可分为三种，即对

————————

①　章志远：《行政诉讼类型化模式比较与选择》，《比较法研究》2006 年第 5 期。

行政机关拒绝作出某行政行为的决定提起的否定决定之诉，对行政机关的不作为提起的不作为之诉，旨在要求法院判决行政机关对原告作出答复的答复之诉。对义务之诉，法院只能宣布行政机关是否负有作出原告所期待的某个行政行为或重新作出决定的义务，而不能代替行政机关作出决定。①

确认之诉是指以请求法院确认某项法律关系是否存在或行政行为是否自始无效为目的的诉讼，此类诉讼并不直接使原告的实体法上的权利得以实现，而是为原告既得权利提供一种特殊形式的司法救济。德国法对确认之诉予以详细区分，包括确认某法律关系存在（积极确认）或不存在（消极确认）的一般确认之诉，涉及对未来法律关系进行确认的预防性确认之诉，要求确认行政行为自始无效的无效性确认之诉，要求确认已经不再产生法律效果的行政行为的违法性的继续确认之诉，要求确认在诉讼过程中某一有争议的法律关系存在与否的中间确认之诉等。由于形成之诉、给付之诉与确认之诉的区分直接与诉讼请求相关联，因而是公认的有关行政诉讼的最基本的分类。②

（四）被害人诉讼、利害关系人诉讼和民众诉讼

根据行政诉讼原告范围的宽窄为标准，行政诉讼可以划分为被害人诉讼、利害关系人诉讼和民众诉讼。被害人诉讼是指，行政相对人自己的合法权益受到违法行政行为的侵害，该受侵害人向法院提起的行政诉讼。民众诉讼可分为广义的民众诉讼与狭义的民众诉讼。广义的民众诉讼是指，任何人均可针对行政违法行为提起的行政诉讼。而狭义的民众诉讼则在原告范围上相对广义的民众诉讼做出限制，只能由一定区域范围内的居民或者具有一定特别资格的人提起的行政诉讼。利害关系人诉讼是介于民众诉讼与被害人诉讼之间，原告起诉只要求与案件存在利害关系即可，并不要求行政诉讼原告只能是被害人。因此，利害关系人诉讼的原告范围比被害人诉讼的原告范围要宽泛得多。

行政诉讼原告是行政诉讼程序的启动者，对于原告起诉资格的设置会

---

① 刘飞：《行政诉讼类型制度探析——德国法的视角》，《法学》2004 年第 3 期。

② 章志远：《行政诉讼类型化模式比较与选择》，《比较法研究》2006 年第 5 期。

直接影响到行政诉讼类型的构建。法律对于行政诉讼原告范围规定的宽窄，会直接关系到行政相对人的行政诉权。如果法律对于行政诉讼原告范围限定得过于狭窄，那么就会导致一部分违法的行政行为难以获得有效的司法监督和纠正。而比较宽泛的原告范围会使违法的行政行为很容易得到监督和纠正。由于行政诉讼原告的资格关系到其能否提起某种行政诉讼，所以，在构建行政诉讼类型时，原告的资格或者原告范围的宽窄，便成为必须考虑因素或标准。

以行政诉讼是否为成文法所明确规定为标准，可以将行政诉讼的类型区分为有名之诉与无名之诉两种。其中，有名之诉指的是已经为成文法所明确规定的诉讼类型，无名之诉指的是法律明定范围之外的诉讼类型。关于有名之诉与无名之诉的划分，实际上缘于行政诉讼类型体系的封闭性与开放性之争。①

第二节　域外行政诉讼类型

一国行政诉讼类型的多寡及其设置的科学与否，直接影响到该国公民行政诉权的保护程度以及法院司法审查功能的实现，行政诉讼的类型化业已成为 20 世纪以来各国行政诉讼制度发展的共同趋势。② 在世界范围内，根据对行政诉讼类型的不同规范方式，可以分为行政诉讼类型法定化和行政诉讼类型学理化两类：前者是指法律对行政诉讼类型加以明确规定；后者是指法律虽然未对行政诉讼类型化作明文规定，但学术界对之作理论划分。在行政诉讼类型法定化的国家中，又有法律明文直接规定和法律明文间接规定的区别。③ 采取法律明文直接规定方式的如日本和我国台湾地区等，德国、奥地利等国则采用法律明文间接规定的方式。美国、法国等国的法律对诉讼类型无明文规定，但学术界对此则有理论上的划分。④

---

① 章志远：《行政诉讼类型化模式比较与选择》，《比较法研究》2006 年第 5 期。

② 章志远：《信息公开诉讼运作规则研究》，《苏州大学学报》（哲学社会科学版）2006 年第 3 期。

③ 王丹红：《诉讼类型在〈日本行政法〉中的地位和作用》，《法律科学》（西北政法学院学报）2006 年第 3 期。

④ 马怀德主编：《行政诉讼原理》，法律出版社 2003 年版，第 109、167 页。

一 英国行政诉讼类型

英国行政诉讼的类型划分与诉讼的令状制度有密切联系。依照诉讼程序的性质，英国为公民提供的救济类型，可划分为普通救济诉讼和特别救济诉讼两大基本类型。①

（一）普通救济诉讼

普通救济诉讼，是指案件当事人按照普通程序，请求法院对自己的实体性诉讼请求作出裁判的诉讼制度。普通救济诉讼主要是为了救济和保护个人权益，防范和制止行政机关对个人合法权益的非法侵害，属于从民事诉讼发展而来的一种私法救济。普通救济诉讼的适用领域广泛，只要属于公权力机关的违法行政行为，无论作出违法行政行为的主体是中央行政机关还是地方行政机关，或者是其他具有一定公权力的机构，受到违法行政行为侵害的人，都可以通过提起普通救济诉讼来维护自己的合法权益。

普通救济诉讼以当事人的诉讼请求作为标准，可以划分为阻止令之诉、确认判决之诉和损害赔偿之诉三种具体类型。

1. 阻止令之诉

阻止令之诉，是指案件当事人向法院提起行政诉讼，该诉讼旨在请求法院禁止行政机关实施某些违法的行政行为或者强制其作出某一行政行为。阻止令是一种书面命令，而且是向某一特定人发出的。法院可以通过发出阻止令，禁止该特定人做出或者继续作出某一具体行为，或者强制命令其作出某一具体行为。前者为消极性质的阻止令，具有阻止违法的行政行为的发生或者继续存在的作用；后者为积极性质的阻止令，具有阻止消极的违法行为继续存在的作用。无论是积极性质的阻止令还是消极性质的阻止令，其作用主要在于用来阻止行政机关某些违法行为和超越职权的行政行为的实际发生。阻止令之诉的原告范围比较广泛，权利受侵害的公民或者组织、检察总长、行政机关都可以作为阻止令之诉的原告提起诉讼。检察总长一般是应地方机构或者其他人的请求，才作为阻止令之诉的原告。②

---

① 章志远：《行政诉讼类型化模式比较与选择》，《比较法研究》2006 年第 5 期。

② 李红枫：《行政诉讼论纲》，《研究生法学》2003 年第 1 期。

2. 确认判决之诉

确认判决之诉，又称宣告令之诉，是指案件当事人向法院提起行政诉讼，旨在请求法院对当事人之间的权利义务予以确认、证明。确认判决之诉的作用重大，其可以起到防范和阻止侵权行为和结果的实际发生，可以把纠纷在侵权行为发生之前就提前解决。"原告只在公共机构的决定直接影响自己利益时，才能提起确认判决之诉；确认判决不具有强制执行力，但具有既判力，当事人之间的法律关系由于该判决而得到确定"。① 确认判决之诉的原告范围，包括公民、检察总长。检察总长发起确认判决之诉，通常先由公民向其告发。

3. 损害赔偿之诉

损害赔偿之诉，是指案件当事人向人民法院提起行政诉讼，请求法院判令英王或者王室大臣等行政当局，赔偿因其作出的无效行政行为或者不履行法定义务的行为对当事人造成的损害。提起损害赔偿之诉的方式有两种，一种是在请求司法审查时附带性地提起，另一种是单独提起损害赔偿之诉。损害赔偿之诉的性质属于一般的救济手段。损害赔偿之诉的原告范围，包括权利受到行政行为损害的公民及其延伸组织。在损害赔偿之诉中，法官具有与民事赔偿诉讼中相同的权力。

（二）特别救济诉讼

特别救济诉讼，是指案件当事人向特定法院（一般是高等法院、王座法院）提起行政诉讼，旨在请求人民法院按照特别程序对其实体性诉讼请求作出裁判。特权令是特别救济诉讼最主要的表现形式。现在英国法院使用的特权救济手段有多种，经常使用的主要包括调卷令、禁止令、执行令和人身保护状。与这些特权救济手段相对应的行政诉讼类型，分别为调卷令之诉、禁止令之诉、执行令之诉和人身保护状之诉。

1. 调卷令之诉

调卷令之诉，是指案件当事人向法院提起诉讼，旨在请求法院发出调卷令。调卷令是有监督权的法院向低级法院或行政机关发出的，命令他们将其作出的行政决定移送监督法院审查，法院可以对存在超越职权的情况的行政决定，予以全部撤销或者部分撤销，也可以命令作出行政决定的行

---

① 王名扬：《英国行政法》，中国政法大学出版社1987年版，第192页。

政机关按照法院的意见对其行政决定予以改正。向法院申请调卷令的主体既可以是公民，也可以是行政机关。法院首先对当事人的申请是否符合法定受理条件进行审查，作出受理或者不予受理的裁定，对于法院不予受理的，申请人可以提起上诉，法院予以受理的，则应以英王作为原告，并列明申请人。法院按照程序，首先要求被诉的行政机关向法院移送全部案卷材料，然后原被告双方互相提出支持己方和反驳对方的意见，法院会根据双方的申辩意见并结合被告行政机关的权限等，进行审理并作出判决。

2. 禁止令之诉

禁止令之诉，是指案件当事人向法院提起诉讼，旨在请求法院向相应的行政机关发出阻止其正在进行或者将要进行的超越权限或者滥用权力的行政行为的禁止令。禁止令是司法的或者有准司法机能的机关在超越其权限范围行使司法的或者准司法的机能时，或者与案件有个人的利害关系者没有站在法官的立场或没有给予与案件有法律上利害关系的人陈述的机会，即将采取违反自然正义原则的措施时，发出的禁止执行职务的令状。禁止令可以用来禁止行政当局超越权限和滥用权力，特别是禁止许可证履行义务单位制定违反法律的规定或履行义务允许违法行为的许可证。①

3. 执行令之诉

执行令之诉，是指案件当事人向法院提起行政诉讼，旨在请求法院向不履行法定义务的行政机关发出执行令。执行令的作出主体是法院，对象是负有法定执行公共职务义务的行政机关，内容主要是命令行政机关依法履行公职义务。执行令的适用范围是公法义务，不适用于行政机关按照私法原则所承担的义务以及不是公法上的机构的义务。首先向被诉行政机关请求履行法定的义务是申请执行令的法定前置程序，只有在履行请求被行政机关拒绝后，才能向法院请求发出执行令。但例外情况是，当申请人因为被诉行政机关迟延答复而造成重大损失时，法院可以不待被诉行政机关拒绝而直接发出执行令。对于被诉行政机关既不明确表示拒绝也不明确表示同意的情况下，法院可以根据情况判断是否表示拒绝。

4. 人身保护状之诉

人身保护状之诉，是指受到行政拘留的人或者其代理人向法院提起诉

---

① ［英］威廉·韦德：《行政法》，徐炳译，中国大百科全书出版社1997年版，第289页。

讼，旨在请求法院对行政拘留的合法性进行复审，并对超越职权的行政拘留予以撤销。人身保护状之诉的性质是一种复审，法院不能审查拘捕令本身是否适当，只能审查拘捕令的管辖是否适当和是否存在超越职权的情况。

二　美国的行政诉讼类型

美国的行政诉讼，是指行政机构针对行政相对人提出的有关保护其权益问题进行裁决的活动。[①] 美国不存在典型意义上的行政诉讼制度，其司法审查制度已经囊括了行政诉讼，但具有比行政诉讼更为广泛的功能。美国的行政诉讼类型可以分为个人救济诉讼、执行诉讼和政府诉讼等。

（一）个人救济诉讼

个人救济诉讼，是指主要目的旨在对于公民个人以及视同公民个人的人（例如公民的延伸组织）的合法权益进行救济的诉讼。由于美国法院司法审查管辖权的来源不同，所以按照此标准又可以将个人救济诉讼划分为四个种类。

1. 法定司法审查

法定审查是指根据法律对于行政机关的某项活动直接规定进行的审查，一般规定在机关的组织法中，法定的审查具体又有特定的法定审查和普遍的法定审查两种形式。法定审查是美国联邦司法审查的最主要形式，占到联邦司法审查的绝大部分比例。美国联邦司法审查对象涵盖了联邦制定法中大多数制定和执行规章的联邦行政行为。[②]

2. 非法定司法审查

针对美国的成文法没有明确规定司法审查时的情况，都可受到司法审查，法院可以依据其具有的一般管辖权进行司法审查。这种法律并未明文规定的司法审查被称为非法定审查。联邦法院的非法定审查主要有：侵权行为赔偿之诉、制止状、确认判决、提审状、禁止状、追问权力状、人身保护状、执行状。

3. 执行诉讼中的司法审查

司法审查是一种间接的救济方式。当事人对行政机关的决定不予执

① 苑晓光：《德美行政诉讼类型之比较与借鉴》，《理论界》2007 年第 6 期。
② 李红枫：《行政诉讼论纲》，《研究生法学》2003 年第 1 期。

行，而且又不提起行政诉讼，当行政机关依法请求法院进行强制执行时，当事人主张行政决定违法作为抗辩的理由，否认行政决定具有执行力。法院在裁判以前，必须解决两个问题：行政决定是否合法成立；当事人是否违反行政决定，或者是否没有执行行政决定。

4. 宪法权利的司法审查

当符合以下条件时，当事人可以直接依据宪法的规定请求进行司法审查：（1）法律明确规定对某项行政问题不能予以审查；（2）这一问题涉及到当事人的宪法权利。依据宪法主张司法审查有两种情况：其一，行政机关侵犯了当事人宪法规定的实体权利，如侵犯宪法保障的言论自由、信仰自由等；其二，行政机关侵犯了当事人直接受宪法保障的程序权利，如未按照正当法律程序剥夺当事人的自由和财产。在这两种情况下，如果受害人没有其他的司法审查权利，或者其司法审查权利受到限制，就可以依据宪法权利申请司法审查。

（二）执行诉讼

执行诉讼，是指行政机关向法院提起行政诉讼，旨在请求法院对于不履行法定义务的行政相对人进行强制执行。提起执行诉讼的条件有：（1）法律对行政决定没有明确规定执行的方法，当事人不执行行政决定时，行政机关可以请求法院判决执行；（2）法律规定当事人不执行行政机关的决定时，行政机关可以采取执行措施，但没有赋予行政机关强制执行权力的情形。[①] 执行诉讼的功能在于维护良好的行政法秩序、保障公民的自由权等合法权利。执行诉讼的性质属于一种特殊类型的行政诉讼。

（三）政府诉讼

政府诉讼，是指当相对独立的美国各级政府或地方政府与州之间因为权限、利益等发生冲突时，向法院请求审理的诉讼。这类诉讼从不同角度来分析，既具有宪法诉讼的性质，又具有行政诉讼的性质。政府诉讼的目的是运用法律手段确保各级政府、各公法人的独立地位、利益以及自治权的实现。

除此之外，美国还有一些特殊形式的司法审查，例如代表者诉讼、纳税者诉讼、关系人诉讼和补救诉讼等。

[①] 吴华：《行政诉讼类型研究》，中国政法大学 2003 年博士学位论文，第 68 页。

三　德国行政诉讼类型

德国行政诉讼的类型（Klagearten），指行政诉讼中以一定标准进行分类后确定下来的诉的种类。德国行政诉讼法学对行政诉讼类型的研究颇为重视，已经形成了比较成熟的体系。在实定法层面，德国《行政法院法》将行政诉讼类型作为"核心内容"加以规定。《行政法院法》对诉的类型进行了划分，其诉讼程序的设置在一定程度上是建立在这一划分的基础之上的。[1]

以当事人的诉讼请求作为标准，德国基本诉讼类型有形成之诉、给付之诉和确认之诉。各种诉讼类型之间存在一定的交叉，因此，其间的界限并不十分明确。对于同一事件，当事人可以出于不同的考虑方式提出数个类型的诉讼，法院可以合并审理。[2]

撤销之诉（Anfechtungsklage），是德国行政诉讼类型中最重要的类型。"它以通过撤销为原告设定负担行政行为的方式来形成权利，也就是要达到消除行政行为效力的目的"。[3] 撤销之诉是行政诉讼原告要求撤销已做出的行政行为的诉讼。该行政行为可以是命令性的、形成性的或者确认性的行政行为，可以是经过复议程序后未被复议机关改变的原行政行为，也可以是改变了原行政行为的复议决定。撤销之诉是行政诉讼的本质部分，是使用最频繁的行政诉讼类型。

义务之诉（Verpflichtungsklage），又称为课予义务诉讼，是指行政诉讼原告请求法院判决行政机关做出其拒绝做出或停止做出的行政行为的诉讼，并且这些行政行为通常是授益性的。撤销之诉与义务之诉的目的不同，前者的目的在于撤销违法的行政行为，而后者的目的则是促使行政机关做出行政行为。因此，义务之诉在性质上属于给付诉讼。义务之诉还包括否定决定之诉、不作为之诉、答复之诉等。否定决定之诉是指对行政机关拒绝做出某个行政行为的否定性决定提起的行政诉讼；不作为之诉是指

---

[1]　刘飞：《行政诉讼类型制度探析——德国法的视角》，《法学》2004 年第 3 期。

[2]　苑晓光：《德美行政诉讼类型之比较与借鉴》，《理论界》2007 年第 6 期。

[3]　［德］弗里德赫尔穆·胡芬：《行政诉讼法》，莫光华译，刘飞校，法律出版社 2003 年版，第 211 页。

当事人对行政机关的不作为提起的行政诉讼；答复之诉是指当事人请求法院判决行政机关根据法院的法律观点对其做出答复的行政诉讼。

一般给付之诉（allgemeine Leistungsklage），是指当事人提起行政诉讼，要求具有公共职能的行政主体作出、容忍或停止作出除行政行为以外的其他所有行为，或者公共行政主体要求公民依公法规范作出、容忍或停止作出某种行政行为。一般给付之诉原则上可以要求除行政行为以外的任何一种给付，要求给付的标的可以是事实行为或者效力低于法律的行政规章和章程等的颁布。一般给付之诉的原告不仅可以是公民，还可以是行政机关。公民对行政机关提起的一般给付之诉，包括停止作为之诉、规范颁布之诉、预防性停止作为之诉等；行政机关对公民提起的一般给付之诉中，要求给付的是行政机关不能以其单方行为实现的公民的作为、容忍或者停止作为。①

确认之诉（Feststellungsklage），是指行政诉讼原告请求法院判决确认某种法律关系是否存在或确认行政行为是否无效的诉讼。"确认之诉并不直接使原告实体法上的权利得以实现，而是为原告的权利提供一种特殊的司法救济，目的是对某些事项进行有法律效力的确认，其判决并不责令被告做出任何行为"。② 依据德国《行政法院法》第 43 条采取简便的二分法：一般确认之诉，即确认法律关系存在与否；和继续的确认之诉，又称为事后的确认之诉，即确认行政处分无效。③

在论及德国行政诉讼种类时，协会之诉（Verbandsklage）和民众之诉（Popularklage）也是经常提到的。协会之诉指协会因其成员或他人的利益而提起的诉讼。民众之诉指原告为他人利益或公共利益而提起的诉讼。由于《基本法》第 19 条第 4 款和《行政法院法》第 42 条第 2 款对原告向法院请求保护的应该是其"自己的权利"这一限制性规定，所以，为防止滥诉，原则上不允许提出协会之诉和民众之诉。但是，德国的部分州法律规定，自然保护协会在有关自然保护的问题上，可以提起协会之诉，属

---

① 刘飞：《行政诉讼类型制度探析——德国法的视角》，《法学》2004 年第 3 期。

② 章志远：《行政诉讼类型构造模式研究——比较法角度的审视》，《安徽广播电视大学学报》2006 年第 4 期。

③ 参看苑晓光《德美行政诉讼类型之比较与借鉴》，《理论界》2007 年第 6 期；王丽雯：《浅析中国行政诉讼类型制度——与德国行政诉讼法之比较》，《行政与法》（吉林省行政学院学报）2006 年第 12 期。

于《行政法院法》第 42 条第 2 款的"除法律另有规定以外"的情况。《行政法院法》第 35 条和第 36 条中规定了公益代表,公益代表只能参与诉讼,而不能提起诉讼。而且公益代表只能代表州或州的行政机关这一层级以上的公共利益,而不可能是区镇和某些实体的利益。①

四 日本的行政诉讼类型

主观诉讼与客观诉讼的划分在大陆法系国家和地区十分盛行。其中,日本现行的行政诉讼法正是秉承这一分类的典型代表。在日本,主观诉讼与客观诉讼并非法律概念,而是学者对法定的诉讼类型进行归纳、概括的学理划分方式。日本 1962 年《行政案件诉讼法》总则第 2 条规定:"本法所称的'行政案件诉讼',是指抗告诉讼、当事人诉讼、民众诉讼以及机关诉讼。"日本学界通说认为,前两种诉讼属于主观诉讼,后两种诉讼属于客观诉讼。所谓"主观诉讼",是指以保护公民个人的权利和利益为目的的诉讼;而所谓"客观诉讼",则是指以维护客观的法律秩序和确保行政活动的适法性,而与原告个人的权利和利益无关的诉讼。② 日本 1962 年《行政案件诉讼法》比较全面地涵盖各种类型的法律纠纷。③

（一）抗告诉讼

依据《行政案件诉讼法》,抗告诉讼是指因行政行为和行政厅行使公权力的其他行为或不作为,其权利或者利益受到侵害者,就该行为或不作为的适当与否向法院提起行政诉讼。抗告诉讼是指"有关对行政厅行使公权力不服的诉讼",本质在于事后审查行政行为的合法性。抗告诉讼又分为法定抗告诉讼和无名抗告诉讼（或法定外抗告诉讼）。法定抗告诉讼是《行政案件诉讼法》明文规定的抗告诉讼类型,包括"处分撤销之诉"、"裁决撤销之诉"、"无效确认之诉"和"不作为的违法确认之诉"等四种。"处分撤销之诉"是指要求撤销行政厅的处分及其他相当于行使

---

① 刘飞:《行政诉讼类型制度探析——德国法的视角》,《法学》2004 年第 3 期。

② 林莉红、马立群:《作为客观诉讼的行政公益诉讼》,《行政法学研究》2011 年第 4 期。

③ 王丹红:《诉讼类型在〈日本行政法〉中的地位和作用》,《法律科学》（西北政法学院学报）2006 年第 3 期。

公权力的行为的诉讼。"裁决撤销之诉"则是要求撤销行政厅对审查请求、异议申诉及其他不服申诉对裁决、决定及其他行为的诉讼。抗告诉讼中的撤销诉讼是行政案件诉讼的代表类型，《行政案件诉讼法》有非常详细的规定。"无效确认之诉"是要求确认处分或裁决的存否、或其效力有无的诉讼。"不作为的违法确认之诉"指行政厅对基于法令的申请，本应在适当期限内作出某种处分或裁决，然而未有作为，因而要求确认不作为违法性的诉讼。①

（二）当事人诉讼

当事人诉讼，是指行政机关的行政行为导致平等主体之间民事法律关系的产生、变更和消灭，从而引发民事当事人之间与行政机关之间的争议，法院审理此类争议的活动。② 依据日本《行政案件诉讼法》第 4 条的规定，当事人诉讼是指关于确认或者形成当事人之间法律关系的处分或裁决的诉讼，是根据法令的规定以其法律关系当事人的一方作为被告的诉讼，以及关于公法上法律关系的诉讼。与抗告诉讼相比，当事人诉讼有两个明显特点：（1）法院在审理当事人诉讼案件时，主要适用民事诉讼法的规定，可以作出给付、确认或变更判决，只在有限的情况下才适用抗告诉讼的程序。（2）当事人诉讼的被告一般不是作出裁决的行政厅，而是与原告有争议的另一方当事人。行政厅只有处于法律关系的一方当事人的地位时，才能成为被告。当事人诉讼包括实质性当事人诉讼和形式性当事人诉讼。前者是关于公法上法律关系的诉讼，如公务员的工资和损失补偿的请求诉讼。后者是关于确认或者形成当事人之间法律关系的处分或裁决，以该法律关系的一方当事人为被告的诉讼。

日本的当事人诉讼有两种，一种是与确认或者形成当事人之间法律关系的行政裁决有关，但根据法令规定以该法律关系中的乙方当事人为被告的诉讼；另一种是以公法上的法律关系为对象的诉讼，学术上称前者为形式当事人诉讼，后者为实质当事人诉讼。③ 日本正在对当事人诉讼进行改

① 马怀德：《完善〈行政诉讼法〉与行政诉讼类型化》，《江苏社会科学》2010年第 5 期。

② 吴华：《行政诉讼类型研究》，中国人民公安大学出版社 2006 年版，第 327页。

③ 马怀德：《完善〈行政诉讼法〉与行政诉讼类型化》，《江苏社会科学》2010年第 5 期。

革，包括两个方面，一是对确认诉讼进行明文列举；二是对被告适格进行统一规定。我国学者将日本行政诉讼的变革，认为是日本脱离传统行政诉讼模式的一个开始。日本公法上的当事人诉讼对我国具有的启示是：通过公法上的当事人诉讼，突破行政诉讼对象范围上的壁垒，在一定条件下，将抽象行政行为或者行政计划、行政指导等行政活动，纳入行政诉讼的范围。①

（三）民众诉讼

依据日本《行政案件诉讼法》第 5 条的规定，民众诉讼是指，行政诉讼原告以选民资格及其他与自己的法律利益无关的某种资格所提起的、请求纠正国家或者公共团体机关的不合法的行政行为的诉讼。提起民众诉讼的前提条件是必须有法律上的特别规定。民众诉讼的原告一般以监督者的身份来提起诉讼，并不要求原告与案件有法律上的利益关系。民众诉讼是为了保障行政法规的正当适用以及维护客观的法律秩序，专门针对国家或者公共团体机关的行政行为的行政诉讼。民众诉讼不是法律上的争诉，不是以对个人法律上被保护的利益的救济为目的，而是为了纠正国家或者公共团体的机关的违法行为，以维护客观秩序。在民众诉讼中，原告作为公共行政的监督者，不要求其具有法律上的利益。民众诉讼只有在法律有规定时才能提起。日本典型的民众诉讼主要有《地方自治法》第 242 条所规定的居民诉讼和《公职选举法》第 202 条所规定的选举无效诉讼，当选无效诉讼。

（四）机关诉讼

依据日本《行政案件诉讼法》第 6 条的规定，机关诉讼是指，关于国家或公共团体相互间就权限是否存在或者其行使的纠纷的诉讼。例如，议会与议长之间就地方议会决议或选举合法性的诉讼。与民众诉讼一样，机关诉讼不属于法律上的争议，要解决的是行政机关相互间的权限争议。机关诉讼也只有在法律有明文规定时才能提起。司法机关介入这种纯粹的行政内部权限争议，目的在于保障分权体制、地方自治以及维护公法秩序。例如日本《地方自治法》第 146 条规定，主管大臣与都道府县知事的争议、都道府县知事和市町村长的争议，可通过机关诉讼解决。该职务

---

① 王天华：《日本的"公法上的当事人诉讼"——脱离传统行政诉讼模式的一个路径》，《比较法研究》2008 年第 3 期。

执行命令诉讼，即属于典型的机关诉讼。①

五　域外行政诉讼类型的共性规律

域外行政诉讼类型的确立都遵循着相似的价值基础，即：程序正义、利益平衡。在当今时代的国家中，很少有以单一目的作为行政诉讼的最终目的。设立行政诉讼制度的目的无非是两个：一是为行政相对人提供一种可信赖的司法最终救济手段；二是监督政府依法行政，维护公共利益。②有学者在对比英美法系与大陆法系关于行政诉讼类型之后，对其存在的共性规律进行总结和提炼，以便对中国行政诉讼类型的构造有所启示。③

（一）公民权利的有效救济

虽然英美国家行政诉讼的类型日益简化，大陆法系国家日趋复杂，但是行政诉讼类型的最终落脚点都是公民权利的有效救济。以行政不作为的司法救济为例，域外存在四种救济模式，即撤销诉讼、确认诉讼、给付诉讼和形成诉讼。随着行政诉讼从传统的维护国家统治秩序到注重公民权利的救济、公共利益的保护，行政诉讼类型迅速扩大，如公益诉讼、机关诉讼、纳税人诉讼等都是新出现的诉讼类型。④

（二）诉讼类型扩展的循序渐进

从历史沿革来看，发达国家严密网状结构的行政诉讼类型并非一朝一夕完成的，而是长期次第扩展的结果。在警察国家时代，撤销诉讼是传统行政诉讼制度的中心；到福利国家时代，给付之诉大行其道。早期的行政诉讼主要保护起诉者本人的利益，表现为主观之诉。工业化时代，在公共利益和个人利益日益融合的背景下，维护客观公法秩序的客观之诉日显重要。许多国家的行政诉讼类型都从只承认主观诉讼逐渐扩大到包括客观诉讼和主观诉讼。以美国的纳税人诉讼为例，最初无论联邦和州都认为联邦纳税人的利益太微不足道，而且联邦纳税人与请求审查的行为没有个人利害关系，因此都不承认纳税人的行政诉权。但在"弗拉斯特诉科恩"案

---

① 章志远：《行政诉讼类型化模式比较与选择》，《比较法研究》2006 年第 5 期。

② 王学辉：《行政诉讼制度比较研究》，中国检察出版社 2004 年版，第 348 页。

③ 章志远：《行政诉讼类型构造模式研究——比较法角度的审视》，《安徽广播电视大学学报》2006 年第 4 期。

④ 马怀德：《完善〈行政诉讼法〉与行政诉讼类型化》，《江苏社会科学》2010 年第 5 期。

中，联邦最高法院承认了联邦纳税人有资格以联邦用款违反了宪法第一修正案的规定为由请求复审联邦用款。在州一级，绝大多数州也已确认纳税人的行政诉权。[①]

（三）类型划分核心标准的趋同

分类标准的选定是行政诉讼类型构造的关键。基于其历史传统，英美国家主要从诉讼程序、法院管辖权等程序方面划分诉讼类型，而大陆法系国家则主要从法官的审判权力、诉讼请求内容以及行政争议的性质等实体上，划分行政诉讼类型。[②] 随着两大法系的日渐融合，在行政诉讼类型的划分标准上，也存在相互借鉴的现象。总体上，充分尊重当事人的诉权、以当事人的诉讼请求内容为标准划分行政诉讼类型，已经成为重要的发展趋势。

以上是两大法系的行政诉讼类型化所具备的共同特征。与此同时，两大法系行政诉讼类型化的规范模式差别还是很大的。除法国等个别国家以外，大陆法系诸国普遍注重行政诉讼类型的明文化，大多通过行政诉讼法典直接（如日本）或间接（如德国）地对行政诉讼的具体种类作出明确规定。在英、美等非成文法传统的国家，虽然没有成文法明确规定行政诉讼的类型，但判例和学说均认可行政诉讼的分类。从发展趋势上看，大陆法系国家和地区行政诉讼类型化呈现出明显的多样化和复杂化，如在日本2004 年公布的《行政诉讼法修正案》中，增加了"课予义务诉讼"和"禁止诉讼"两类新型的抗告诉讼。而英美法系国家行政诉讼类型化则较为简约，如英国1977 年的最高法院规则（Rules of Supreme Court）在程序方面进行了重大改变，建立了统一的综合的程序规则。[③]

第三节　我国行政诉讼类型的现状

一　我国行政诉讼非类型化

（一）相关法律规定

我国现行法律、司法解释并未对行政诉讼的种类予以明确规定，《行

---

① 马怀德：《完善〈行政诉讼法〉与行政诉讼类型化》，《江苏社会科学》2010 年第 5 期。

② 薛刚凌：《行政诉讼类型研究》，《诉讼法学研究》第 1 卷。

③ 章志远：《行政诉讼类型化模式比较与选择》，《比较法研究》2006 年第 5 期。

政诉讼法》只对判决的形式进行了规定，而未规定诉讼的种类。《行政诉讼法》第54条规定了维持判决、撤销判决、履行判决、变更判决四种判决形式。最高人民法院颁布的《若干问题的解释》又增加了确认判决和驳回诉讼请求判决。

（二）学者关于我国行政诉讼类型化的认识

1. 现行行政诉讼制度隐含诉讼类型

有学者提出，不同的诉讼类型决定了不同的判决形式，因而判决可以作为研究不同诉讼类型的切入点。在《行政诉讼法》及其司法解释规定的六种判决方式中，撤销判决和变更判决属于形成判决，履行判决属于给付判决，确认判决、维持判决和驳回原告诉讼请求判决，可以归入广义上的确认判决。由于行政诉讼类型与行政诉讼判决的对应关系，可以说，行政诉讼类型隐含于整个行政诉讼制度之中。① 有学者将《行政诉讼法》第11条有关受案范围的规定、第54条有关判决方式的规定、第九章有关侵权赔偿责任的规定以及《若干解释》第50条、第57条、第58条有关确认判决的规定等，解读为我国行政诉讼现行制度中存在某种类型化的萌芽。② 持我国存在行政诉讼类型化观点的学者，通常将我国行政诉讼的种类划分为撤销之诉、确认之诉、变更之诉、赔偿之诉、履行之诉等几类。

关于我国行政诉讼类型属于主观诉讼还是客观诉讼，学者们有不同的理解。有学者认为，现行《行政诉讼法》及其司法解释实际上确立的是客观诉讼为主、主观诉讼为辅的体系架构。③ 其理由是，我国《行政诉讼法》规定，法院仅就被诉行政行为的合法性进行审查，不能针对原告的诉讼请求作出判决。例如，《行政诉讼法》第5条的规定："人民法院审理行政案件，对具体行政行为是否合法进行审查。"《行政诉讼法》第54条针对"具体行政行为"适法性状况，规定了若干判决方式。行政诉讼法上没有规定针对原告诉讼请求的判决方式。《若干问题的解释》虽然增加了驳回原告诉讼请求的判决，但这并不意味着行政诉讼法规定的客观诉讼的基础地位受到了侵蚀。也有学者认为，1989年《行政诉讼法》是为

---

① 梁凤云：《〈行政诉讼法〉修改八论》，《华东政法大学学报》2012年第2期。
② 阎巍：《行政诉讼禁止判决的理论基础与制度构建》，《法律适用》2012年第3期。
③ 梁凤云：《〈行政诉讼法〉修改八论》，《华东政法大学学报》2012年第2期。

保护个体主观权利而设计的，建议我国行政诉讼类型应该纳入客观诉讼。如果引入客观之诉，那么就可以通过司法诉讼促进行政机关依法履行保护社会公共利益职责，提高行政决策程序的民主参与程度，监督并促使矫正行政不作为、行政部门利己作为，以及滥用行政职权的行为。①

2. 反对从判决类型推导出诉讼类型

从行政诉讼判决的种类倒推行政诉讼类型的做法，实质上是不科学的，因为这是倒果为因的做法，忽略了行政诉讼类型与行政诉讼判决之间的区别。② 行政诉讼判决是人民法院审理行政案件后，以事实为根据以法律为准绳，用国家审判机关的名义，对行政案件作出的处理决定。而行政诉讼类型则关涉行政案件的起诉、受理、审理、裁判的整个过程，行政诉讼类型在一定意义上决定了行政判决的类型。显然，以判决类型逆推行政诉讼类型的做法是错误的。而且，以往的理论研究停留于现行法律的实然性规定，缺乏对行政诉讼类型的应然性思考。③

行政诉讼的类型从来都不应该是为了存在而存在，它以自己特有的形式，参与着对当事人行政实体法权利的保护，它所针对的目标是为当事人实现权利提供有效的救济手段。目前我国并不存在格式化诉讼类型。④

我国现行《行政诉讼法》在制定之初，并未有意识地进行类型化设计，最高人民法院随后出台的两个系统性司法解释显然也缺乏此种考虑。与法治发达国家和地区相比，我国的行政诉讼制度在类型化方面存在全方位的、甚至是根本性的缺陷：（1）欠缺若干必要的诉讼种类，如公益诉讼、团体诉讼、规范审查诉讼以及机关诉讼。（2）对于事实上存在的各诉讼种类缺乏系统化的设计。观察我国行政诉讼法和司法解释的规定不难发现，这种区别不同的对象进行有针对性设计的思路是不存在的。在我国，无论原告提起的是何种诉讼，其起诉条件、法院的审理程序和审判权限等，几乎都一致无二。（3）对各诉讼种类在具体适用时可能会发生的关系，缺乏全面

---

① 于安：《发展导向的〈行政诉讼法〉修订问题》，《华东政法大学学报》2012年第2期。

② 马怀德：《完善〈行政诉讼法〉与行政诉讼类型化》，《江苏社会科学》2010年第5期。

③ 马怀德：《〈行政诉讼法〉存在的问题及修改与建议》，《法学论坛》2010年第5期。

④ 王涛：《基于我国行政诉讼类型的现状思考》，《人民司法》2002年第11期。

深入的认识。行政诉讼的各诉讼种类在适用时，可能存在互斥、并存、转换以及补充等多种关系，在对行政诉讼进行分类并针对不同种类的诉讼明确了相应的诉讼规则后，还需要全面了解不同诉讼种类在适用时可能发生的各种关系，并予以适当的规范。（4）事实上存在的各诉讼种类尚缺乏足够科学的诉讼法理，尤其是行政法理的支撑，适用起来难免混乱。

二 我国行政诉讼非类型化的成因

行政法学界在对我国行政诉讼非类型化进行研究的过程中，揭示了其深刻的背景。[①]

首先，我国《行政诉讼法》出台的特定时代背景。传统体制下的行政纠纷主要集中在行政管理领域，行政诉讼的类型相对单一，行政诉讼立法过程中，过于重视理论构造，重视行政诉讼对公民个人权利的救济功能，忽视了行政诉讼的其他功能；在国家治理上偏重于采用行政手段，对政治权利的法律化不够重视。在这样特定的历史背景下，我国的行政诉讼很难超越个人救济的目的范围。而行政诉讼类型制度则需要长期司法实践累积方可形成。

其次，对行政诉讼的理解过于狭隘。学界对行政诉权的研究甚少，且把行政诉权限定于行政相对人的起诉权，限制了行政诉讼的类型化。再次，受行政行为形式论的局限。在大陆法系行政行为形式论的影响下，我国传统行政法学理论十分注重行政行为的分类研究，大量新型的未形式化行为都难以走入行政法学的视野，自然也无法纳入司法审查的范围，从而影响到民众权利公法救济的完整性和有效性。[②]

再次，我国法院对行政行为的司法审查强度较低。我国的很多司法习惯（包括理论和实践范畴）严重影响了行政诉讼类型制度的发展，例如

---

① 参看王平正、张建新《我国行政诉讼类型的构建及其适法要件》，《河南省政法管理干部学院学报》2003 年第 4 期；马怀德、吴华：《对我国行政诉讼类型的反思与重构》，《政法论坛》2001 年第 5 期；薛刚凌：《行政诉讼类型研究》，《诉讼法学研究》第一卷，中国检察出版社 2002 年版；章志远：《行政诉讼类型化模式比较与选择》，《比较法研究》2006 年第 9 期；陈惠菊：《行政诉讼类型化之研究》，中国政法大学 2008 年博士论文。

② 章志远：《我国行政诉讼类型化的现实障碍及其消解》，《贵州警官职业学院学报》2008 年第 3 期。

对于司法具有被动性的认识，对于行政权的主动性和行政的技术性的认识等，导致我国司法对行政的监督仅限于事后监督，而不能进行事前审查。①

最后，粗放式学术研究路径产生负面效应。行政诉讼类型化的精密设计离不开学术研究的强力支撑，而我国行政诉讼法学研究在很大程度上表现出明显的粗放式特征。国内行政诉讼法学研究往往沉湎于受案范围的扩大、审判体制的革新、审判方式的改革等宏大话语，而陷入自说自话并日渐边缘化的境地。②

三 行政诉讼非类型化产生的弊端

我国行政诉讼法未明确规定行政诉讼类型，而理论界归纳出的行政诉讼类型的内涵又过于狭窄，导致在行政实践和司法实践中暴露出许多问题。行政诉讼非类型化的弊端，表现为如下几个方面：不能及时有效地保护公民、法人或其他组织的合法权益；诉讼效率低下，诉讼成本高昂；不能实现监督行政机关依法行政和避免过度干预行政，损害行政的积极性和效率之间的平衡。

1. 不利于化解行政争议

针对不同性质和特点的行政争议，在行政诉讼具体制度上，应当有所区别。具体体现在行政诉讼类型方面，就是要求不同的行政争议应当有相应的行政诉讼类型加以解决。我国并没有针对复杂的行政争议种类而构建与之相匹配的科学的行政诉讼类型，从而导致行政相对人应该得到保护的合法权益不能得到有效救济。以我国行政系统内部各行政主体之间经常发生的权限争议为例，根据现行法律的规定，只能采取由上一级行政主体加以裁决的处理办法，却不能到法院要求司法裁决，因为行政诉讼法中没有机关诉讼这一行政诉讼类型。传统的处理机制，既不能实现公正，也难以保证效率。③

---

① 李桂英：《重整我国的行政诉讼类型制度》，《河北法学》2003 年第 6 期。

② 章志远：《我国行政诉讼类型化的现实障碍及其消解》，《贵州警官职业学院学报》2008 年第 3 期。

③ 马怀德：《完善〈行政诉讼法〉与行政诉讼类型化》，《江苏社会科学》2010 年第 5 期。

2. 不利于公民权益和社会公共利益的全面保护

我国法律对于行政诉讼原告资格做出较窄的限定，即有资格提起行政诉讼的人应当是与具体行政行为有利害关系的人，而对于那些与具体行政行为不存在利害关系的人，则被排除在行政诉讼原告之外，不能提起行政诉讼。很显然，现行制度做法既不利于全面地保护公民合法利益，也不能积极地维护社会公共利益。近年来，许多国家在行政诉讼立法上已经纷纷承认民众诉讼或者公益诉讼，说明行政诉讼原告资格的逐步扩大已经成为一种趋势。①

3. 不利于法院有效行使行政审判权

《行政诉讼法》及《若干问题的解释》所规定的判决形式的实践操作性不强，例如变更判决仅适用于行政处罚显失公正，而且显失公正的内涵、条件、标准等均未加以规定，法官在适用时只能凭其主观判断和内心确信，导致法官滥用变更权或不敢多用变更权，未能收到法律规定变更判决这一判决形式时预设的效果。现有的判决形式并不能包含行政诉讼中遇到的所有实际问题，从而造成法院在审理案件中因缺乏判决形式而无法下判作出违法判决。这不仅导致司法资源的浪费，而且还产生严重的负面效应。② 我国行政诉讼类型的缺失，导致司法实践中行政相对方不知道怎样提出诉讼请求和提出什么诉讼请求。法院也存在不能根据行政诉讼类型对不同性质的行政争议案件作出不同裁判，因而经常会出现重复诉讼的情况。③ 例如，当民事诉讼与行政诉讼同时纠缠于一个案件时，现有的行政诉讼类型的缺失和不科学，导致法院不能妥善处理民事诉讼与行政诉讼的关系。"我国没有相应的诉讼类型在解决行政纠纷的同时解决民事纠纷，致使行政诉讼与民事诉讼交叉进行，陷入了一个怪圈；这种对诉讼类型的淡漠降低了通过案件标准化提高解决争议的效率；法律规定的非此即彼的判决权常常使法院处于左右为难的境地，有的法院迫于各方面的压力违法

---

① 马怀德：《完善〈行政诉讼法〉与行政诉讼类型化》，《江苏社会科学》2010年第5期。

② 马怀德：《〈行政诉讼法〉存在的问题及修改与建议》，《法学论坛》2010年第5期；马怀德：《完善〈行政诉讼法〉与行政诉讼类型化》，《江苏社会科学》2010年第5期。

③ 马怀德、吴华：《对我国行政诉讼类型的反思与重构》，《政法论坛》2001年第5期。

判决或违法调解"。①

四 我国行政诉讼类型化研究的缘起

行政诉讼的类型化已经成为 20 世纪以来各国行政诉讼制度发展的共同趋势之一。在 21 世纪之初，中国出现研究行政诉讼类型化的热潮，有学者将类型化问题走入我国行政诉讼法学研究视野的原因，归纳为如下三个方面的需求。②

首先，基于民众权利司法救济乏力的现实。我国《行政诉讼法》颁布之后，受到行政审判体制以及行政诉讼制度自身存在的受案范围过窄等消极因素的影响，民众权利在遭受公权力侵害时，往往难以获得全面且有效的司法救济。我国目前的行政诉讼构造是以单一的撤销诉讼为中心，无法应对福利国家时代给付行政带来的行政给付诉讼。即便是现有的撤销诉讼，因其对象仅局限于具体行政行为，因而对民众权利的保护也是极不完整的。可见，为了实现民众权利有效而无漏洞的司法救济，必须拓宽我国行政诉讼的类型，对各种类型诉讼的审理规则进行周密设计。

其次，行政审判实践的飞速发展要求丰富行政诉讼类型。近些年来，新型行政案件不断涌现，例如，作为非财产性给付诉讼，信息公开诉讼在起诉及审理上与传统的撤销诉讼均相去甚远，而现行行政诉讼法律制度没有针对此类诉讼提供一整套相应的程序规则，法院往往无从应对。为此，有必要建构起我国行政诉讼的类型，通过类型化的程序设计，确保行政审判功能的正常发挥。

再次，行政诉讼法修订为设置和丰富行政诉讼类型提供了机遇。诉讼类型的合理构造应当成为行政诉讼制度变革的核心。为了使行政诉讼法典的修订更趋科学、理性进而真正承载起保障民众权利的神圣使命，就必须重构我国行政诉讼的类型，并以此作为法典修改的主要指导思想。另外，行政诉讼法学已经发展到了"个性化"研究阶段。《行政诉讼法》颁布初期，学界通常习惯性将矛头对准现行的行政审判体制和受案范围的规定，

---

① 章志远：《我国行政诉讼类型化的现实障碍及其消解》，《贵州警官职业学院学报》2008 年第 3 期。

② 同上。

认为要尽快扩大行政诉讼的受案范围、实现行政审判体制的独立。但随着研究的深入，越来越多的学者意识到，行政诉讼受案范围的拓展只是促进民众权利获得司法救济的一个方面，解决的是"入门"问题，而权利的有效保护还要依赖于诉讼类型精密的设计。如将行政诉讼受案范围制度比作医院"大门"，类型构造制度则是医院内部的"科室"。从关注各种不同类型诉讼的规则入手，在对每一类诉讼进行精耕细作的基础上，才有可能总结出某些具有共性的诉讼规律。可见，为了实现行政诉讼法学研究范式的更新，必须深入研究行政诉讼类型构造问题，进而为将来的研究提供特定的语境。①

学术界在大力呼吁引入行政诉讼类型化研究的同时，也清醒地认识诉讼类型法定化本身难以避免的弊病。② 学者们将行政诉讼类型化弊端归纳为如下几个方面。

首先，诉讼类型法定化容易导致受案范围的封闭性，造成救济途径窄化。法定诉讼类型化的实质是立法者对受案范围的类型列举，与行为列举相比，类型列举的涵盖面较大，但任何列举都不免挂一漏万，难于穷尽所有的情况，因此，对于列举范围之外的纠纷则难以提供救济。

其次，行政诉讼类型化造成司法救济复杂化，增加公民选择诉讼种类的困难。现在实行诉讼类型法定化的国家，其法定诉讼类型都有许多种，不少类型之间存在着复杂的关联，以及诉讼结构上的合并关系和衔接关系，对此，一般民众未必都十分清楚，造成选择何种类型时的困惑以至于选择错误。

第三，诉讼类型的繁杂带来诉讼规则程序的烦琐。不同的诉讼类型有不同的诉讼规则程序，对于这些区别，法院和当事人都必须遵守，不得出现违反法定程序的错误。这必然会增加法院和当事人的程序负担，影响对案件实体问题的审理和辩论，降低诉讼效率。③

---

① 章志远：《我国行政诉讼类型化的现实障碍及其消解》，《贵州警官职业学院学报》2008 年第 3 期。

② 李广宇、王振宇：《行政诉讼类型化：完善行政诉讼制度的新思路》，《法律适用》2012 年第 2 期。

③ 王丹红：《诉讼类型在〈日本行政法〉中的地位和作用》，《法律科学》（西北政法学院学报）2006 年第 3 期。

第四节　我国行政诉讼类型的完善

一　完善行政诉讼类型需要考虑的因素

现行《行政诉讼法》没有明确规定行政诉讼类型，它主要以撤销诉讼为中心建立，初步反映了行政诉讼机制监督行政职权的司法功能。随着中国法治进程的逐步推进，公民对于行政审判机制充分发挥人权保障功能，重视诉讼中独立诉求，通过完善行政诉讼类型方式追求实质公平和正义有了更多的期待。构建科学的诉讼类型，对于充分保障公民的人身权、财产权、劳动权、受教育权和知情权等宪法基本权利和合法权益无疑有着积极意义。[1]

行政诉讼类型与行政诉讼判决之间，存在着紧密联系。在确定行政诉讼种类划分的标准时，除应考虑行政诉讼判决种类这一因素外，还应考虑以下因素：行政诉讼的目的、原告的诉权、行政诉讼客体、进入到行政诉讼程序的行政争议性质、法官在审理行政案件时的权力。[2] 在修改《行政诉讼法》时，立法者可以考虑确立几类行政诉讼的专门判决方式，分别归纳与其类型相适应的判决结果和理由种类，更为清晰地保护当事人的合法权益。[3]

完整的、科学的诉讼类型建构应当注意考虑以下三个方面。一是对原告诉权的保护。在诉讼法学上，原告的诉求可以分为形成之诉、确认之诉和给付之诉。形成之诉包括撤销之诉和变更之诉；确认之诉既包括确认行政行为合法性、有效性之诉（客观诉讼），也包括确认行政法律关系（主观诉讼）；给付之诉包括作出特定行政行为之诉和概括性的给付诉讼。此外，还应当将履行行政合同之诉纳入行政诉讼类型体系。二是司法权对行政权的有效监督。主要的思路包括：重新界定行政诉讼标的，将行政诉讼标的局限于行政行为，扩大到所有行使职权的公权力行为；扩大变更判决

---

① 梁凤云：《〈行政诉讼法〉修改八论》，《华东政法大学学报》2012 年第 2 期。

② 马怀德、张红：《试论行政诉讼的种类》，《天津行政学院学报》2002 年第 1 期；马怀德、吴华：《对我国行政诉讼类型的反思与重构》，《政法论坛》2001 年第 5 期。

③ 湛中乐：《论〈中华人民共和国行政诉讼法〉的修改》，《苏州大学学报》（哲学社会科学版）2012 年第 1 期。

的适用，变更判决不仅适用于行政处罚，也适用于行政强制、行政许可等其他行政行为；变更判决不仅适用于课予义务类的行政行为，也适用于给付特定行政行为、给付特定金钱、物品等赋予权益的行政行为。增设行政公产之诉，将因设立或者使用中产生的行政利用法律关系，纳入行政诉讼受案范围。三是司法对公共利益的维护。增设规范审查之诉，对于规章以下规范性文件的合法性进行审查，并根据其适法状况作出相应的司法判断；增设禁令之诉，将目前在知识产权和政府信息公开领域适用的禁令之诉，扩展到所有即将危及相对人合法权益的行政行为；增设公益诉讼，对于法律规定的污染环境、侵害众多消费者合法权益、危及公共卫生、公共安全的行政案件，可以依法提起行政诉讼。①

二 完善行政诉讼类型的建议

引入诉讼类型的目的，是为了对千差万别的个案进行概括归类，对不同的类型设置不同的诉讼规则程序，以提高案件受理和审理的规范性和可操作性，最终实现诉讼救济的全面性和实效性。但是，学界也发现，如果对诉讼类型的设置不当，就会存在类型过于繁杂，各类型的逻辑关系不顺，各类的规则程序过于烦琐，导致加重程序负担，降低诉讼效率。因此，从类型化的目标出发，以及适当考虑类型化可能带来的负面效应，我国诉讼类型化的基本分类标准，应考虑体系和逻辑上的一致性、基本类型划分的涵盖性和简约性以及类型体系的开放性三项要求。② 为此，在未来修改行政诉讼法时，考虑到世界通行的基本诉讼类型模式，即"以权利保障为原则、以客观法秩序维护为例外和补充类型化"，并充分结合中国行政诉讼审判实践来确定分类标准。③

还有学者认为，要设计科学的诉讼类型，应该把握如下几点：（1）诉讼类型体系要具备理论上和逻辑上的全面性和系统性；（2）科学的诉讼类型设计要处理好法定诉讼类型本身的概括性程度和简繁多寡程度；（3）要恰当处理不同诉讼类型之间在诉讼程序规则上的异同关

---

① 梁凤云：《〈行政诉讼法〉修改八论》，《华东政法大学学报》2012 年第 2 期。
② 门中敬：《行政诉讼类型化的目的与标准》，《烟台大学学报》（哲学社会科学版）2011 年第 3 期。
③ 同上。

系；（4）对现行法进行修改时应正确处理法的稳定性和变易性的关系。①

有学者在对比德国行政诉讼中的分类体系的复杂状况之后，认为我国《行政诉讼法》对诉种的划分不宜过细，以免造成法律适用中的困难。建立我国行政诉讼的类型体系，一方面应对目前已基本成型的几种类型的诉进行法律规定上的明确化，另一方面又不应限制法院在具有公民权利需求以及相应司法环境的情况下采用法无明文规定的诉种的权力，以适应司法实践的需求。② 另外，在修改《行政诉讼法》过程中，有观点主张，行政诉讼法应当回归类似民事诉讼的"主观诉讼"，实行严格的"谁主张，谁举证"和诉判对应。然而，也有学者对之提出了批评，认为这种观点看似合理，实则考虑不周甚至可能带来不可预测的危险。在法治欠发达的国家，公民能够通过司法机关获得救济，重要的原因是司法权力在一定程度上能够制约甚至介入行政权力。法院必须承担法律赋予的司法监督职能，司法机关有必要通过行政个案，实现对同种类的行政行为、特定行政领域乃至整个行政体系的监督和制约。行政审判机构的职能与民事审判机构的重大区别，就在于其承担行政诉讼职能的公法特性。在法国，行政法院不仅仅审判具体案件，亦承担政府的咨询职能，这一职能更多地体现为对政府政令的事前监督。在行政诉讼中，公民个人由于证据收集能力、信息获取能力的欠缺，在诉讼中处于相对弱势地位。实行主观诉讼，就意味着法院放弃对公民施以援手，让公民单独与强大的行政机关相抗衡，这显然是不符合中国国情的。因此，在修改《行政诉讼法》时，必须强调行政诉讼的客观诉讼主体地位，赋予法院更多的监督行政机关、维护法律秩序的司法义务，摒弃那种将法院简单定位为中立机关的观念，摒弃那种简单的形式正义，而要真正确立法院的法治秩序维护者的地位。③

学者们普遍认为，类型化是 20 世纪以来行政诉讼发展的世界性趋势，在对我国行政诉讼进行类型化设计时，可以充分借鉴法治发达国家和地区

---

① 王丹红：《诉讼类型在〈日本行政法〉中的地位和作用》，《法律科学》（西北政法学院学报）2006 年第 3 期。

② 刘飞：《行政诉讼类型制度探析——德国法的视角》，《法学》2004 年第 3 期。

③ 梁凤云：《〈行政诉讼法〉修改八论》，《华东政法大学学报》2012 年第 2 期。

的先进经验。有学者拟将我国的行政诉讼类型分为两大类，即个人救济诉讼和公法秩序诉讼。前者又可细分为四种，即纠正违法行为的诉讼（包括撤销诉讼、变更诉讼、履行诉讼、确认诉讼）、当事人诉讼、行政赔偿诉讼和行政合同诉讼；后者又可细分为三种，即公民监督诉讼、国家监督诉讼和执行诉讼。① 还有学者认为，有关协会之诉、民众之诉和公益诉讼，只宜在《行政诉讼法》对于原告资格的规定适当放宽后，才可在特别法的规范中予以考虑。② 另外，在我国法院作为权威的法律解释者的地位未能确立以前，不宜由法院来解决行政机关之间的权力争议。因此，有学者认为，我国行政诉讼类型可分为撤销之诉、课予义务之诉、确认之诉、给付之诉。③ 也有学者认为，就目前而言，我国行政诉讼只宜确立五种诉讼类型，即确认之诉、撤销之诉、变更之诉、履行之诉、赔偿之诉，④ 并认为这五大类型已全面涵盖形成之诉、给付之诉和确认之诉这三种诉的基本类型。⑤ 有学者在综观各国行政诉讼种类划分的基础之上，结合中国的行政诉讼实践，主张将我国的行政诉讼类型划分为：撤销诉讼、课予义务诉讼、给付诉讼、确认诉讼、公益诉讼、机关诉讼、当事人诉讼等七类。⑥ 还有学者认为，禁止判决具有"防患于未然"功效，因此应该作为新型判决引入行政诉讼法，并对其在我国是否具有理论和现实基础，以及有哪些现有的制度模式可以参考，具体操作方式进行了研究。⑦

　　于安在论及《行政诉讼法》的修改时，认为 1989 年《行政诉讼

---

　　① 向忠诚：《行政诉讼类型研究》，《湖南科技学院学报》2005 年第 2 期。

　　② 马怀德、吴华：《对我国行政诉讼类型的反思与重构》，《政法论坛》2001年第 5 期。

　　③ 李红枫：《行政诉讼类型论纲》，《研究生法学》2003 年第 1 期。

　　④ 李广宇、王振宇：《行政诉讼类型化：完善行政诉讼制度的新思路》，《法律适用》2012 年第 2 期；陈惠菊：《行政诉讼类型化之研究》中国政法大学 2008 年博士论文。

　　⑤ 刘飞：《行政诉讼类型制度探析——德国法的视角》，《法学》2004 年第 3期。

　　⑥ 马怀德、张红：《试论行政诉讼的种类》，《天津行政学院学报》2002 年第 1 期。

　　⑦ 阎巍：《行政诉讼禁止判决的理论基础与制度构建》，《法律适用》2012 年第 3 期。

法》确立的行政诉讼制度属于主观诉讼制度，体现着旧发展观的要求。《行政诉讼法》的修订工作应当以新发展观为基本导向，把政府发展措施引起的行政争议案件作为诉讼制度重构的客观依据。① 为此，于安建议引入客观诉讼，把对公民、法人和其他组织个体权益的保护与对社会公共利益的保护结合起来，全面调整制度设计方法，以诉的种类作为构建法律结构的依据，并按照不同的诉补充相关的诉讼制度。例如客观诉讼就需要在第三人制度、共同诉讼制度、法院职权性干预制度、检察院公诉或者支持他人提起公益诉讼等方面作出系统规定。应当建立处理行政性合同案件的诉讼机制，系统规定和解和调解的诉讼制度，公平处理经济授益型行政发展措施引起的行政争议；同时对《行政诉讼法》的基本框架进行调整，赋予地方形成区域性行政诉讼制度的权限。②

三　行政诉讼具体类型设计

在对行政诉讼类型的概念、价值和意义等问题形成基本共识以后，探讨各类诉讼的基本特征与运作规则，就成了近年来行政诉讼法学理论研究的热点，有学者先后发表过一系列专门研究各类行政诉讼具体的运作规则。③

1. 撤销诉讼

撤销诉讼是行政诉讼的核心。行政撤销诉讼是指，公民、法人或者其他组织因行政主体所实施的违法行政行为损害其权益，因而向法院请求撤销该行政行为以谋求救济的诉讼种类。有学者将撤销诉讼的基本特征总结为四点，即诉讼目标的形成性、诉因的不利处分性、诉讼两造的对抗性、诉讼功能的多重性。法院在撤销诉讼情况下所作出的撤销判决，相当于以一个司法行为消灭一个行政行为的效力。提起撤销诉讼的主要条件是作为诉讼标的的具体行政行为违法，导致侵害原告之权利或

---

① 于安：《发展导向的〈行政诉讼法〉修订问题》，《华东政法大学学报》2012 年第 2 期。

② 同上。

③ 章志远：《信息公开诉讼运作规则研究》，《苏州大学学报》2006 年第 3 期刊；《课予义务诉讼研究》，《东吴法学》2008 年春季卷；《给付行政与行政诉讼法的新发展——以行政给付诉讼为例》，《法商研究》2008 年第 4 期；《我国行政确认诉讼研究》，《中州学刊》2009 年第 2 期。

法律上之利益。① 行政撤销诉讼特殊的起诉规则包括四方面：行政行为业已存在且尚未失效；原告主张行政行为违法致其权益受到损害；复议前置程序的特殊要求；在法定期限内起诉。②

2. 课予义务诉讼

课予义务诉讼是请求法院命令行政主体作出具体行政行为，或作出包括特定内容的具体行政行为之诉讼。课予义务诉讼是第二次世界大战之后，德国首先发明的，我国台湾地区新行政诉讼法也效仿增设了这一诉讼类型。我国仅有撤销诉讼、给付诉讼、确认诉讼等诉讼种类，并不能实现对公民权利的完全保护，有必要确立课予义务诉讼。课予义务诉讼可分为两种类型：不作为之诉和拒绝作为之诉。不作为之诉（又称为"怠为处分之诉讼"），是指在申请行政主体作出特定的行政行为，而行政主体未为任何决定的情况下而提起的行政诉讼。拒绝作为之诉（又称为"拒为处分诉讼"），当公民申请行政主体作出特定行政行为，而行政主体认为相对方不符合法定条件而拒绝其申请时，公民即可提起拒绝作为之诉。③相应的，诉讼判决也有两种情况，其一是法院判令行政主体履行法定职责，其二是法院要求行政主体作出包含特定内容的行政行为。④

3. 给付诉讼

给付诉讼是请求法院命令行政主体作出具体行为以外的给付行为（通常为财产的给付或非公权力行为的非财产性给付行为）的诉讼类型。有学者认为，给付诉讼最重要的起诉条件是行政相对人享有公法上的给付请求权，而这种公法上的给付请求权是否存在，则应依相关的法律规范加以判断。与课予义务诉讼一样，给付诉讼也是为实现公法上给付请求权而设的，其区别在于，课予义务诉讼以请求行政主体作出具体行政行为为对象，而给付诉讼则请求行政主体"为财产上之给付或请求作行政处分以外之其他非财产上给付"。给付诉讼对于课予义务诉讼而言具有补充性。

① 马怀德：《完善〈行政诉讼法〉与行政诉讼类型化》，《江苏社会科学》2010 年第 5 期。

② 章志远：《行政撤销诉讼研究》，《甘肃行政学院学报》2009 年第 1 期。

③ 马怀德：《完善〈行政诉讼法〉与行政诉讼类型化》，《江苏社会科学》2010 年第 5 期。

④ 马怀德、张红：《试论行政诉讼的种类》，《天津行政学院学报》2002 年第 1 期。

发生争议的事件若可以直接作为课予义务诉讼的诉讼对象时，不可提起给付诉讼，原告可以利用课予义务诉讼间接达到其诉讼目的时，也不可以提起给付诉讼。①

有学者将行政给付诉讼分为两种情况：第一种情况是行政相对人基于某一行为或某种特殊的法律地位而拥有公法上的给付请求权，与相对人此项权利相对应，行政主体即有金钱或财产的给付义务。第二种情况是行政相对人由于行政主体所实施的行为导致其合法权益被侵害而拥有公法上的请求权。②

4. 确认诉讼

确认诉讼是行政相对人要求人民法院确认处于争议状态的具体行政行为是否无效、违法以及行政法律关系是否存在的一种诉讼形式。确认判决并不具有创设、变更或撤销的法律效果，其原意也不在于强制执行的实施，仅在于确认当事人之间法律关系的争议状态。③ 相对于其他积极的诉讼种类，确认诉讼仅具有补充性质，即只有在其他诉讼种类不得提起时，才可提起确认诉讼，因此确认诉讼具有"补充性"、"从属性"。

确认诉讼包括三种情况：第一，确认行政主体事实行为违法之诉；第二，确认具体行政行为无效、违法之诉；第三，确认法律关系之诉，即确认行政法律关系成立或不成立的诉讼形式。确认诉讼是撤销诉讼的补充制度，确认法律关系存在的确认诉讼为"积极确认诉讼"，确认法律关系不存在的为"消极确认诉讼"。有学者还论述了确认无效诉讼与撤销诉讼在诉讼时效上的差别。④

5. 公益诉讼

公益诉讼是指公民为维护公益，就无关自己权利及法律上利益的事项，对于行政主体的违法行为而提起的行政诉讼。公益诉讼突破传统行政

① 马怀德：《完善〈行政诉讼法〉与行政诉讼类型化》，《江苏社会科学》2010年第5期。

② 马怀德、张红：《试论行政诉讼的种类》，《天津行政学院学报》2002年第1期。

③ 马怀德：《〈行政诉讼法〉存在的问题及修改建议》，《法学论坛》2010年第5期。

④ 马怀德、张红：《试论行政诉讼的种类》，《天津行政学院学报》2002年第1期。

法上"诉讼利益"理论，目的是为了维护社会公共利益。根据传统的行政"诉讼利益"理论，原告只能就与自己权利或法律上利益有直接关系的行为才能起诉。但是，仅仅依靠利害关系人来解决社会所面临的个人利益的自我保护问题，有时是不充分的，特别是在社会公共利益遭受侵害的情况下，与行政行为有直接利害关系的人往往是受益者，不会提起诉讼。而且在某一特定问题上有最直接利害关系的人，并不一定代表全社会的利益。所以，为了保障社会公共利益，支持无力主张权利的弱者提起诉讼，很多国家都规定了公益诉讼这一类型。① 有学者认为，中国也有必要建立公益诉讼这种诉讼形式，允许那些没有利害关系的人能够代表公益或者没有能力起诉的弱势群体对行政行为提起诉讼。启动公益诉讼应当具备的条件，包括公益受损、起诉主体能够代表公共利益、有法律的特别规定等。②

6. 机关诉讼

机关诉讼是指行政主体之间因权限的存在或者行使而发生纷争，纠纷双方诉诸法院，通过法院的诉讼程序解决争议的诉讼类型。行政主体之间的关系可分为纵向关系和横向关系两大类型。纵向关系，是指在行政组织系统中，基于隶属关系所形成的上下级行政主体之间的关系；横向关系是指无隶属关系的行政主体之间的关系。行政主体的职权通常由行政组织法规定。如果机关之间就法律权限和法律适用发生纠纷，就应该允许法院进行裁判，只有这样，才能依法划清各机关之间权力的界限，防止越权和滥用职权，并减少由于权限交叉而造成的纠纷，从而提高管理效率。有学者认为，将行政主体之间的权限纠纷纳入行政诉讼范围，不仅有利于及时有效的解决权限争议，而且还可以促进我国行政组织法的发展。③

从司法机关角度看，由司法机关解决行政主体的职权冲突和争议不仅是必要的，而且是可行的。首先，司法最终是法治原则的内在要求；其次，行政主体之间的权限争议如果得不到及时解决，必将很大程度地影响

---

① 马怀德：《完善〈行政诉讼法〉与行政诉讼类型化》，《江苏社会科学》2010年第5期。

② 马怀德、张红：《试论行政诉讼的种类》，《天津行政学院学报》2002年第1期。

③ 马怀德：《完善〈行政诉讼法〉与行政诉讼类型化》，《江苏社会科学》2010年第5期。

到社会公共利益，因此仍应该由司法机关对此类争议享有最终的裁判权；第三，由司法机关处理比行政主体内部采用逐级上报解决的方式效率更高，可以避免许多不必要的争议和扯皮。①

7. 当事人诉讼

随着行政权在国家管理领域的不断扩张，越来越多的民事活动被置于国家的管制和约束之下。关于行政行为引发的平等民事主体之间的争议的解决方式，学界一直存在争议，并无定论，有的主张通过民事诉讼解决，有的主张通过行政附带民事诉讼，也有人主张通过一种特殊的行政诉讼，即当事人诉讼。行政诉讼法学者认为，为了在解决行政争议的同时解决与行政权有关的特殊民事争议，可以借鉴日本的经验，在我国设立当事人诉讼，并对当事人诉讼的适用范围、条件、诉讼类型、当事人问题以及法院对当事人诉讼的审理与判决进行阐明。②

四 我国行政诉讼判决类型的完善

诉讼类型与救济方法（判决种类）有着相当密切的联系，甚至有学者认为，从某种意义上说二者可以等同。我国行政诉讼法学界长期缺乏对诉讼类型的探讨，但对有关判决种类的研究却是一直兴盛。对判决种类的研究虽然不是完整意义上的诉讼类型研究，但却是其中最基本也是最重要的问题，因此，在此处一并对有关研究成果予以综述。

第一，取消维持判决。关于维持判决，到目前为止，理论界已有一致的看法，即维持判决是在特定的历史背景下基于"维护行政机关行使职权"目的而设置的，但现在看来，它不仅有悖基本的诉讼法理和行政法理，在实践中也削弱了行政诉讼在维护公民、法人或其他组织的合法权益方面的目的。因为行政诉讼本来是给公民、法人或其他组织提供的一个救济渠道，公民、法人或其他组织对某个行政行为不服，提起行政诉讼的目的是要推翻不服的行政行为。那么法院作为居中裁判者，在认为公民、法人或其他组织要求推翻行政行为的理由不充分时，予以驳回就足够了。维

---

① 马怀德、张红：《试论行政诉讼的种类》，《天津行政学院学报》2002 年第 1 期。

② 吴华：《我国行政诉讼类型研究》，中国人民公安大学出版社 2006 年版，第 328—330 页。

持判决不仅与"不告不理"的中立原则相悖，而且造成了司法权对行政权的僭越。

第二，拓宽变更判决的适用范围。依据《行政诉讼法》第 54 条第 1 款第 4 项，变更判决的适用必须具备两个前提：一是被诉具体行政行为必须是行政处罚行为；二是该行政处罚显失公正，因明显的不合理而违法。根据《最高人民法院关于执行〈中华人民共和国行政诉讼法〉若干问题的解释》第 55 条规定："人民法院审理行政案件不得加重对原告的处罚，但利害关系人同为原告的除外。人民法院审理行政案件不得对行政机关未予处罚的人直接给予行政处罚。"该规定对法院变更处罚权加以限制。这主要是考虑到司法权与行政权的界分，防止权力僭越。但是，随着民主法治的发展，为进一步保障公民的合法权益，控制行政机关滥用自由裁量权，应适当逐步扩大变更判决的适用范围。有学者在详细考察比较了德国、荷兰以及我国台湾地区的相关立法后指出，变更判决的存在根本上是为了效率和诉讼经济。在事实十分清楚，主要涉及法律适用问题时，由法院直接作出变更判决，可以减少当事人的诉累，提高诉讼效益。①

第三，增设禁止令判决、中间判决及部分判决。（1）禁止令判决适用于禁止行政机关实施一定的行为，能够对正在进行的违法行为起到阻止作用，弥补违法行为完成后适用撤销判决等判决救济的滞后。（2）中间判决是对诉讼程序进行中产生的独立的争点进行判决，并不是对诉讼标的本身下判断，法院的终局判决受到中间判决约束。（3）部分判决是法院对诉讼标的的数项（其中一项或几项已经达到可以裁判的程度）作出判决。中间判决及部分判决的增设是出于诉讼效率及便利的考虑，对先决问题或部分诉讼标的先行作出裁判。②

第四，扩大履行判决的适用范围。我国《行政诉讼法》第 54 条第 1 款第 3 项确立了履行判决制度，即"被告不履行或者拖延履行法定职责的，判决其在一定期限内履行"。由于立法规定的不明确以及实践中认识的不统一，自《行政诉讼法》颁行以来，在履行判决的适用范围和如何

---

① 杨伟东：《履行判决变更判决分析》，《政法论坛》2001 年第 3 期。

② 湛中乐：《论〈中华人民共和国行政诉讼法〉的修改》，《苏州大学学报》（哲学社会科学版）2012 年第 1 期。

作出的问题上，理论界和实务界一直存在较大争议。从适用范围来看，"拖延履行"的含义是较明确的，对其无疑应作出履行判决，但对于"不履行"的理解存在分歧。不少学者认为，"不履行"应仅指行政机关对于相对人的申请在事实上未作出任何答复或者根本未予理睬，不包括拒绝履行，即行政机关明确拒绝或驳回相对人申请。理由是行政机关作出拒绝履行，实际上已经履行了法定职责，至于是否合法则属于另一问题。① 因此，履行判决也就只能适用于行政机关不予答复或不予理睬的情形。对于明确拒绝或驳回申请的，法院只能作出撤销判决，必要时可责令行政机关重新作出具体行政行为。但也有学者认为，上述观点实际上是对行政不作为采取了一种形式意义上的理解，将行政机关的法定职责限于作出答复，而非对相对人申请的满足。② 对于行政不作为，应作实质意义的理解，即将行政机关的法定职责理解为对相对人申请的满足。据此，不仅不予理睬、不予答复属于不作为，就算是明确拒绝或驳回的行为也是行政不作为，都应当适用履行判决。

五　诉讼的类型化与《行政诉讼法》的修改

关于诉讼的类型化应否成为我国行政诉讼法修改的重要内容，学界有不同的看法。有观点认为，我国没有必要进行行政诉讼类型的再造，在《行政诉讼法（修改建议稿）》中没有采取诉讼类型设计的途径。其理由是，我国行政诉讼的实践，尚不能为设置诉讼类型提供必要的理论和经验。在我国现有法治水平的情况下，法律制度表述得通俗易懂，能为广大人民群众理解和接受，才能发挥行政诉讼保护公民权利的作用。③ 与之相反，对行政诉讼类型化进行深入研究的一些学者认为，随着学界对行政诉讼目的以及拓展受案范围的认识趋同，民众权利意识的日益觉醒，在司法个案的推动下以及域外相关制度经验的影响下，行政诉讼类型化的基本条

---

① 参见胡建淼主编《行政行为基本范畴》，浙江大学出版社 2005 年版，第 139—140 页；周佑勇：《行政不作为构成要件的展开》，《中国法学》2001 年第 5 期。

② 陈小君、方世荣：《具体行政行为几个疑难问题的识别研析》，《中国法学》1996 年第 1 期。

③ 参见《我国行政诉讼法大修稿出炉：亮点与盲区并存》，《法制日报》2005 年 5 月 26 日。

件和时机目前已经成熟。① 鉴于我国行政诉讼非类型化引发的公民权利司法救济上的不利，特别是近年来司法实践中新型行政案件的不断涌现，急需现行行政诉讼制度作出回应性变革。为此，应当以行政诉讼的类型化作为我国行政诉讼法修改的专业指导思想；在体例结构上，除设置"总则篇"规定行政诉讼的基本原则等事项、"一般程序篇"规定各类诉讼共通的程序、"附则篇"规定某些必要事项以外，应当针对不同种类诉讼的程序规则，分别作出明确而详细的规定。②

① 章志远：《我国行政诉讼类型化的现实障碍及其消解》，《贵州警官职业学院学报》2008 年第 3 期。

② 章志远：《重构我国行政诉讼类型之设想》，《河南省政法管理干部学院学报》2004 年第 6 期。

第 七 章

行政公益诉讼

第一节　行政公益诉讼的基本理论

一　行政公益诉讼相关概念

（一）公益诉讼

公益诉讼是与行政公益诉讼密切相关的概念，关于公益诉讼与行政公益诉讼的关系，学界有不同的观点。第一种观点认为，公益诉讼性质上属于行政诉讼，指的就是行政公益诉讼；第二种观点则认为，公益诉讼是与私益诉讼相对应的概念，行政公益诉讼只是公益诉讼的一种类型，与刑事（公益）诉讼、民事公益诉讼一起共同构成了公益诉讼。目前，第二种观点较为普遍。[①]

公益诉讼和私益诉讼是就诉讼活动的救济对象和行为模式而言的。私益诉讼是保护个人权利的诉讼，仅特定人方可提起；公益诉讼又称罚金诉讼、民众诉讼，是保护社会公共利益的诉讼，除法律有特别规定者外，公民都可以提起。也就是说，公益诉讼是法院在当事人及其参与人的参加下，按照法定程序，依法对个人或组织提起的违法侵犯国家利益、社会公共利益的诉讼进行审理并判决，以处理违法行为的活动。公益诉讼涵盖刑事诉讼、民事诉讼和行政诉讼三大诉讼领域。

---

① 林莉红：《公益诉讼的含义和范围》，《法学研究》2006 年第 6 期。

（二）行政公益诉讼

依据被诉对象（客体）的不同，公益诉讼可以分为民事公益诉讼（或称经济公益诉讼）和行政公益诉讼。前者主要是指在产品质量侵权、环境公害、医疗损害等情形下，因当事人缺乏相应性和对应性时，由非法律上的利害关系人提起的诉讼，在诉讼过程中适用民事诉讼法的相关规定；后者是针对国家公权机关的行为或不作为提起的诉讼，在诉讼过程中适用行政诉讼法的相关规定。具体而言，行政公益诉讼，是指公民、法人或其他组织认为行政主体的行政行为（含对应不作为）侵犯了公共利益，依法以自己的名义诉诸法院，法院据此在双方当事人和其他诉讼参与人的参加下，对行政案件进行受理、审查、并作出相应裁判的司法活动。与民事公益诉讼相比，行政公益诉讼具有的制度意义更大。因为公共权力部门本身就承担着维护公共利益的职能，其作为或不作为所引发的侵害公共利益的可能性更大。而且，公民或其他社会组织危害社会公共利益的行为，往往是公共权力部门疏于管理或管理不力造成的。①

（三）行政公诉

关于行政公益诉讼与行政公诉的关系，学界有不同的认识。一种观点认为，行政公益诉讼可以简称为行政公诉；另一种观点认为，行政公诉只是行政公益诉讼的一种表现形式；第三种观点认为，二者是一种交叉关系，行政公诉既可以为公共利益也可以为个人利益而发动，前者就属于行政公益诉讼；行政公益诉讼既可以由检察机关提起，也可以由社会团体或公民个人提起，前者即行政公诉。

行政公诉，顾名思义是由特定国家机关提起的行政公益诉讼，在我国，检察机关是国家的公诉机关，因此，我国学者通常将检察院提起的行政公益诉讼称为行政公诉，即在没有适格原告的情况下，检察机关认为行政机关的行为违反了有关法律规定，侵害公民、法人和其他组织的合法权益，损害国家和社会公共利益，依照行政诉讼程序向法院提起公诉，提请法院进行审理并作出裁判的活动。② 近年来，行政公诉成为行政诉讼法领

---

① 王太高：《论行政公益诉讼》，《法学研究》2002 年第 5 期。
② 参见孙谦《设置行政公诉的价值目标与制度构想》，《中国社会科学》2011 年第 1 期。

域研究的热点。① 行政公诉是检察官针对侵犯公共利益的违法行政行为而提起的一种诉讼类型，从国外行政公诉的发展过程看，这种诉讼之所以由检察官提起，是基于其公益代表人角色的定位；行政公诉能够弥补传统行政诉讼仅仅由利害关系人发动的局限，从而更有利于公共利益的维护；同时，这一制度也填补了审判权监督行政权时"不告不理"的空白，有利于检察权配合审判权以实现对行政权的监督。②

　　另外，学界在论述域外行政公益诉讼时，又会引入民众诉讼，纳税人诉讼以及客观诉讼，将行政公益诉讼与民众诉讼、纳税人诉讼、客观诉讼等其他用语相互交织。例如，有学者提出，我国应当参考发达国家的经验，开放纳税人诉讼，以私权制衡公权。③ 还有学者认为，我国应当在没有设立行政公诉制度的情况下，直接建立民众诉讼，建立行政客观诉讼制度。④ 对于这种现象，有学者担心，学界对是否能够独立使用行政公益诉讼这一术语还没有形成广泛的共识，对行政公益诉讼的内涵更远未达成一致意见。⑤ 持消极观点的学者认为，对于行政公益诉讼的概念及其内涵，目前学界并没有给出明确的界定，甚至认为行政公益诉讼与其他名词相互交织，用语极为混乱。进而，在相关学术用语的使用尚未得到统一之前，过早地就所谓的行政公益诉讼制度的构建发表各种高论有炒作之嫌。⑥

---

　　① 孙谦：《论建立行政公诉制度的必要性和可行性》，《法学家》2006 年第 3 期；孙清平、刘勇华：《我国行政公诉案件范围探析》，《行政与法》2001 年第 6 期；陈水星、刘中旭：《行政公诉之我见》，《湖北警官学院学报》2004 年第 4 期；谢志强：《行政公诉权理论依据解析》，《国家检察官学院学报》2003 年第 4 期；赵德铸：《论行政公诉》，《济南大学学报》2005 年第 1 期；王加尧、马骏：《建立行政公诉制度是行政诉讼制度发展的必然选择》，《人民检察》2006 年第 4 期；许：《试论行政公诉》，《行政法学研究》2002 年第 2 期。

　　② 田凯：《论国外行政公诉的产生与发展》，《西南政法大学学报》2008 年第 3 期。

　　③ 王霞、吴勇：《我国开放纳税人诉讼的必要性及对策》，《湘潭大学学报》（哲学社会科学版）2004 年第 3 期。

　　④ 郑春燕：《论民众诉讼》，《法学》2001 年第 4 期。

　　⑤ 关保英：《行政公益诉讼的范畴研究》，《法律科学》（西北政法大学学报）2009 年第 4 期。

　　⑥ 章志远：《行政公益诉讼热的冷思考》，《法学评论》2007 年第 1 期。

二 行政公益诉讼的特征

行政公益诉讼作为公民、法人或其他社会组织针对损害社会公共利益的行为提起的行政诉讼，同传统行政诉讼相比有以下几方面的特征。

第一，起诉主体的广泛性。随着社会的发展，人的自身素质的提高，每一个社会个体不仅仅关心自身的、暂时的、眼前的权益，而且开始关注自身长远利益以及自身利益与社会利益的辩证关系，从而达到对自身权利深层次的终极关怀。这就决定了公益诉讼起诉主体的广泛性。提起诉讼的公民、法人或其他社会组织，通常是非法律上的直接利害关系人，即原告一般是与被诉的行政行为或不作为没有直接利害关系的组织和个人，他们依据法律的授权，以自己的名义提起诉讼。①

第二，诉讼目的和保护对象的公益性。公益诉讼的目的不是为了个案救济，而是为了保护国家、社会公共利益，追求社会公正、公平。公益诉讼可以制止某些机关或个人滥用权力，危害国家和社会利益，保障社会每一个个体成员的合法权益得以实现，形成良好社会秩序，从而促进整个社会稳定发展。保护对象的公益性是公益诉讼区别于私益诉讼的一个明显标志。传统的诉讼保护的往往是法定的或约定的合法权益；而公益诉讼保护的是国家利益、社会公共利益等公益。诉讼的对象是公共权力部门，审查的是国家机关的行为和不作为。虽然有的公益诉讼也会牵涉到起诉者的私益，但其与公益相比是微不足道的，公益诉讼以着重保护公益为其本质特征，凡是侵犯公益的违法行为，均在公益诉讼的可诉对象之列。

第三，诉讼的功能具有明显的预防性质。因为诉讼的提起不以发生实质性损害为要件，即对公益的侵害不需要现实地发生，只要根据有关的情况合理地判断其具有发生侵害的可能性即可提起诉讼。判决的效力未必仅限于诉讼当事人，而是遍及所有享有原告资格的人。② 从社会效果来看，行政公益诉讼实际上是用较小的司法投入保护了更大范围的社会利益，节约了社会资源。

第四，诉讼影响的深远性。私益诉讼解决的是双方当事人的利益纷

---

① 王太高：《公益诉讼——中国行政诉讼的新课题》，《扬州大学学报》（人文社会科学版）2002 年第 5 期。

② 同上。

争，诉讼结果只调整当事人之间的利益冲突，影响当事人之间的利益平衡，一般不会产生大面积广泛性的社会影响。而公益诉讼争议的利益通常具有公共性和集合性，代表着国家和社会公众的利益，诉讼结果往往带来国家、公共事业、垄断经营的单位、公益性服务机构的决策调整、行为的改变，甚至引起某些法律法规的修改，诉讼结果有指向未来的意义。就判决的效力而言，判决的效力不仅限于诉讼当事人。在行政公益诉讼中，通常会有不特定的多数人依法享有原告资格，而向法院提起诉讼的可能只是其中的某个人或某些人，在此情况下，法院判决的效力并不仅仅局限于诉讼当事人，而遍及所有享有原告资格的人。

第五，诉讼双方力量的不平衡性。公益诉讼的原告一方多是普通的社会团体、公民个人，而被告一方往往是掌握着某种特殊权力的部门或大型的企事业单位，原、被告的力量对比明显不平衡，而这种失衡性往往会干扰审判机关的司法视线，使诉讼双方在诉讼过程中受到不平等的对待。

三　公益诉讼的理论基础

虽然在世界范围内，各发达国家均在一定程度上承认公益诉讼制度，但关于其法理基础，存在不同的观点和学说，如分权制衡理论、客观诉讼理论和诉讼信托理论。客观诉讼理论主要是针对大陆法系国家的公益诉讼，诉讼信托理论则是英美国家开展公益诉讼的依据。

公益诉讼的一个核心概念是公共利益。有关公共利益的内涵和外延，学界存在不同的观点。行政公益诉讼中权力主体以及权力范畴的复杂性，决定了诉讼范畴本身的复杂性，行政法学界关于行政公益诉讼的公益的范畴，就存在国家利益说、社会利益说、公众利益说和群体利益说等不同的观点。[①] 有学者认为，公共利益指的是属于国家的、社会的、大众的利益。主要包括两种情况：一种是社会公共利益，指的是社会上全体成员或者部分成员所享有的利益，如一条河流所到之处的居民因该条河流而享有的利益，或者受某个政策所影响某个地区内或者全国范围内学生的受教育权利等；另一种是国家利益，国家利益区别于社会成员个体的利益，也并

---

① 关保英：《行政公益诉讼的范畴研究》，《法律科学》（西北政法大学学报）2009 年第 4 期。

非个体利益的简单相加，而是以国家为载体而承载的利益。如国有资产、国家声誉等。公民个人提起公益诉讼有两种情况：第一种情况是纯粹为了公共利益而提起诉讼，第二种情况是主观为自身利益，但客观为了公共利益，也应当算作为公益诉讼。① 有学者主张，公益应具有两层含义：第一层是社会公共利益，即为社会全部或者部分成员所享有的利益；第二层含义是国家的利益。② 尽管公共利益具有抽象性、动态性以及非特定性的特点，但是仍有学者对其内涵所应该具备的基本要素作出概括。首先，公共利益必须具有公共性，表现为地域的广泛性、受益对象的广泛性。其次，公共利益必须具有利益的重要性，表现为明显大于私益和为一定区域的人们所共同认可。第三，公共利益必须具有现实性。第四、公共利益必须通过正当程序而实现。③

美国的公共利益法委员会（council for public interest law）对公益利益法的定义是，"公共利益法是指为以前未曾被代表的群体和利益提供法律代理的各种努力。之所以采取上述努力，是因为认识到一般的法律服务市场不能够对很大一部分人口和重大的利益提供法律服务。这些未得到法律代理的团体和利益包括穷人、环境保护主义者、消费者、少数民族等。"在这个定义里，公共利益法有两种：一是注意力集中于政策导向型的案件，一项政治决策会影响到很大一部分人；二是在直接有关的事务上为社会下层人群体（underprivileged）提供法律服务。成立公共利益法委员会（the council for public interest law）的目的是为第一种公共利益法活动解决资金问题。在美国，公共利益法的主要努力是确保可能被政府的决策所影响的人民有权参与到政府的政策制定过程中。④

---

① 颜运秋、周晓明：《公益诉讼制度比较研究——兼论我国公益诉讼制度的建立》，《法治研究》2011年第11期。

② 马怀德：《公益行政诉讼的原告资格及提起条件论析——以两起案件为视角》，《中州学刊》2006年第3期。

③ 黄学贤：《建立行政公益诉讼制度应当解决的几个问题》，《苏州大学学报》（哲学社会科学版）2008年第3期。

④ 朱翠玮：《公益诉讼法律问题的国际比较研究》，中国海洋大学2009年硕士学位论文。

第二节 域外行政公益诉讼相关制度

学者论证我国应构建行政公益诉讼时，通常会对域外相关制度进行评介，指出域外各法治发达国家均已建立了行政公益诉讼制度，其先进经验的形成与作用，说明了中国建立行政公益诉讼的必要性与可行性。对域外相关制度，比较典型的是德、法、日、英、美等五国。

一 德国公益代表人诉讼

德国十分注重在行政诉讼中对公共利益的保护，是世界上第一个以制定法明文规定公益代表人制度的国家。德国《行政法院法》第 35、36 条规定了公益代表人制度，即把联邦最高检察官、州高等检察官和地方检察官，分别作为联邦、州和地方的公共利益代表人，分别参与联邦最高行政法院、州高等行政法院和地方行政法院的行政诉讼。① 德国《行政法院法》第 35 条第 1 款规定："在联邦行政法院中设有一名检察官，为维护公益，该检察官可以参与在联邦行政法院中的任何诉讼。但不包含纪律惩罚审判庭的案件以及军事审判庭的案件。该联邦行政法院检察官听命于政府。"第 36 条第 1 款规定："根据州政府法规规定的准则，高等行政法院或行政法院内各设一名公益代表人，可一般就特定案件，授权该代表，代表州或州机关。"德国《行政法院法》确立的公益代表人诉讼制度是真正意义的行政公益诉讼。公益代表人在行政诉讼中是参加人，为捍卫公共利益，可以提起上诉和要求变更行政行为。而行政诉讼的提起，在联邦或州的法律有特别规定时，也可不以原告个人权利受到损害为要件。

国内也有学者对将德国的公益代表人制度与行政公益诉讼画等号的观点提出质疑，认为二者是两种截然不同的法律制度。德国的公益代表人无论是设在联邦行政法院的检察官还是设在高等行政法院及地方行政法院的公益代表人，只能参与诉讼，却不能提起诉讼。他们的任务在于维护公益，且所代表的只能是州或州的行政机关这一层级以上的公共利益。德国

---

① 王彦：《论公益行政诉讼制度的构建》，《法学论坛》2002 年第 6 期。

仅有巴登符腾堡州、拜恩州等七个州运用授权设立了公益代表人，至于乡镇及其他实体利益的代表，则尚未引起重视。由此，该学者认为，德国的公益代表人制度更多地只是具有形式上的意义，并不是普遍适用的制度。即使在德国，学者之间对该制度的价值及其存废颇具争议。德国的公益代表人的职责主要包括四项：协助法院适用法律，确定与具体化法律、提供学术情报、协助斟酌法律之精神、辅助法官、弥补法院经验之不足、担保法院办案之不疏忽；在诉讼程序中代表大众，即代表沉默之多数，从法律秩序之维护，以保护大众之法律利益；减轻法院负担，协助法院迅速审理案件，避免因思虑不周致浪费程序；对机关提供各项法律情报与咨询意见。仅就实际担负的职责而言，德国的公益代表人制度与国内学者所言的为了维护公共利益而向法院提起行政诉讼的所谓的行政公益诉讼制度大相径庭。[①]

德国的公益诉讼还包括民众诉讼、团体诉讼等。民众诉讼又被称为"宪法诉讼"，是指任何公民只要认为某项法律侵犯了宪法保障的基本权利或其他权利，无论侵权案件是否发生，也不论是否涉及本人的利益，都能向宪法法院提出诉讼，要求宣布该法律因违宪而无效。团体诉讼制度由最先的不正当竞争案件扩展到环境法等领域。[②] 德国《民事诉讼法》还规定了检察机关有权提起民事公益诉讼。检察机关作为社会公共利益的代表，对涉及诸如婚姻无效案件、申请禁治产案件、雇佣劳动案件、重大环境污染案件、重大侵犯消费者权益案件等，都可提起或者参与民事诉讼。同时，德国《民事诉讼法》第637条还规定，当检察官败诉时，法院判定国库补偿胜诉方的诉讼费用。

在德国，一般给付之诉通常包括财产性给付与非财产性给付行为。非财产性给付行为，如事实行为，属于利他的团体诉讼中的诉讼对象，例如原告请求行政机关将不明船舶所排放污染海洋的油污、垃圾等进行清除等。至于一般给付诉讼中的财产性给付诉讼，比照民事诉讼法的规定及客

---

① 章志远：《行政公益诉讼热的冷思考》，《法学评论》2007年第1期。

② 如2002年发布的《联邦自然保护法》第61条规定：一个根据第59条联邦环境、自然保护和核安全不认可或根据第60条州认可的组织，可以根据《行政程序法》提起关于自然保护区、国家公园、生物圈保护区和其他的环境保护区内的禁令或许可的免责许可以及规划许可或项目批准等提起诉讼。

观诉讼的法理属于被禁止之列。①

二　法国的越权之诉

在法国，行政诉讼有越权之诉与完全管辖权之诉两种。法国的越权之诉是指当事人的利益由于行政机关的决定受到侵害，请求行政法院审查该项决定的合法性并予以撤销的救济手段。只要申诉人认为某种利益受到行政行为的侵害就可提起，并不要求是申诉人个人的利益。越权之诉着眼于公共利益，主要目的在于保证行政行为的合法性，是对事不对人的客观诉讼。诉讼的基本目的是纠正违法的行政行为，保障良好的行政秩序，而不限于保护起诉人的主观权利。只有在法律中明确规定不许提起越权之诉时，当事人的诉讼权利才受到限制。行政决定的直接相对人和受违法的行政决定直接利益侵害的第三人，都可以提起越权之诉。为了鼓励人们提起越权之诉，法国规定越权之诉可以免去律师代理，事先不需要交纳诉讼费用。

越权之诉是保障行政法治最有效的手段之一。越权之诉既不是全民之诉，也不限制当事人须在主观权利受到损害时才可提起，它采取了一种折中的做法，即只要当事人利益受到行政行为的侵害，就可提起越权之诉，并不要求是申诉人个人的利益。行政机关也可以提起越权之诉，但有条件限制，即当行政机关所代表的公共利益受到其他行政机关的决定的侵害，而其本身无权撤销或改变此项决定时，可以向行政法院提起越权之诉，请求撤销这项违法的决定。②

三　日本的民众诉讼

日本在《行政案件诉讼法》第 5 条中，将行政诉讼分为抗告诉讼、当事人诉讼、民众诉讼和机关诉讼四种，前两种是以保护国民的个人利益为目的的主观诉讼，后两者是以维护客观秩序为目的的客观诉讼。

在日本，行政公益诉讼的主要形式是"民众诉讼"，是指国民请求纠正国家或者公共团体不符合法律规定的行为，并以选举人的资格或自己在

---

① 林莉红、马立群：《作为客观诉讼的行政公益诉讼》，《行政法学研究》2011年第 4 期。

② 田凯：《国外行政公益诉讼的演变与发展》，《中国检察官》2007 年第 11 期。

法律上的利益无关的其他资格提起的诉讼。根据日本《行政案件诉讼法》第 42 条的规定，只有法律上有特别规定的情况下，方能提起民众诉讼及机关诉讼。可见，相比较主观诉讼而言，客观诉讼在日本仅属例外情形。根据日本《公职选举法》、《地方自治法》，民众诉讼包括与公职选举有关的诉讼、与直接请求有关的诉讼、居民诉讼、基于宪法第 95 条的居民投票的诉讼、有关最高法院法官的国家审查的诉讼等，其中最常见、最典型的民众诉讼是住民（或居民）诉讼。根据《地方自治法》第 242 条之 2 第 1 款的规定，居民诉讼中，原告有权提起以下四类诉讼请求：（1）请求停止该行政机关或职员的全部或一部分行为；（2）请求撤销违法的行政处分或确认无效；（3）请求确认行政机关或职员玩忽职守事实的违法性；（4）请求判令普通地方公共团体的执行机关向有违法行为的职员提起损害赔偿或不当得利返还请求。① 居民诉讼实际上是一种融主观诉讼与客观诉讼于一体的新型行政诉讼形式。虽然日本的客观诉讼并不能简单地等同于我国学者所言的行政公益诉讼，② 但是从保护公共利益的角度上分析，日本的民众诉讼与行政公益诉讼最为接近。

日本的民众诉讼有两个显著特征：其一，诉讼目的在于纠正国家或地方公共团体机关的不符合法规的行为，而非维护自己的主观上的权利或利益；其二，民众诉讼的起诉者是基于选举人的资格或其他与自己法律上的利益无关的资格提起诉讼。民众诉讼的目的不是为了保护个人利益，而是为了保护客观上的法律秩序，监督行政法规的正确运用，使公民处于公共行政监督者的地位。

在日本公益诉讼的发展史上，20 世纪 90 年代兴起了一轮以纳税人身份提起的要求公开交际费开支的诉讼，接着又兴起了针对政府机关招待费、接待费的诉讼。例如日本高知县的律师以纳税人的身份向法院提起诉讼，要求法院依据地方政府情报开示法，命令高知县政府公开有关开支情况。原告在诉状中诉请，必要的宴请必须公布被宴请客人的姓名，这样才能让纳税人判断公费请客是否合理。法院判决原告胜诉，并依据该判决从

---

① 林莉红、马立群：《作为客观诉讼的行政公益诉讼》，《行政法学研究》2011年第 4 期。

② 章志远：《行政公益诉讼热的冷思考》，《法学评论》2007 年第 1 期。

相关的公务人员处追回了四亿多日元。①

四 英国的混合诉讼

早期的英国，为了防止诉权的滥用，恪守传统的"无利益即无诉讼"的观念和规则，用"直接利害关系人"原则限制原告资格。但是，随着行政法治的发展，人们逐渐认识到"直接利害关系人"原则在公法领域是不够的，无法促进和保护公法中所确认的公共利益。② 因此，英国行政法关于救济手段的发展趋势是向统一和宽松的起诉资格方向发展。当事人在司法审查中不论申请任何救济手段，都取决于对申诉事项是否有足够利益，不像过去那样当事人须具有权利才能申请救济手段，这是对以往起诉资格的一个改进。英国的公益诉讼属于混合诉讼，包括两种模式，一是检察总长提起公益诉讼，二是检举人诉讼。

1. 检察总长提起公益诉讼

按照英国法规定，检察总长代表国王，有权阻止一切违法行为。与其他普通法国家一样，在英国，只有检察总长能够代表公众提起诉讼以倡导公众权利，阻止公共性不正当行为，既可以代表公共利益主动请求对行政行为实施司法审查，也可以在私人没有起诉资格时帮助私人申请司法审查。而私人没有提起诉讼的权利，只有在不正当行为已直接使自己的利益受损或很有可能受损的情况下，私人才可寻求救助。

2. 检举人诉讼

"检举人诉讼"是英国法的一个特色制度。检察总长很少主动依职权提起行政公益诉讼，多数情况下应申请人的请求而行动。具体做法是检察总长作为名义上的原告，而由申请人参与具体的诉讼。③ 据此，任何个人和组织可针对正在越权行事或有越权行动危险的公共机构而提起公益诉讼；除此以外，任何人或组织也可针对制造公害或以别的方式触犯法律的私人或私人机构提起公益诉讼。这种诉讼是基于个人的"检举"，或者说

---

① 武艳：《域外公益诉讼：发展与启示》，《检察风云》2010 年第 2 期。

② 王学成：《英国的行政公益诉讼制度及其启示——兼论我国行政公诉制度的建立》，《政法学刊》2004 年第 5 期。

③ 张晓玲：《建立我国行政公益诉讼制度的思考》，《华中科技大学学报》（社会科学版）2005 年第 4 期。

是基于个人的通报并通过检察总长提起的。在这里，公民为告发人，检察长是原告，"为公共利益而采取行动是检察总长的专利，他的作用是实质性的、合宪性的，他可以自由地从总体上广泛地考虑公共利益。因而他可自由地考虑各种情形，包括政治的及其他的"。在英国，为公民用来寻求环境等公益司法救济的检举人诉讼制度，被认为是公益诉讼的一种过渡形态。①

另外，英国的行政公益诉讼制度还有一种是公益代表人诉讼，即同被诉行政行为无法律上直接利害关系的公民、法人或其他组织提起的行政公益诉讼，又被称为一般主体代表诉讼。典型是纳税人的行政公益诉讼。英国既允许纳税人起诉政府开支行为，又承认一个纳税人对涉及另一个纳税人的征税行政行为提起诉讼。英国法院尽管不会接待一位干涉与己无关的事情的好事者，但它会接待一位到法院要求法律得到申明和实施的普通公民，即使这位公民只是成千上万受到不利影响的人之一。②

五 美国的"私人检察总长制度"

在美国，行政公益诉讼被称为"私人检察总长制度"，即国会通过制定法律，授权私人或团体为了公共利益，针对行政机关的非法作为或不作为而提起的诉讼。在美国，起诉资格经历了一个从"法定损害标准"到"双重损害标准"，再到现在的"事实不利影响标准"，而行政公益诉讼的起诉资格也经历了从无到有的历史演变。这种演变与法院的判例密不可分，也可以说是在法院判例中逐步形成的。法院在1943年"纽约州工业联合会诉伊克斯"一案中指出，国会为了保护公共利益，可以授权检察总长对行政机关的行为申请司法审查，国会也有权以法律指定其他当事人（如私人或私人团体）作为私人检察总长，主张公共利益。该案件的审判，确立了"私人检察总长制度"。1946年联邦《行政程序法》第702条规定，"因行政机关致使其法定权利受到侵害的人，或受到有关法律规定内的机关行为不利影响或损害的人，均有权诉诸司法审查"。

---

① 张卫平：《诉讼构架与程式——民事诉讼法理分析》，清华大学出版社2000年版，第328—329页。
② 马怀德：《公益行政诉讼的原告资格及提起条件论析——以两起案件为视角》，《中州学刊》2006年第3期。

"私人检察总长制度"主要包括相关人诉讼、纳税人诉讼和职务履行令请求诉讼三类。相关人诉讼是指在私人不具有当事人资格的情况下，允许以相关人的名义提起诉讼。起诉国家的行政机关，要求对其非法行为予以制止，予以取消，给予处分；职务履行令请求诉讼，是指当国家行政机关不作为时，按道理应由上级机关来纠正，但是在美国容许私人以自己的名义提起诉讼，要求法院作出判决，责令行政机关履行其职务；所谓纳税人诉讼，是指原告以纳税人的身份提起诉讼，针对的是国家机关的行为导致公共资金的流失或公共资金的不当支出。对于行政行为对公共利益的侵害，只要私人检察总长能起诉，就由他来发动司法审查程序，如果他不能，则可以由检察总长为之。同时，代表一个地区、一个行业、一个阶层的各种社会团体或其他组织也具有相关的原告资格。

美国制度虽然富有浓厚的公益意味，但这并不表示任何与案情无关的个人或团体均理所当然地得以捍卫公益为名任意提起诉讼。原告可能仍应主张相当程度的利益关联。因此，有学者主张英美国家的私人检察总长理论旨在解决原告资格的拓展问题，与国内学者所言的检察机关代表公共利益向法院提起行政诉讼，两者之间存在相当大的区别。①

1960 年以后美国颁布了许多环境保护相关法律，在这些法律中，大多都规定了"公民诉讼"条款，授权个人对污染企业和负责环境保护的行政机构的环境违法和行政不作为等提起诉讼。例如，依据美国《清洁水法》的规定，公民诉讼的被告大致分为两类：一为任何人，包括违反法定排污标准或限制的个人、公司、联邦或州政府及其企业和美国政府；二为不能根据法律完成自己职责的环境保护局局长。据此规定，公民诉讼实际上包括两类：一是针对行政机关的公民诉讼，特别是不能完成自身职责的环境保护局的诉讼；二是针对排污者的公民诉讼。② 美国的公益诉讼强调公民在法律实施中的重要作用，强调并保障个人在公益诉讼中的执法权，这不仅仅是为了救济受害者，更在于体现法实现过程中的民主精神，这也与古罗马公益诉讼理论是一

---

① 章志远：《行政公益诉讼热的冷思考》，《法学评论》2007 年第 1 期。

② 李艳芳：《美国的公民诉讼制度及其启示——关于建立我国公益诉讼制度的借鉴性思考》，《中国人民大学学报》2003 年第 2 期。

致的。①

为了倡导民众提起行政公益诉讼，弥补检察总长关注民众利益的不足，美国设立了相应的激励机制，包括风险报酬机制、费用转移机制、告发人诉讼奖励机制等。②

六 域外公益诉讼制度共性

比较研究是社会科学研究的重要方法之一，学者通过比较研究两大法系公益诉讼制度，找到这些国家公益诉讼制度的共性，以及制度建立的理论基础之所在，对于找到我国公益诉讼制度的构建路径将有所裨益。首先，行政公益诉讼根植于维护社会公共利益的需要，反映了现代行政法治对公民权益保护的不断深化。其次，起诉主体具有宽泛性，但亦受到限制。无论是在英美法系还是在大陆法系，在公益诉讼的原告资格问题上，各国的立法机关和司法机关均扩大了传统意义上的"损害"范围。但是，各国基于维护公益的需要仍对公民或其他社会组织提起行政诉讼作了种种限制性的规定。为了避免行政公益诉讼被人恶意利用，形成滥诉现象，不少国家的法律对原告的诉权行使进行了一些限制，如设定公益诉讼的前置程序；在环境公害案件中只针对"主要的违法行为"才能提起公益诉讼；团体诉讼的采用应当符合一定的条件；对滥用公益诉权的严重行为进行法律制裁等等。③ 为避免可能出现的滥诉，保证诉讼的严肃性，许多国家规定，行政公益诉讼必须依据法律的规定才能提起。有的国家还规定原告必须交纳一定数量的保证金，并对胜诉原告进行一定的奖励。最后，通过分散的微小损害得以救济对施害者形成威慑。国外运行良好的公益诉讼制度可以将这些分散而微小的损害得以聚合起来，并对施害者形成巨大的威慑作用，使之在行为上更加谨慎，并充分考虑公共利益。④

---

① 颜运秋、周晓明：《公益诉讼制度比较研究——兼论我国公益诉讼制度的建立》，《法治研究》2011 年第 11 期。
② 田凯：《国外行政公益诉讼的演变与发展》，《中国检察官》2007 年第 11 期。
③ 汤维建：《论检察机关提起民事公益诉讼》，《中国司法》2010 年第 1 期。
④ 颜运秋、周晓明：《公益诉讼制度比较研究——兼论我国公益诉讼制度的建立》，《法治研究》2011 年第 11 期。

七 域外公益诉讼的制度设计经验

1. 特殊的诉讼费用制度及激励措施

诉讼费用（包括法院受理费和律师费等）过高，会影响热心公益的公众提起诉讼的积极性。不少国家为了提高原告提起公益诉讼的积极性，规定了特殊的诉讼费用制度，采取少缴或者免交法院受理费的方法，来减少公民个人提起公益诉讼的障碍；建立法律援助制度，由公益性律师和律师事务所帮助公民提起公益诉讼；设置律师费用转移（fee shifting）制度。在美国，一些旨在保护个人权利的法律规定，胜诉的原告可以获得损害赔偿并追索律师费。除了这些特殊的诉讼费用制度之外，域外公益诉讼制度往往给原告以分配一定赔偿金的激励，如美国的《反欺骗政府法》就规定：个人如果提起"公私共分罚款之诉"，胜诉将获15%—30%不等的胜诉酬金；如果个人单独作为原告起诉胜诉的，可以获得已挽回资金损失的25%—30%作为报酬；而政府作为主要当事人参加诉讼的，个人可以获得已挽回资金损失的15%—25%作为报酬。这些制度设计，对于公益诉讼案件的提起有很大的鼓励作用。

2. 赔偿金的分配以促进公益为原则

公益诉讼与传统民事行政诉讼很不相同，其原告数量大，诉讼标的额也许很大，但是分配到每一个原告的数额也许是很小的。因此，国外在进行赔偿金分配时积累了不少经验。如涉及消费者损害的赔偿（如反垄断公益诉讼案件），通过各种形式补偿给消费者：可以将赔偿金成立基金，以回馈相关的弱势群体；也可以将赔偿金直接用于公益事业的支出。[1]

3. 重视律师在公益诉讼中的作用

域外经验表明，律师参与公益诉讼的程度，直接影响到公益诉讼的实效。律师们的专业知识和社会良知有助于更好地提起公益诉讼，提高公益诉讼的胜诉率。公益诉讼案件的当事人众多，取证困难，案件处理的时间长，涉及较多的专业问题，如果没有律师帮助，公民个人的胜诉率非常低。因此，域外非常重视培养政府律师，政府向全职援助律师支付工资。另外，大企业和私人还会以基金和捐助的形式成立公益律师事务所，律所

---

[1] 颜运秋、周晓明：《公益诉讼制度比较研究——兼论我国公益诉讼制度的建立》，《法治研究》2011年第11期。

的董事会由著名律师、法学专家和公益组织领导人组成，享有法律规定的免税待遇。律师不仅在公益诉讼中接受委托为公共利益辩护，还是大量公益诉讼案件的直接发动者。巨大的诉讼负担和诉讼风险常常使普通公民在公益诉讼面前望而却步，而律师作为精通法律的职业人士，比一般公民拥有更多诉讼上的便利，加上对侵犯公共利益事件的敏锐性和维护社会正义的使命感，其更有愿望和能力提起公益诉讼。①

第三节 构建我国行政公益诉讼

一 有关是否建立行政公益诉讼的争论

根据我国现行《行政诉讼法》关于原告资格的规定，我国并不存在行政公益诉讼制度。检察机关对于行政诉讼的监督，也仅有抗诉这一种途径。由于法院坚持"不告不理原则"，大量行政机关的滥用职权、失职行为因没有具体的原告主体或者是因行政相对人存在客观上不能起诉的情况而无法受到司法审查，致使国家和社会公共利益受到损害。为维护国家和社会公共利益，我国一些地方的检察机关对于民事行政公益诉讼进行了探索和尝试。比如，自 1996 年以来，河南、山西、江苏、贵州等地的检察机关，对于政府国有资产管理部门未能有效履行其法定职责，造成国有资产流失的案件，积极履行法律监督的职责，尝试开展公益诉讼的新途径。

司法制度设立的根本目的，是为已经发生或者即将发生的利益损害提供救济。学者指出，随着社会关系的复杂化，当具体行政行为损害了社会公共利益，从而间接侵害了公民的合法权益时，根据现行的《行政诉讼法》，公民却没有提起诉讼的权利。② 这在一定程度上限制了公民的法律救济途径。公益诉讼制度的缺失，导致许多涉及群体性的合法利益，无法得到法律的及时保护和有效救济。因此，为维护社会公共利益和公民合法权益，有必要发挥行政公益诉讼制度在保护这些权益方面的作用，使各类利益在遭受侵害时都可进入诉讼程序。公民的合法权益是神圣不可侵犯的，行政公益诉讼制度的建立，可以有效弥补自诉制度难以克服的缺陷，

---

① 颜运秋、周晓明：《公益诉讼制度比较研究——兼论我国公益诉讼制度的建立》，《法治研究》2011 年第 11 期。

② 孙谦：《论建立行政公诉制度的必要性与可行性》，《法学家》2006 年第 3 期。

全面保护受害人的合法权益。有学者在论证设置行政公益诉讼的价值时，主要从权力监督制约体制、市民社会的生成与发展、化解矛盾与纠纷以及整合对行政权的监督资源等四个方面展开。① 也有学者认为，行政公益诉讼作为民主制度不断发展的产物，代表了现代行政诉讼制度的发展方向，并从四个方面阐述我国构建行政公益诉讼制度的可行性。第一，公益诉讼并不违背诉讼法的价值理念。这是因为，公益诉讼是私益诉讼对公益保护的深化。实质上，一切诉讼都在维护着社会的公共利益，因此在公共利益受到侵害时，赋予个人与社会组织提起公益诉讼并不违背诉讼法的价值理念。第二，刑事诉讼实行的国家追溯主义说明了基于公共利益提起诉讼的可行性，即基于保护公益的需要提起行政诉讼在法理上并没有障碍。第三，依法行政的利益远远大于滥诉的不益。第四，我国现行行政诉讼法上规定的抗诉制度，从侧面印证了行政公益诉讼与我国行政诉讼理论和制度的兼容性。②

认为行政公益诉讼势在必行的学者，在行政公益诉讼原告资格的问题上，却存在一定分歧。不少学者主张，我国行政公益诉讼的设计应该采用公诉制度模式，由检察机关提起的行政公诉符合中国检察权的内在逻辑。当作为社会公共利益出现的不特定多数公民的合法利益受到侵犯时，检察机关作为维护公共利益的代表提起行政公诉，可以对社会公众的权益保护提供有效的法律救济，从而更加有效地维护公民的合法权益。③ 不少学者对提起行政公益诉讼的原告资格进行了排序，认为检察机关应当是提起公益行政诉讼的主要主体，属于第一顺序；自然人、法人或其他组织是辅助主体，属于第二顺序。④ 设立行政公益诉讼的程序，即自然人、法人或其

① 孙谦：《设置行政公诉的价值目标和制度构想》，《中国社会科学》2011 年第 1 期。

② 王太高：《公益诉讼——中国行政诉讼的新课题》，《扬州大学学报》（人文社会科学版）2002 年第 6 期。

③ 孙谦：《论建立行政公诉制度的必要性与可行性》，《法学家》2006 年第 3 期；孙谦：《设置行政公诉的价值目标和制度构想》，《中国社会科学》2011 年第 1 期。

④ 马怀德：《〈行政诉讼法〉存在的问题及修改建议》，《法学论坛》2010 年第 5 期；莫于川：《我国〈行政诉讼法〉的若干修改建议及理由说明》，《临沂师范学院学报》2006 年第 5 期；莫于川：《公民合法权益保护优先是行政诉讼立法的重要原则——关于修改我国〈行政诉讼法〉的若干建议》，《中国人民大学学报》2005 年第 5 期。

他组织认为行政行为侵害国家利益和社会公共利益的，应当申请人民检察院提起公益行政诉讼。只有人民检察院在规定时间内不提起诉讼的，自然人、法人或其他组织才可以以自己的名义提起公益行政诉讼。同时，为了规范法人或者其他组织提起公益行政诉讼的行为，限定法人或者其他组织提起公益行政诉讼，应当与其团体章程或业务相关，并以行政行为涉及团体利益为前提，也是必要的。① 还有学者认为，无论是否有检察机关参与，都应当肯定个人作为公益诉讼原告的法律资格。在修订《行政诉讼法》时，应增加关于公益诉讼原告资格的规定，即公民、法人或者其他组织有权对涉及环境保护、税收减免、公益事业价格调整以及属于行政诉讼范围的抽象行政行为提起诉讼。② 有的学者强调赋予普通公民行政公益诉讼原告资格的意义，认为公民有资格提起行政诉讼的最大优点，在于能在最大范围内迅速、及时地发现侵害公共利益的违法行政行为，并启动诉讼程序予以监督。当公民个人提起行政公益诉讼而面临费用困难和受到压力时，赋予社会组织行政公益诉讼的原告资格也是非常必要的，有助于发挥社会组织在维护公共利益方面的优势。③

也有学者对建立中国行政公益诉讼持反对意见，认为现行诉讼制度框架可以解决行政公益诉讼的大多数情形。例如，对于抽象行政行为，大多数学者认为，应该将其纳入行政公益诉讼的审查范围，即检察院认为规章及其他行政规范性文件违反法律、法规，可以以公益代表人的身份向法院提起行政诉讼。但是也有学者认为，抽象行政行为纳入受案范围与我国宪法及有关组织法所确立的规范性文件审查体制相抵触。④ 与此同时，抽象行政行为与具体行政行为的划分也不科学，亦无必要，最为关键的是出现规范性文件侵权的情况下，根据现行制度，与此文件有关的利害关系人实际上有权提起诉讼。也就是说，此类诉讼兼具主观之诉与客观之诉的性质，并不属于纯粹的行政公益诉讼。又如，一些研究者将群体性的诉讼

---

① 马怀德：《〈行政诉讼法〉存在的问题及修改建议》，《法学论坛》2010 年第5 期。

② 杨小君：《行政诉讼问题研究及制度改革》，中国人民公安大学出版社 2007年版，第 4 页。

③ 黄学贤：《建立行政公益诉讼制度应当解决的几个问题》，《苏州大学学报》（哲学社会科学版）2008 年第 3 期。

④ 章志远：《行政公益诉讼热的冷思考》，《法学评论》2007 年第 1 期。

（如众多拆迁户状告政府的行政案件、涉及同业竞争者的行政案件、特定区域环境污染受害者状告政府不作为的行政案件等）也归入行政公益诉讼。但是持否定意见的学者认为，这种理解混淆了公益诉讼与共同诉讼和集团诉讼的界限，属于典型的概念泛化。对于上述受侵害者人数众多且范围大致可以确定的案件，应当通过行政集团诉讼的方式寻求解决。在这里，受害方起诉的主要目的还是在于维护自身的利益，虽然其结果可能对其他人也有利。在这些学者看来，单纯为了公共利益而提起的行政诉讼在现实生活中并不多见，当下学界有关行政公益诉讼范围的界定有泛化之嫌。[1]

　　"公共利益"概念本身难以界定，也是一些学者反对引入行政公益诉讼的理由。公共利益自身在概念上的高度不确定性，决定了行政公益诉讼的范围难以确定。行政公益诉讼的范围取决于对公共利益的界定。然而，公益概念的最特别之处，即在于其概念内容的不确定性。[2] 国外学者一直关注和研究公共利益的界定，但是，迄今为止，并没有形成一个清晰的公共利益概念，以至于学者感叹，公益之概念只能被描述而无法定义。在我国，近年来，公法学界围绕公共利益概念的界定发表了大量研究成果，但依旧停留在众说纷纭阶段。有的学者还提出，与其挖空心思地界定公共利益概念，不如将视线转移到对公益概念适用时所应当遵循的一些规则进行研究。[3] 但是，公共利益是行政公益诉讼存在的必要前提，不解决公共利益的界定问题，行政公益诉讼制度便难以建立起来，而公共利益本身又是一个高度不确定的概念，立法者根本就无法为人们描绘出清晰的公共利益轮廓，公共利益的识别甚至还必须仰仗法院在具体个案中加以认定。由此可见，在公益概念远没有形成广泛共识的前提下，行政公益诉讼制度的构建无异于沙滩作画。[4]

　　在当下有关中国行政公益诉讼制度建构理由的论述中，普遍存在的一种论据是借鉴域外各法治发达国家已有的行政公益诉讼经验，但是反对建

---

①　章志远：《行政公益诉讼热的冷思考》，《法学评论》2007 年第 1 期。

②　参见胡建淼、邢益精《公共利益概念透析》，《法学》2004 年第 10 期。

③　陶攀：《2004 年行政法年会"公共利益的界定"之议题研讨综述》，《行政法学研究》2004 年第 4 期。

④　章志远：《行政公益诉讼热的冷思考》，《法学评论》2007 年第 1 期。

立行政公益诉讼的学者却认为，通过深入考察西方主要国家的行政诉讼制度可以发现，将行政公益诉讼视为域外行政诉讼的通例是一个典型的伪命题，有必要对西方法治发达国家在行政诉讼客观化过程中所建立的相应制度进行分析，以便澄清上述认识的误区。①

二 构建中国行政公益诉讼的具体制度

尽管存在争议，但是仍有不少学者对构建行政公益诉讼制度提出了具体的方案设计。② 学界通常认为，提起公益诉讼应当具备以下几个条件：首先，行政主体的作为或不作为使国家或者公众的利益受到损害；其次，存在一个能够代表公共利益的诉讼主体；最后，提起公益诉讼必须有法律的特别规定。③ 有学者提出的《行政诉讼法》修改的专家建议稿对行政公益诉讼作了系统设计，主要内容包括：（1）公益行政诉讼的原告；（2）受理范围；（3）前置程序；（4）诉讼费用。所谓前置程序，就是公民认为行政机关作出的行政行为损害国家利益或者社会公共利益，在提起公益行政诉讼前，必须先向作出该行政行为的行政机关提出纠正的请求，行政机关逾期未纠正的，公民可向人民法院提起诉讼。公益行政诉讼的费用由政府财政承担，即人民法院审理公益行政诉讼案件，不收取诉讼费用和其他费用。④

在具体程序设计过程中，贯穿了有利于保护公益诉讼原告的原则。例如，借鉴美国的做法，对于败诉的被告将被处以三倍于实际损失的罚金，并承担合理的律师费和起诉费，而诉讼原告在胜诉以后分享一部分罚金。在证据制度上也对公益诉讼的原告实行倾斜政策，主要的表现形式是举证

---

① 章志远：《行政公益诉讼热的冷思考》，《法学评论》2007 年第 1 期。

② 比较典型的如杨建顺《〈行政诉讼法〉的修改与行政公益诉讼》，《法律适用》2012 年第 11 期；肖淑玲：《论我国行政公益诉讼制度的构建》，《广西社会科学》2009 年第 1 期；邹杨：《论我国行政公益诉讼制度的困境与出路》，《黑龙江社会科学》2007 年第 4 期；黄学贤：《建立行政公益诉讼制度应当解决的几个问题》，《苏州大学学报》（哲学社会科学版）2008 年第 3 期。

③ 马怀德：《公益行政诉讼的原告资格及提起条件论析——以两起案件为视角》，《中州学刊》2006 年第 3 期。

④ 莫于川等：《我国〈行政诉讼法〉的修改路向、修改要点和修改方案》，《河南财经政法大学学报》2012 年第 3 期。

责任的倒置规则、降低证明标准规则、法院职权调查规则等。例如，美国针对公益诉讼的特殊性，便设计了特殊的举证责任分配制度。如在环境公害案件中，提出原告只需提供表面证据（或称为初步证据），证明污染者已经或很有可能有污染行为即完成了举证责任。

作为客观诉讼的行政公益诉讼在我国行政诉讼法中确立，需要解决的诉讼法上的理论问题很多，目前在法律上的障碍明显。① 因此，借鉴其他国家和地区的经验，从立法上消除这类案件的障碍是很有必要，解决其法律问题也是必需的。归纳起来，行政诉讼立法中，需要解决以下问题。

（一）行政公益诉讼的范围

笼统地说，行政公益诉讼范围应当包括：需要代表国家提起的行政诉讼案件；引起社会严重公害的案件；行政决定有利于直接的行政相对人，侵害国家和社会公共利益，相对人不起诉的案件；有利于保护弱势群体、维护社会正义的行政诉讼案件。② 有的按保护对象的不同类型来界定，比如将行政公益诉讼分为受害人为不特定多数，只有受益人没有受害人两大类。③

具体而言，对行政公益诉讼的范围，应采用列举加兜底的方式。其中，应明确列举的事项有：导致自然环境和自然资源遭到破坏的行为；导致违法出让、转让国有资产，或者非法侵占、毁坏公共财产的行为；导致食品、药品等公共卫生、公共安全受到危害，致使社会公众的人身权、财产权遭受到严重威胁的行为；导致行政相对人违法受益的行为；导致或者加剧垄断，干扰社会经济秩序的行为。这些事项主要是行政行为违法损害重大公共利益、又没有适格原告、现实需求也较为迫切的案件类型。④

关于行政公益诉讼的范围，还有两个尚需说明的问题。

第一，关于对抽象行政行为提起行政公诉的问题。有学者使用"规范性行政规则"，不仅包括行政机关制定发布的规则或者规范，还包括相对普遍性的行政标准、行政政策和其他行政规定，例如城市规划、土地规

---

① 林莉红、马立群：《作为客观诉讼的行政公益诉讼》，《行政法学研究》2011年第4期。

② 孙谦：《设置行政公诉的价值目标与制度构想》，《中国社会科学》2011年第1期。

③ 马怀德主编：《行政诉讼原理》，法律出版社2003年版，第157—158页。

④ 胡卫列：《论行政公益诉讼制度的建构》，《行政法学研究》2012年第2期。

划和区域规划、对改革专业技术职务聘任制度的意见、对公立高等学校招收外国留学生的规定等。① 对于可进行司法审查的抽象行政行为的范围，目前，多数学者建议可与《行政复议法》的规定一致起来，即排除行政法规、规章和国务院的规范性文件。可提起诉讼的抽象行政行为的范围，限于国务院各部门及其所属机构、地方人民政府和其工作部门以及所属机构、其他公共管理机构的规章以外的其他规范性文件；对于规章以上的规范性文件，则按照《立法法》的规定进行监督。

第二，关于兜底条款的问题。行政公益诉讼制度尚处于探索阶段，范围不宜过宽，考虑给行政公益诉讼制度的发展留下空间，兜底条款中可以将其他具体案件范围留给其他法律来规定，即对于"其他法律规定可以提起行政公益诉讼的情形"也可以提起公诉。②

（二）行政公益诉讼的原告资格

行政公益诉讼的原告资格，即有权提起行政公益诉讼的主体，是构成行政公益诉讼制度最基本也是最核心的问题，同时也是争议最大的问题。在司法实践中，它与受案范围一起，构成了进入行政公益诉讼程序的两大门槛。公益诉讼由何种主体启动，关系到公益诉讼起诉权的分配和诉讼渠道的宽窄，也关系到社会公共利益遭到侵害时能否得到充分的司法救济。③ 传统诉讼理论认为，只有原告与诉讼对象之间存在法律上直接的利害关系，才有资格提起诉讼，反之"无利益即无诉权"。而在客观诉讼中，原告资格的获得在于法律的拟制，从而使得无关自己法律上利益的人可以提起。④ 关于行政公益诉讼原告资格，学界众说纷纭，概括而言大体上有一元、二元、三元、四元等模式。一元制的观点认为，只有特定的国家机关才可以提起行政公益诉讼，主要是指检察机关；二元制的观点认为，特定的国家机关和社会团体可以提行政公益诉讼；三元制的观点认为，特定国家机关、社会组织和公民可以提起行政公益诉讼；四元制的观点认为，特定国家机关、社会组织、公民以及相

---

① 于安：《公益行政诉讼及其在我国的构建》，《法学杂志》2012 年第 8 期。
② 胡卫列：《论行政公益诉讼制度的建构》，《行政法学研究》2012 年第 2 期。
③ 赵许明：《公益诉讼模式比较与选择》，《比较法研究》2003 年第 2 期。
④ 林莉红、马立群：《作为客观诉讼的行政公益诉讼》，《行政法学研究》2011 年第 4 期。

关人可以提起行政公益诉讼，此处的相关人是指具有特定身份的人如纳税人等。① 有的学者在专家意见稿中，为扩大公益行政诉讼原告的范围，提出了两套实施方案。一套方案是使检察机关与非政府组织共同处于起诉的第一顺位；另一套方案是普遍赋予检察机关、非政府组织与公民提起公益行政诉讼的权利，同时对起诉的顺序不做限制性规定。② 有学者提出，结构合理、诉权适当的原告制度，应该是同时承认职务性的检察机关公诉权、公益组织团体诉权和法律列举规定的民众诉权。检察机关出于维护国家和社会公共利益依法提起行政公诉；公益组织则是为了维护本团体代表的公共利益或者成员利益提起公益性团体诉讼；享有诉权的民众，起诉目的主要是为了国家和社会公共利益，而不限于保护或者恢复自身的权益，起诉人本身利益的相关性可以作为调节诉权授予的条件。③

第一，关于检察机关的原告资格。关于检察机关应否提起行政诉讼的争论由来已久。主张行政公诉的学者从保护弱者原则的重要性、行政法的理论基础、国外立法和司法实践，以及实现依法行政等四个方面，来论述建立行政公诉的必要性，并指出行政公诉法律关系的主体。④ 农工党中央在十届五次政协会议上的提案中，建议基于检察机关的特殊地位，由检察机关代表国家提起行政公益诉讼。其理由是检察机关集公诉和监督于一身，并且在长期的司法实践中培养出一支实力较强的专业队伍。⑤ 赋予检察机关行政公益诉讼原告资格，对于监督违法行政行为具有重要意义。因为检察机关所具有的国家机关身份，有助于在诉讼过程中更好地与被诉的行政机关抗衡。⑥ 基于我国现有的司法架构，让检察机关提起行政公益诉讼，不仅契合检察机关法律监督

---

① 参见赵许明《公益诉讼模式比较与选择》，《比较法研究》2003 年第 2 期。

② 莫于川等：《我国〈行政诉讼法〉的修改路向、修改要点和修改方案》，《河南财经政法大学学报》2012 年第 3 期。

③ 于安：《公益行政诉讼及其在我国的构建》，《法学杂志》2012 年第 8 期。

④ 蓝邓骏：《行政公诉（兼论：行政诉讼受案范围）》，《河北法学》2000 年第 3 期。

⑤ 参见台建林《农工党中央：由检察机关挑起行政公益诉讼重担》，《法制日报》2007 年。

⑥ 黄学贤：《行政公益诉讼若干热点问题探讨》，《法学》2005 年第 10 期。

的宪法地位和提起公诉的法定职能，而且具有较小的制度成本，是一个恰当的制度安排。① 个别反对由检察机关提起行政公益诉讼的学者，主要是担心检察机关作为法律监督机关提起行政公益诉讼会发生严重的角色冲突，危及行政审判的独立性。②

检察机关对行政公益诉讼的发动可以有两种途径，第一，根据公民的起诉请求而发动；第二，直接依职权主动向法院提起诉讼。检察机关作为法律监督机关，有权对行政行为进行监督。但是也有学者担心，检察机关对行政诉讼干预过多会影响行政自治原则，因此，检察机关提起行政公诉时应遵循一定的原则，起诉范围亦应严格把握，而不能过多干预个人不起诉的正当权益。③ 有学者主张，检察机关提起行政公益诉讼的范围，应限定于国有资产流失等侵害国家利益的领域。结合《行政诉讼法》修改，可以考虑对检察机关的诉权和诉讼程序，作出概括性规定，具体范围有待在相关单行实体法修改中确立。

第二，关于社会组织的原告资格。多数学者赞成赋予社会组织提起行政公益诉讼的权利。社会组织具有诉讼能力优势。不同的社会团体基于对与本团体相关的公共事务如环境保护、消费者权益等的了解与熟悉，在行使原告权利或承担相应义务方面更加方便。④ 赋予社会组织行政公益诉讼的原告资格，最大的优点在于，可以避免公民个人提起行政公益诉讼时因诉讼费用和受到的压力等问题，从而发挥社会组织在维护公共利益方面的优势。⑤ 在这方面，域外积累了较为成熟的经验。为避免出现滥诉行为，有的国家将起诉的权限于被国家机关证明了的、有信誉的团体行使。例如，美国法院承认一些保护历史文物的公民团体、公共福利社团、环境组织等享有行政公益诉讼的原告资格。德国、日本和英国也承认公益组织的起诉权。⑥ 我国也曾经出现由民间环保社团组织作为公益诉讼人状告地方政府部门的环境公益行政诉讼的案例。2009 年 7 月 28 日，贵州清镇市人民法院正式受理中华环保联合会起

① 胡卫列：《检察机关提起行政公诉简论》，《人民检察》2001 年第 5 期。
② 章志远：《行政公益诉讼热的冷思考》，《法学评论》2007 年第 1 期。
③ 胡卫列：《检察机关提起行政公诉简论》，《人民检察》2001 年第 5 期。
④ 王彦：《论公益行政诉讼制度的构建》，《法学论坛》2002 年第 6 期。
⑤ 黄学贤：《建立行政公益诉讼制度应当解决的几个问题》，《苏州大学学报》（哲学社会科学版）2008 年第 3 期。
⑥ 转引自张晓玲《行政公益诉讼原告资格探讨》，《法学评论》2005 年第 6 期。

诉清镇市国土资源管理局环保行政管理一案。① 也有学者指出，我国"大政府，小社会"的结构对政治体制改革和法治建设产生了一定的负面影响。赋予社会团体、组织对相关的行政公益案件提起公益诉讼资格，不仅有利于更好地保护相关的公共利益，而且有助于凸显其在社会生活中的主体地位，对于促进市民社会的形成，保障社会的稳定、健康发展与和谐社会的建设，都将起到积极的推动作用。②

第三，关于公民个人的原告资格。学界关于行政公益诉讼的原告资格的争论，主要集中在公民个人是否具备行政公益诉讼原告资格的问题上。不少学者主张，从民主、人权和法治发展的要求看，应当赋予公民个人以行政公益诉讼原告资格。赋予公民行政公益诉讼的原告资格，可以在最大的范围内迅速、及时地发现侵害公共利益的违法行政行为。③ 即使立法规定检察机关作为公共利益的代表者和维护者有权提起公益诉讼，普通民众提起公益诉讼的权利也不容忽视。这是因为，检察机关存在滥用权力和懈怠职守的可能，并且检察机关考虑更多的是国家利益，国家利益不是公共利益的全部，国家利益会存在与社会公共利益不一致的情况。另外，民众中不乏具有敏锐观察力和社会正义感的社会精英，他们在维护社会公共利益方面的能力和愿望并不比国家机关低。④ 赋予公民以起诉资格，符合宪法精神和法治原则，同时，我国司法权力难以有效地制约行政权的客观现实，需要以公民诉权补充。因此，学者将赋予公民以原告资格，视为国家利益和社会公共利益受行政行为侵害时的有效救济手段之一。⑤

反对公众享有行政公益诉讼主体资格的学者主要担心，宽泛的主体资格会导致滥诉，从而使得司法制度陷入民众审判的泥潭。⑥ 另外，司法资

---

① 郄建荣：《社团环境公益行政诉讼第一案立案》，《法制日报》2009 年 7 月 29 日；刘长：《首例环保公益行政诉讼破冰背后》，《民主与法制时报》2009 年 8 月 10 日。

② 胡卫列：《检察机关提起行政公诉简论》，《人民检察》2001 年第 5 期；胡卫列：《论行政公益诉讼制度的建构》，《行政法学研究》2012 年第 2 期。

③ 黄学贤：《建立行政公益诉讼制度应当解决的几个问题》，《苏州大学学报》（哲社版）2008 年第 3 期。

④ 胡卫列：《论行政公益诉讼制度的建构》，《行政法学研究》2012 年第 2 期。

⑤ 王彦：《论公益行政诉讼制度的构建》，《法学论坛》2002 年第 6 期。

⑥ 杨涛：《行政公益诉讼需要合理边界》，《民主与法制时报》2006 年 4 月 24 日。

源作为一种有限的国家资源，立法在为关心公共利益的维护者提供使用诉讼的途径和机会外，也要防止其成为全民诉讼，还要考虑不当诉讼对行政机关工作的过度干预而影响行政效率。① 有学者主张，应当逐步放宽公民个人的行政公益诉讼起诉权利，在行政公益诉讼初创阶段，不应过度宽泛。有的学者还提出了具体的制度设计方案，即先由公民个人向检察机关提出提起行政公诉的申请，由检察机关审查决定是否起诉，以起到过滤作用。而对于检察机关拒绝起诉的案件，公民个人可以自行起诉，以保障公民个人的权利。②

有学者提出，我国在将来《行政诉讼法》修改中，可以仿照日本及我国台湾地区的立法技术，在法律中，确立行政公益诉讼的类型和准用程序，而将起诉资格和具体的适用程序赋予单行立法来规定。这样一方面避免了起诉资格过于宽广而造成全民诉讼的立法风险，另一方面又为行政公益诉讼的进一步拓展预留了空间。③

（三）行政公益诉讼的程序

行政公益诉讼作为一种新的诉讼类型，有着较为独特的程序制度安排，主要体现在以下方面。

第一，提升管辖法院的级别。有学者认为，不论公益诉讼的被告属于哪一级行政机关，案件都属于《行政诉讼法》第14条列举的中级人民法院管辖的案件中的"本辖区内重大复杂的案件"，也就是《若干问题的解释》第8条（2）项所谓的社会影响重大的共同诉讼、集团诉讼案件。因此，行政公益诉讼的一审案件应由中级人民法院审理。④

第二，承认检察机关的调查权。为证明其诉讼主张，检察机关在办理行政公诉案件时应享有调查取证权，但不应采用刑事侦查中讯问、搜查等带有强制性质的侦查措施和手段。另外，检察机关代表国家行使法律监督权，其在行政公诉案件中的取证权，属于职权行为，与当事人、律师的调

---

① 林莉红、马立群：《作为客观诉讼的行政公益诉讼》，《行政法学研究》2011年第4期。

② 马怀德：《司法改革与行政诉讼制度的完善》，中国政法大学出版社2004年版，第372页。

③ 林莉红、马立群：《作为客观诉讼的行政公益诉讼》，《行政法学研究》2011年第4期。

④ 谢志勇：《论公益诉讼》，《行政法学研究》2002年第2期。

查取证权不同。当检察机关向有关单位和个人调查取证时，有关单位和个人不得拒绝。①

第三，设置检察机关提起公诉的前置程序。检察机关向相关行政机关发出检察建议，是行政公诉必经的前置程序。只有当检察建议不足以阻止违法行为的时候，检察机关才能提起公诉。关于其中检察建议的效力，检察建议本质上是一种程序性的行为，并不要求行政机关必须按照检察机关的建议作为，其实质是提醒行政机关对行政决定重新进行审慎的考量。② 社会团体和公民提起公益行政诉讼时，也应向拟起诉的行政机关提出书面建议，要求行政机关撤销或变更损害国家利益和社会公共利益的行政行为，并要求行政机关在法律规定或限定的合理期限内予以答复或处理。当行政机关在规定或限定期限内不予答复，或检察机关、社会团体和公民认为处理不当时，便可以向法院起诉。③ 建立诉讼前置程序，一是能够节约司法资源；二是体现了对行政自治的尊重；三是采取非诉讼形式解决社会矛盾，有利于促进社会和谐。④

第四，审查起诉的期限和救济。检察机关的行政公益诉讼的起诉权，既是权力，也是职责，为有效约束，应规定其审查起诉的期限。具体期限的设置，既要保证检察机关能够对案件进行全面、深入的审查，也要充分考虑提高诉讼效率和节约司法成本，并保持与其他诉讼环节有关办案期限的协调和平衡。有学者建议以 60 日为宜，重大复杂案件，可以延长 30 日，但要明确延长办案期限的决定主体和程序。⑤

（四）司法审查的强度

在行政公益诉讼中，诉讼对象是行政机关侵犯公共利益的行政行为，为了最大限度维护公共利益，应当提高司法审查强度，充分发挥司法的能动作用，如法官应依职权主动调查取证；采用实质性的审查标准认定事实问题；综合运用合法性审查、合理性审查和预防性审查等多种

---

① 邓思清：《论检察机关的行政公诉权》，《河南社会科学》2011 年第 2 期。

② 孙谦：《设置行政公诉的价值目标与制度构想》，《中国社会科学》2011 年第 1 期。

③ 王彦：《论公益行政诉讼制度的构建》，《法学论坛》2002 年第 6 期。

④ 田凯：《行政公诉制度的前置程序》，《人民检察》2011 年第 9 期。

⑤ 胡卫列：《检察机关提起行政公诉简论》，《人民检察》2001 年第 5 期。

审查方式。①

（五）诉讼费用

日本学者将诉讼成本称为"生产正义的成本"。无论审判能够怎样完美地实现正义，如果付出的代价过于昂贵，人们则往往只能放弃通过审判来实现正义的希望。诉讼成本如何分担配置，直接影响公民利用司法实现正义的机会。通常情况下，"败诉者负担"原则被证明是较为合理的诉讼成本配置方式之一。但是，行政公益诉讼作为客观诉讼，有别于自益为目的的主观诉讼，当事人启动诉讼程序是为了国家及社会公共利益。为了避免给普通公民提起行政公益诉讼造成经济上的压力，有学者认为，在行政公益诉讼中，诉讼费用可以通过以下三个途径来解决。②

（1）审判成本"公共负担"。行政公益诉讼的案件受理费用，应由国家财政负担，其他诉讼费用，如律师费用、鉴定费用等，仍应由败诉人承担。有学者认为，可以在《诉讼费用交纳办法》第 45 条适用免交诉讼费用情形中，增加行政公益诉讼。③

（2）将公益诉讼纳入政府法律援助的范围。有学者建议，将公益行政诉讼纳入法律援助范围。法律援助是指由政府设立的法律援助机构组织法律援助人员，为经济困难或特殊案件的人提供法律服务的一项法律保障制度。公益行政诉讼是为公益目的提起的诉讼，且原告面临的是强大的行政机关，需要在不谋求自身利益的情况下花费时间、精力乃至费用等求得公益的维护，因此，应成为法律援助的对象。④ 公益诉讼纳入政府法律援助的范围，有利于为热衷于保护公益的诉讼当事人提供平等的司法保障，有利于实现司法公正。此外，应鼓励民间公益性组织，或以个人身份，为行政公益诉讼案件提供代理和咨询服务。⑤

（3）公益诉讼费用转嫁。可以通过诉讼费用转嫁办法，来减轻公益

---

① 林莉红、马立群：《作为客观诉讼的行政公益诉讼》，《行政法学研究》2011 年第 4 期。

② 同上。

③ 胡卫列：《检察机关提起行政公诉简论》，《人民检察》2001 年第 5 期；孙谦：《设置行政公诉的价值目标与制度构想》，《人民检察》2011 年第 4 期。

④ 王彦：《论公益行政诉讼制度的构建》，《法学论坛》2002 年第 6 期。

⑤ 林莉红、马立群：《作为客观诉讼的行政公益诉讼》，《行政法学研究》2011 年第 4 期。

诉讼中原告的经济压力。除了案件受理费用以外，律师费用、鉴定费用等其他诉讼费用可以通过以下两种方式解决。一是成立公益诉讼基金会。公益性组织可以设立专门的公益诉讼基金，对公益诉讼案件提供资金支持，让公益诉讼获得变革社会的力量。此外，由特定的国家机关设立专项基金支持公益诉讼。引入公益诉讼基金，既能防止原告因担心承担败诉费用而放弃公益诉权的情形发生，又不至于增加法院的行政公益诉讼的成本，而且公益诉讼基金的恰当运用在一定程度上可防止滥诉，因此不失为一种可供参考的解决方案。① 由政府机关出资设立专项基金支持公益，在我国部分地区已经有了积极的尝试，如昆明市环保局和昆明市中级人民法院等相关国家机关，正联手准备成立环保诉讼专项基金，以支持环境公益诉讼、恢复被破坏的生态环境、对环境诉讼中无财产可供执行的受害人提供救济。② 二是诉讼费用保险制度（legal expense insurance）。保险公司在保险人发生诉讼时，根据保险公司所承担案件种类和诉讼费用承担条件，为保险人支付诉讼费用。诉讼费用保险制度在我国尚处于探索阶段，将来在制度设计中是否可以覆盖到行政公益诉讼，尚有诸多理论上的困境，但不排除其可能性。③

（六）滥诉的预防机制

行政公益诉讼在建立制度保障的同时，应设立制约机制，因为"并非所有的诉讼都始于原告的正义感，有无理取闹的诉讼，也有为不义之财的诉讼。而且，并非诉讼件数越多，其社会发展程度就越高、市民享受的福利就越优厚。"④ 有学者认为，应建立行政诉前申请程序，即行政公益诉讼原告在向法院提起诉讼以前，应当先向主管机关提出书面申请，主管机关在一定期限内未予答复，或虽答复但当事人不服，可直接向法院起诉。构建这一制度的目的，一方面给行政机关一个自我纠错的机会，以尽

---

① 张晓玲：《建立我国行政公益诉讼制度的思考》，《华中科技大学学报》（社会科学版）2005 年第 4 期。

② 何悦、刘云龙：《我国环境公益诉讼立法设想》，《科技与法律》2012 年第 2 期。

③ 林莉红、马立群：《作为客观诉讼的行政公益诉讼》，《行政法学研究》2011 年第 4 期。

④ ［日］田中英夫、竹内昭夫：《私人在法实现中的作用》，李薇译，法律出版社 2006 年版，第 6 页。

量避免司法程序不必要和不合时宜地干预行政程序；另一方面发挥该程序在抑制原告滥诉方面的作用。① 需注意的是，行政诉前申请程序不同于诉前复议程序，行政诉前申请程序是公民通过书面告知程序督促行政机关履行义务的一种方式，其作用类似"最后通牒"，目的在于给行政机关一个诉前警示，督促其履行义务；而诉前复议程序是"穷尽行政救济原则"的体现。诉前申请程序通常遵循一般的行政程序作出决定，而诉前复议程序则通过准司法的程序作出决定。此外，诉前申请程序在受理期限、审查程序、审查决定的效力等方面与复议程序有明显的不同。

有学者反对在行政公益诉讼中设置诉前复议前置程序。② 其理由是，行政诉前申请程序本身属于行政机关的自我复核程序，如果再设置诉前复议程序，行政机关科层式的监督机制往往收效甚微，反而给原告徒增不必要的程序障碍。

较为折中的观点认为，一般情况下，应当经过前置程序，但也要设置例外免除的情形。比如，某些情况下行政机关违法行政侵害社会公益，即使检察机关提出检察建议或司法质询，行政机关也不会纠正，并且侵害社会公益的违法行为情况非常紧急，如果通过前置程序向其提出检察建议或司法质询，反而延误了向法院提起行政公诉的时机，从而降低了处理突发事件的效率时，则前置程序可以免除。③

另外，学界也有设立诉讼保证金制度的主张。在公益诉讼中，由于原告与诉讼的标的不像传统诉讼那样有直接的利害关系，原告在诉讼过程中，很可能会由于缺乏相应的动力而消极应对或半途而废。为了保证诉讼的严肃性，防止滥诉，避免原告在启动诉讼程序后因随意退出或无故缺席而造成司法资源的浪费，有学者建议考虑设置保证金制度，即规定原告在起诉时必须缴纳一定数量的保证金，作为保证原告完整地参加诉讼过程的物质制约手段。只要原告积极履行相应的诉讼义务，在诉讼程序结束时，不论原告是否胜诉，法院都如数退还保证金及相应的同期银行利息。④ 对

---

① 林莉红、马立群：《作为客观诉讼的行政公益诉讼》，《行政法学研究》2011年第 4 期。

② 同上。

③ 田凯：《行政公诉制度的前置程序》，《人民检察》2011 年第 9 期。

④ 王太高：《公益诉讼——中国行政诉讼的新课题》，《扬州大学学报》（人文社会科学版）2002 年第 6 期。

于防止滥诉收取保证金的建议，有学者则持不同意见，认为在我国行政公益诉讼中的滥诉与怠于行政公益诉讼相比，后者更为突出。因此，与其要交纳保证金防止滥诉，还不如给予必要奖励以鼓励公民和社会组织在公共利益受到违法行政行为侵害时，积极地提起公益诉讼，在提起公益诉讼后积极地完成整个诉讼过程。① 有的学者主张，在立法中可确立胜诉奖励制度。② 也有学者认为，奖励制度不宜规定在《行政诉讼法》中，而应根据具体情况在单行法律中规定。例如，在环境保护法中确立行政公益诉讼的同时，规定相应的奖励制度，以鼓励公众参与环境保护。③ 当然，对公民和社会组织因提起行政公益诉讼而给予的奖励，必须在参与了完整的诉讼程序后才能兑现，对于无正当理由而不参与完整诉讼程序的则不能给予奖励。④

　　行政公益诉讼正如一把"尚未出鞘的利剑"，其立法瓶颈的突破还有待解决诸多诉讼法技术上的问题。任何一项健全的制度都有赖于坚实的理论支撑，目前学界有关公益诉讼的研究虽然方兴未艾，但是理论积淀仍比较薄弱。无怪乎有学者认为，现有的理论研究和司法环境是否能够支撑行政公益诉讼制度，还需要做出谨慎的判断。⑤

---

① 林莉红、马立群：《作为客观诉讼的行政公益诉讼》，《行政法学研究》2011年第4期。

② 黄学贤：《行政公益诉讼若干热点问题探讨》，《法学》2005年第10期。

③ 林莉红、马立群：《作为客观诉讼的行政公益诉讼》，《行政法学研究》2011年第4期。

④ 黄学贤：《建立行政公益诉讼制度应当解决的几个问题》，《苏州大学学报》（哲学社会科学版）2008年第3期。

⑤ 林莉红、马立群：《作为客观诉讼的行政公益诉讼》，《行政法学研究》2011年第4期。

第 八 章

行政诉讼的调解

鉴于中国行政诉讼的法律规范对"调解"的明文禁止，一些研究和实践将与调解相类似的做法，称为"协调"、"撤诉"、"和解"，其指向并无多大不同。凡是实质指向与法院调解有关的内容，均属于本章的研究范畴。同时，鉴于行政赔偿诉讼一直适用调解，并不存在争议，故不在本章范围之内。

第一节　行政诉讼调解的理论争议与走向

"中国法律制度最引人瞩目的一个方面，是调解在解决纠纷中不寻常的重要地位。"[1] 行政诉讼的调解，在我国经历了相对曲折的发展历程，经历了从否定到肯定的过程；在得到充分肯定之后，对其规范、反思，则被学者们提上研究日程。

一　相关概念辨析：和解、协调、撤诉等

一种观点认为，在行政诉讼中，各级法院倡导实施的行政诉讼协调、和解机制和实践，实质并无多少差异。仅仅是因为《行政诉讼法》对"调解"的明文禁止，实践中和理论上，人们才改变表述，将实际具有调解特征的活动称之为"协调和解"，其最终形成协调和解的结果，实际上

---

[1] 强世功：《调解、法制与现代性：中国调解制度研究》，中国法制出版社2001年版。

是没有调解书的调解。① 一些学者更认为，调解与和解具有相同的理论基础和体制架构，其研究讨论的调解当然包括和解。②

还有学者提出，调解、和解的关键差异在于是否有法院的主导作用。法院调解是人民法院行使国家审判权的一种职能活动，调解较多地体现为法官的干预活动，而和解协议是双方当事人在不受任何干预的情况下，对自己诉讼权利和实体权利进行处分的结果。③

也有学者认为，我国行政诉讼应建立和解制度而不应沿袭现有民事诉讼的调解制度，以避免使用相同的"调解"用语而将民事诉讼超职权调解的弊端带入行政诉讼，因而使用"和解"概念更为妥当。④

有学者从实定法出发，认为虽然《行政诉讼法》不适用调解，但并没有禁止和解。因此，在不修改《行政诉讼法》的前提下，可以通过法律解释的方法，借用《民事诉讼法》的规定支持行政诉讼和解。⑤ 2007 年最高人民法院发布《关于为构建社会主义和谐社会提供司法保护的若干意见》，提出要"探索构建行政诉讼和解制度"。《关于进一步发挥诉讼调解在构建社会主义和谐社会中积极作用的若干意见》提出对行政诉讼案件，可以参照民事调解的原则和程序，"尝试推动当事人和解"。

不少法院出台了《行政诉讼协调工作指导意见》或类似司法文件。例如浙江省高级人民法院于 2008 年出台《关于加强和规范行政诉讼协调工作的指导意见》。有论者主张将协调与调解截然区分，认为协调是指法院在审理行政案件的过程中主动运用法律的基本原则和具体规定，在双方当事人之间，以及其他相关各方之间进行的协商、调停、沟通，探索案件处理办法的活动。协调与调解的区别在于，协调注重过程，而调解强调结果；协调重视的是法院联络多方主体的活动，而调解注重的是对当事人意

---

① 沈福俊：《和谐统一的行政诉讼协调和解机制》，《华东政法大学学报》2007年第 6 期。

② 杨临宏：《行政诉讼适用调解的思考——关于〈中华人民共和国行政许可法〉第 50 条的反思》，《法治论丛》2004 年第 5 期。

③ 杨海坤：《中国行政诉讼调解制度探讨》，《法学论坛》2008 年第 3 期。

④ 白雅丽：《论中国行政诉讼和解制度的建立》，《现代法学》2006 年第 3 期。

⑤ 章剑生：《寻求行政诉讼和解在法律规范上的可能性——法律解释方法之视角》，《当代法学》2009 年第 2 期。

愿的落实。①

还有观点认为，行政诉讼的协调，等同于行政诉讼的和解，目的是终结行政争议，以获得协议的方式终止诉讼。② 协调是具有中国特色的词语，是为了规避现行法律而创造的概念，是否能进入立法值得考虑。

行政诉讼中和解是当事人为解决行政争议而达成的一种协议，它强调的是和解协议的结果；行政诉讼中调解是法院居间所作的工作，强调的是这一过程；而行政诉讼中协调则是一种笼统的概括，既指法院的居间工作，也包括当事人作出和解协议的结果，是调解与和解的统一。③

2008 年最高人民法院发布《关于行政诉讼撤诉若干问题的规定》，其中并未使用"调解"、"协调"或类似词语，但实质内容则主要是鼓励双方当事人合意协商，原告申请撤诉、法院审查后结案。根据《最高人民法院关于认真贯彻执行〈关于行政诉讼撤诉若干问题的规定〉的通知》，制定该规定的主要目的是"妥善化解行政争议，依法审查行政诉讼中行政机关改变被诉具体行政行为及当事人申请撤诉的行为"。该通知要求"各级人民法院要通过认真执行《撤诉规定》，积极探索协调解决行政争议的新机制。特别是对于群体性行政争议、因农村土地征收、城市房屋拆迁、企业改制、劳动和社会保障、资源环保等社会热点问题引发的行政争议，更要注意最大限度地采取协调方式处理。鼓励和提倡双方当事人通过合意协商，在妥善解决争议的基础上通过撤诉的方式结案。"理论界和司法实务部门普遍认为，该司法解释是默认调解、和解存在并试图加以规范的正式规定。据此，有学者从和解实现方式的角度，将人民法院建立的行政诉讼和解制度归结为"撤诉模式"。④ 在协调和解成为人民法院解决行政纠纷的"新机制"后，自 2002 年以来，全国法院的一审行政案件撤诉率均维持在 30% 以上，且有逐年上升的态势。

---

① 林莉红：《论行政诉讼中的协调——兼评诉讼调解》，《法学论坛》2010 年第 5 期。

② 陈新民：《和为贵——论行政协调中的法制改革》，《行政法学研究》2007 年第 3 期。

③ 杨海坤：《中国行政诉讼调解制度探讨》，《法学论坛》2008 年第 3 期。

④ 谭炜杰：《从撤诉到契约：当代中国行政诉讼和解模式之转型》，《行政法学研究》2012 年第 3 期。

二　反对调解的历史溯源、制度与理论

早在 1985 年，最高人民法院《关于人民法院审理经济行政案件不应进行调解的通知》（法（经）发〔1985〕25 号）① 提出，"人民法院审理这种行政案件，不同于解决原、被告之间的民事权利义务关系问题，而是要以事实为根据，以法律为准绳，审查和确认主管行政机关依据职权所作的行政处罚决定或者其他行政处理决定是否合法、正确。因此，人民法院不应进行调解，而应在查明情况的基础上作出公正的判决：如果主管行政机关所作的行政处罚决定或者其他行政处理决定正确、合法，应当驳回原告的起诉；如果主管行政机关的行政处罚决定或者其他行政处理决定在认定事实、适用法律方面确有错误，应当予以撤销或者变更"。1987 年最高人民法院《关于审理经济纠纷案件具体适用〈民事诉讼法（试行）〉的若干问题的解答》，再次就行政案件不适用调解作出明确要求。

在这种认识之下，《行政诉讼法》第 50 条规定："人民法院审理行政案件，不适用调解。"其例外是行政赔偿诉讼。《行政诉讼法》第 67 条第 3 款规定："赔偿诉讼可以适用调解。"但是，此处的调解是在确认被诉具体行政行为违法的前提下就行政赔偿进行的协商，而不是对行政权行使的调解。该规定被当时学者们提炼为"行政诉讼不适用调解"原则。

该禁止调解的立法理由可以归纳为：公权力具有不可处分性，导致行政诉讼不存在调解的理论基础；法院对行政行为进行合法性审查，审查的结果或者合法或者违法，合法的应维持，违法的则予以撤销，没有调解的必要；最后，调解要么损害当事人利益，要么损害国家利益或社会公共利益。事实上，不仅中国存在此种否定行政诉讼调解的理论，日本的雄川一郎、原田尚彦等均为否定论者。

三　支持行政诉讼调解的理论

在《行政诉讼法》的起草过程中，行政诉讼能否适用调解存在较大

---

① 需说明的是，根据最高人民法院 1996 年 12 月 31 日发布的《最高人民法院关于废止 1979 年至 1989 年间发布的部分司法解释的通知》（法发〔1996〕34 号），本司法解释已被 1989 年 4 月 4 日全国人民代表大会通过并公布的《中华人民共和国行政诉讼法》代替。

争议。1998 年以后关于行政诉讼调解的论文更是大量发表，其主题是突破或绕过《行政诉讼法》条文，研讨行政诉讼调解的理论依据和现实功能。

（一）理论依据

首先，"行政权不可处分性"并不排斥调解。不少研究者指出，行政权是否可处分，并不是行政诉讼是否可建立调解制度的充分理由。刑事诉讼领域尚可辩诉交易，并已经为我国的刑事诉讼实践承认、吸纳。由此可见，公诉机关对其职权尚有一定的处分空间，遑论行政权行使的领域。① 有关行政权绝对不可转让、不能妥协、不准处分的认识，只是学理假设而已。② 甚至有激进观点认为，无论是给付行政行为还是干涉行政行为，羁束行为还是裁量行为，在实施过程中都存在着相对人与行政机关相互协商对话的空间，表明行政行为存在调整的可能性，为行政争议在诉讼中适用调解提供了基础。③

其次，合法性审查并不排斥调解。一方面，适用调解并不妨碍人民法院审查被诉具体行政行为的合法性。法院对调解协议的内容予以审查，同样带有合法性审查的色彩和功能。调解只是不同的结案方式，也是合法性审查的结果。④ 另一方面，法院主持行政诉讼的调解过程，可以借助法院的审查，避免调解结果损害国家利益、社会公共利益，或者当事人利益。⑤

最后，调解有利于降低诉讼成本，具有较强的化解争议效果。在诉讼过程中，双方能获得理解和共识，进而终止争议，也是"诉讼经济"的表现，此时行政协调的制度便可发挥一定的功能。⑥ 由此得出的结论是：

---

① 陈新民：《和为贵——论行政协调中的法制改革》，《行政法学研究》2007 年第 3 期。

② 朱新力、高春燕：《行政诉讼应该确立调解原则吗?》，《行政法学研究》2004 年第 4 期。

③ 王睿倩：《完整构建我国的行政诉讼调解制度》，《湖北社会科学》2009 年第 5 期。

④ 同上。

⑤ 刘东亮：《论行政诉讼中的调解——兼与朱新力教授商榷》，《行政法学研究》2006 年第 2 期。

⑥ 陈新民：《和为贵——论行政协调中的法制改革》，《行政法学研究》2007 年第 3 期。

行政协调也是硬道理。① 在实践中，协调和解、调解的化解纠纷效果非常显著。我国行政诉讼案件虽然总量较低，但相关申诉上访案件的比例却高得异乎寻常高。2010 年全国法院行政审判工作座谈会披露，2009 年全国法院全年新收刑事、民商事、行政一审案件 668 万多件，其中行政案件不足 2%，但行政申诉上访案件却占到全部申诉上访案件的 18%。在地方法院中，也表现出行政案件受案数量少，但上诉率、申诉率较高的现象，在山东省淄博市法院，自 1989 年设立行政审判庭以来的数据表明，行政诉讼仅占到全部诉讼受案总数的 2.33%，但其上诉率、申诉率却分别高达 14.34% 和 5%；而民事诉讼案件数占到全部诉讼受案总数的 67.13%，其上诉率、申诉率却分别仅为 5.56% 和 1.5%。②

为此，最高人民法院在全国各级法院集中开展行政案件申诉上访专项治理活动，并纳入政法机关集中开展"涉法涉诉信访积案清理"活动和"百万案件评查"活动。③ 显然，现行行政诉讼制度的化解纠纷效果并不尽如人意，对调解机制的需求可见一斑。从镇江市中级人民法院对 5% 的协调撤诉案件的回访情况看，通过协调和解决纠纷的案件，无一例在结案后缠诉缠访，并都及时履行。④

（二）域外理论与实践

从域外制度看，在德国、法国等多个国家和地区，调解是行政诉讼程序终结的方式之一。一些学者对域外行政诉讼调解、和解相关规则和实践予以整理，表明行政诉讼允许调解是普遍性规范。

德国法学界多数认为，应当准许行政诉讼调解。行政诉讼调解制度被认为通过当事人之间更深互动，可以减轻过重的司法负担，缩短诉讼时间，诉讼结果更加适当且效果持久。⑤

① 陈新民：《和为贵——论行政协调中的法制改革》，《行政法学研究》2007 年第 3 期。

② 马青华：《行政诉讼撤诉二十年考量——淄博市法院行政诉讼撤诉情况调查》，《山东审判》2009 年第 2 期。

③ 黄学贤：《行政诉讼撤诉若干问题探讨》，《法学》2010 年第 10 期。

④ 江苏省镇江市中级人民法院行政审判庭：《行政诉讼协调和解机制运作情况的调研报告》，《人民司法》2006 年第 10 期。

⑤ 阿诺·斯彻兹伯格：《德国行政诉讼法》，中国宪法行政法法律网，http://www.cncasky.com/get/lltt/fxlw/20121204234004532.html，最近访问于 2012 年 12 月 24 日。

《联邦德国行政法院法》第 87 条规定："在言词审理之前，庭长或主审法官得作出所有必要的命令，尽可能使争议经一次言词审理而终结。庭长或主审法官尤其可以：（1）传唤参与人说明事实和争议情况，以促成和解，了结争议……"德国行政法院以和解方式结案的行政案件比例较高。柏林地方行政法院以非裁判方式终结行政诉讼的比例，高达 97%。①2012 年德国出台新的《联邦调解法》（the Federal Mediation Law），并相应修改了《联邦德国行政法院法》。

日本《行政案件诉讼法》虽然不存在关于诉讼中和解的一般根据的明文规定，但司法实践中广泛承认行政诉讼和解的法理。② 虽然有日本学者否定行政诉讼可以调解，但南博方、田中二郎、高林克己等学者均认为行政诉讼可以调解。

我国台湾地区的法制变迁更是具有借鉴意义。2000 年之前，我国台湾地区实施旧的行政诉讼制度，基于"公权不可处分"的原则，并未建立起行政诉讼和解制度。但是，在 2000 年 7 月以后实施新的行政诉讼制度，"行政诉讼法"第 219 条明确规定："当事人就诉讼标的具有处分权并不违反公益者，行政法院不问诉讼程度如何，得随时试行和解。"③ 当事人以和解方式终止诉讼，并通过十条规定，详尽地规定了和解的各个环节、期限。④

（三）现实可行性

首先，行政诉讼调解具有顽强的生命力，实践的蓬勃发展，只会使《行政诉讼法》不适用调解的规定成为口号性条款，失去法律规范本应具有的规范性功能。

相反观点则认为，行政诉讼实践中大量运用调解并不表明调解就当然具有正当性。一个显而易见的事实就是，只有当具体行政行为在事实上或

---

① 参见邹荣、贾茵《论我国行政诉讼调解的正当性构建》，《行政法学研究》2012 年第 2 期。

② ［日］南博方：《行政诉讼中和解的法理》（上），杨建顺译，《环球法律评论》2001 年春季号。

③ 刘东亮：《论行政诉讼中的调解——兼与朱新力教授商榷》，《行政法学研究》2006 年第 2 期。

④ 陈新民：《和为贵——论行政协调中的法制改革》，《行政法学研究》2007 年第 3 期。

者法律上出现问题时，被告才会接受调解。如果具体行政行为主体合法、事实清楚、程序适当、适用法律正确，被告是不会接受调解的。研究者的观察表明，实践中只要被诉行政行为大致符合法律规定，被告都不会接受调解。因此，当法治尚未成为社会共识时，当行政机关对原告的心态仍是你告我一阵子，我管你一辈子时，认同调解都可能是对行政机关违法的放任。①

与之相类似，有研究者认为，设置行政调解制度的现实可行性，最为重要的因素是法治环境。如果行政权处于绝对强势，法治尚不健全，司法独立得不到有效保障，则调解的公正性难以得到保障，此时的调解将损害到法院的公信力和行政审判制度。而随着我国依法治国方略的逐步落实，依法行政理念日益深入人心，行政审判的司法环境明显改善，建立行政诉讼调解制度的社会法治环境已经初步具备。②

四　司法实践的曲折发展

在中国行政诉讼实践中，不但事实上一直存在调解，而且非常普遍。为了规避法律而又能自圆其说，往往被称为"协调"、"协商"、"庭外做工作"。实务界普遍认为，在行政审判中适用调解，对于有效化解矛盾，保护公民、法人和其他组织的合法权益，监督行政机关依法行政，能够起到积极作用。③ 在司法审判实务中，行政诉讼的和解、协调，经历了从高协调率，到协调率有所下降，再到协调率大幅上升的三阶段发展过程，这集中表现在行政诉讼撤诉率的变动上。第一阶段为 1987 年到 1997 年，撤诉率从 21.3% 上升至 57.3%。第二阶段为 1998—2005 年，撤诉率呈现下滑趋势，从 1998 年的 49.8% 下降到 2002 年的 30.7%，此后三年在这一区间徘徊不前。第三阶段为 2006—2010 年。2006 年开始，撤诉率再次呈现上升趋势，虽然其间有年份（2008 年 35.9%）较上一年度有所下降，

---

① 林莉红：《论行政诉讼中的协调——兼评诉讼调解》，《法学论坛》2010 年第 5 期。

② 江苏省高级人民法院课题组：《行政诉讼建立调解制度的可行性》，《法律适用》2007 年第 10 期。

③ 王振清主编：《行政诉讼前沿实务问题研究》，中国方正出版社 2004 年版，第 319 页。

但总体上升趋势非常明显。①

第二阶段撤诉率下降的背景是，多年来行政诉讼撤诉率的持续上升，引起了最高人民法院高层的重视，继而，一些地区采取措施压降撤诉率。比如，吉林省高级人民高院在 1997 年发文，要求各地法院尤其是基层法院行政案件撤诉结案率不得超过 30%。② 在 1999 年召开的全国法院第三次行政审判会议上，压降撤诉率成为行政审判的一项重要工作。时任最高人民法院副院长的罗豪才在报告中认为，45.95% 的一审撤诉率"反映出行政案件办案质量和办案效率问题比较突出，必须采取有力措施，认真加以解决"。③ 一些法院采取抑制措施，随后，撤诉率呈现出逐年下降的整体趋势。

2006 年 9 月，中共中央办公厅、国务院办公厅下发《关于预防和化解行政争议、健全行政争议解决机制的意见》。同年 10 月 25 日，最高人民法院召开"加强行政审判工作、妥善处理行政争议"电视电话会议，强调对群众性行政争议要"尽可能通过协调方式加以解决"。并于同年 12 月下发《关于妥善处理群体性行政案件的通知》，提出要推动当事人和解。2007 年第五次全国行政审判工作会议上，最高人民法院提出了以行政诉讼和解等"柔性手段"解决行政纠纷的工作新思路。时任最高人民法院院长的肖扬提出："人民法院要在查清事实，分清是非，不损害国家利益、公共利益和其他合法权益的前提下，建议由行政机关完善或改变行政行为，补偿行政相对人的损失，人民法院可以裁定准许行政相对人自愿撤诉。"并提出"要抓紧制定有关行政诉讼协调和解问题的司法解释，为妥善处理行政争议提供有效依据"。各地法院纷纷推出在行政诉讼中试行"协调和解"的意见、通知。2008 年 1 月 14 日最高人民法院出台《关于行政诉讼撤诉若干问题的规定》，就妥善化解行政争议，依法审查行政诉讼中行政机关改变被诉具体行政行为及当事人申请撤诉的行为作出了规定。该规定为

---

① 徐军、江厚良：《透视撤诉率：行政诉讼中实践与表达的背离——以法院/法官的行动选择为视角》，《法律适用》2012 年第 2 期。

② 吉林省高级人民法院：《吉林省法院近几年行政审判工作情况》，参见 1999 年 12 月全国法院行政审判工作会议交流材料。

③ 最高人民法院副院长罗豪才 1999 年 12 月 2 日在全国法院行政审判工作会议上的报告：《坚持依法治国的宪法原则，将行政审判工作全面推向新的世纪》。

行政诉讼调解法律化奠定了基础。① 2008 年 8 月最高人民法院下发《行政审判工作绩效评估办法（试行）》，该评估办法鼓励法官运用协调方式处理行政案件，并将相关比例与工作绩效挂钩，将撤诉率作为正面考评指标，而把上诉率、申诉率作为负面考评指标。2009 年最高人民法院副院长江必新提出"加大协调和解工作力度，切实化解行政纠纷"。② 2010 年最高人民法院出台《关于进一步贯彻"调解优先、调判结合"工作原则的若干意见》，要求各级人民法院深刻认识新时期加强人民法院调解工作的重要性，牢固树立"调解优先"理念，进一步增强贯彻"调解优先、调判结合"工作原则的自觉性。山东省高级人民法院于 2006 年出台《山东省高级人民法院行政诉讼和解暂行规定》。同年广东省高级人民法院印发《广东省高级人民法院关于行政案件协调和解工作若干问题的意见》，重庆市高级人民法院也发布了《关于开展行政诉讼和解工作的若干意见》。2007 年 4 月，上海市高级人民法院下发《关于加强行政案件协调和解工作的若干意见》。2010 年 5 月，天津市高级人民法院出台《关于加强行政案件协调和解工作的若干意见》。一些法院还编写了行政案件协调和解方法指引及典型案例点评等资料，进一步加强了工作指导。

2006 年以后，上述自中央到地方的司法解释、司法文件的出台，为行政诉讼调解、和解的实践营造了强烈氛围，导致行政诉讼的"协调"、"和解"结案率屡攀新高。山东省高级人民法院于 2007 年 3 月下发的全省行政审判工作要点，明确要求"年内全省要广泛推行行政诉讼协调和解制度，力争一审行政案件和解撤诉率达到 50％ 以上"。2008 年，一些地方法院的和解率、撤诉率更是惊人。山东省德州市法院行政案件的和解率近 80％，邹平法院的撤诉率则达到 71％。③

---

① 缪文升：《行政诉讼调解：基于能动司法的语义、功能及其限度分析》，《行政论坛》2011 年第 2 期。

② 江必新：《行政审判要更加主动服务发展大局》，《人民法院报》2009 年 5 月 15 日。

③ 邹荣、贾茜：《论我国行政诉讼调解的正当性构建》，《行政法学研究》2012 年第 2 期。

第二节 行政诉讼调解的基本框架

一 行政诉讼调解的原则

（一）与民事诉讼调解类似的原则

作为从民事诉讼借鉴移植而来的一项制度，行政诉讼的调解"复制"了民事诉讼调解的原则，主要是自愿原则、合法原则。坚持行政诉讼调解的自愿性、合法性，是研究者的共识。法院在作出准许当事人撤诉裁定之前，应当对当事人撤诉行为的合法性进行审查，重点审查当事人达成的和解协议的合法性。[①]

（二）独有原则：有限性原则

行政活动与民事活动存在着性质上的根本差异，因此，行政诉讼的调解，不能完全照搬民事调解，其存在着独有的原则、规则。行政诉讼调解的独有原则，值得深入探讨，也是行政法学研究的着力点所在。一些研究者清醒意识到调解并非万能，行政诉讼调解在行政诉讼中应予以适当定位，"不宜过分夸大调解的功能，不能忽视法院的依法裁判在维护法治方面的突出意义"，[②] 并对调解在民事诉讼与行政诉讼中的定位异同予以探讨，提出"不能将调解制度作为一项行政诉讼的基本原则，不能实行民事诉讼中那种完全调解制度"。[③] 虽然调解、和解是解决行政争议的有效方式，但并非所有的行政争议都适用，构成"行政诉讼解决纠纷过程中的一个特殊手段，不具有普遍意义"。[④] 调解应当限于被告行政机关能够自由处分的情形，并应依法进行，应当局限于被告的法定职权范围之内。调解不得损害国家利益、公共利益和他人合法权益。[⑤] 有限性还表现在程

---

① 蔡小雪、李德申：《行政诉讼协调中的利益衡量原则之适用》，《人民司法》2010 年第 10 期。

② 赵艳花、耿宝建：《行政诉讼中的调解：西方的经验与中国的选择》，《行政法学研究》2009 年第 3 期。

③ 王睿倩：《完整构建我国的行政诉讼调解制度》，《湖北社会科学》2009 年第 5 期。

④ 李赞：《行政诉讼和解若干问题探讨——上海高院〈关于加强行政案件协调和解工作的若干意见〉评析》，《法学》2007 年第 9 期。

⑤ 王睿倩：《完整构建我国的行政诉讼调解制度》，《湖北社会科学》2009 年第 5 期。

序方面，当事人不同意调解的或反悔的，应及时恢复审理。

有研究者提出，应将"有限调解"原则作为行政诉讼调解的基本原则，以凸显行政诉讼的特点。该原则是指在调解的适用范围上应当受到限制，在调解的过程中应当受到法院的监督，在调解的结果上应当不能损害第三方利益和公共利益。因此，即使行政机关与相对人达成了调解协议，但该调解协议的内容仍然必须受到人民法院的严格审查，人民法院不能为了追求调解率，放弃对调解协议审查的义务。审查的内容包括调解协议是否体现了自愿、合法和不损害社会公共利益及他人合法权益。[①]

（三）事清责明原则

有研究者认为，事清责明是调解的前提条件。不查清事实、不对被诉行为是否合法进行审查判断，而是搞折中、和稀泥的无原则调和，难以保证调解的合法性。[②] 司法审判的法官也认为，查清事实、分清是非是行政案件协调的前提和基础。[③]

（四）其他原则

其他原则有调解结果特定原则、调审结合原则、保护公共利益和第三人利益原则。上海市高级人民法院下发的《关于加强行政案件协调和解工作的若干意见》提出，开展协调和解工作，除遵循自愿、合法、查明事实分清是非原则之外，还应遵循当事人法律地位平等原则、公平合理原则，以及诚实信用原则。

二　行政诉讼调解的适用范围

在调解适用的被诉行为类型上，研究者们存在一些共识，同时也存在不少争议。探讨行政诉讼调解适用范围的常见进路是行政行为的分类。

有学者认为，行政诉讼的调解范围主要包括因非强制性行为引起的争议，因行使自由裁量权作出行为引起的争议，以及赔偿、补偿引

---

① 付洪林、刘峰：《论行政诉讼调解制度的确立》，《法律适用》2012 年第 2 期。

② 王睿倩：《完整构建我国的行政诉讼调解制度》，《湖北社会科学》2009 年第 5 期。

③ 蔡小雪、李德申：《行政诉讼协调中的利益衡量原则之适用》，《人民司法》2010 年第 10 期。

起的争议。①

　　还有学者认为，对不涉及公共利益的被诉具体行政行为适用调解原则。但是，对于涉及公共利益的具体行政行为，由于以公共利益为内容，行政主体对涉及公共利益的行政活动无处分权，因而不能调解。②

　　调解适用的案件范围主要包括群体性纠纷，自由裁量案件，行政合同纠纷③，直接或间接涉及民事纠纷的行政确认、行政裁决案件，被诉行为违法的案件，法律规定不明确或法律规定与相关政策不统一的案件，不履行法定职责案件，行政相对人的诉讼请求虽然难以得到法院支持，但涉及行政相对人的基本生存、生活之需，并亟待解决实际困难的案件，具有规制性的行政指导案件，以及社会影响较大的行政案件；而且还可在合法、合理和可行性考量的基础上进一步扩展。④ 有学者则认为可以调解的争议事项限于行政合同争议、行政裁决或确权争议，以及行政机关具有处分权的其他争议。⑤

　　有研究者提出，与撤销诉讼、课予义务诉讼需要以判决方式结案不同，行政给付诉讼在很多情况下可以通过调解方式结案。就行政给付诉讼而言，因其与民事诉讼中给付诉讼具有相似性，调解程序的适用是完全可能的。特别是在积极型行政给付诉讼中，涉及金钱给付的行政赔偿诉讼和行政补偿诉讼，更有必要适用调解方式。⑥

　　与之相反的观点则认为，应当严格限制调解的适用范围。如行政奖励、行政裁决、行政合同虽然有一定的裁量空间，但在当下环境中，不宜

---

　　① 卜晓虹：《反思与重塑：行政诉讼有限调解制度的构建》，《法律适用月刊》2006 年第 12 期。

　　② 杨临宏：《行政诉讼适用调解的思考——关于〈中华人民共和国行政许可法〉第 50 条的反思》，《法治论丛》2004 年第 5 期。

　　③ 余凌云：《行政契约论》，中国人民大学出版社 2000 年版，第 40 页。

　　④ 方世荣：《我国行政诉讼调解的范围、模式及方法》，《法学评论》2012 年第 2 期。

　　⑤ 何海波：《行政诉讼法建议稿》2.0 版（2012 年 4 月 1 日），《理想的行政诉讼法》，载何海波的博客，http://hehaibo.blog.caixin.com/archives/39201，最近访问于 2012 年 12 月 23 日。

　　⑥ 章志远：《给付行政与行政诉讼法的新发展——以行政给付诉讼为例》，《法商研究》2008 年第 4 期。

允许行政机关自由处分，因而不应允许调解。①

　　一些研究者使用排除的方法来确定行政诉讼调解的适用范围，并主张应采用反向列举的方法确定调解的范围。② 排除的案件类型包括：行政机关没有管辖权的案件，行政行为重大违法的案件，涉及公民身份关系的案件，进入执行程序的案件。③ 还有学者提出，具体行政行为完全合法的案件，应由法院直接作出维持判决，原则上不适用调解；行政机关超越职权、没有管辖权的案件，如超越地域范围、时间限度、权力职责边界，这些情况下行政机关并不具有实施该行为的权力，因而无法对该行为作出适当处置或妥协，不具有调解空间，只能由法院判决撤销乃至确认无效；严重违反法定程序的案件，由于程序的违法客观上无法协商，因此不存在调解的可能；事实不清、证据不足的案件，法院无法判明被诉行为的合法性、正当性，被告又不得自行收集证据，即便原被告双方形成合意也不能适用调解，否则被诉行为的正确性将处于模糊状态。④

　　在司法机关中，也存在通过行政行为类型化确定调解范围的主张。最高人民法院在《关于进一步贯彻"调解优先、调判结合"工作原则的若干意见》中提出，行政案件应"建立健全以调解案件分类化……为内容的类型化调解机制，建立相应的调解模式"。

　　《山东省高级人民法院行政诉讼和解暂行规定》规定的行政诉讼调解的适用范围，主要包括行政补偿案件、行政裁决案件，行政合同案件、不履行法定职责案件以及其他适宜和解处理的案件。该规定在列举可以适用调解的行政诉讼案件种类的同时，又作出了排除性规定，即对于法律、法规、规章有禁止性规定或者行政法律关系的性质不适宜和解的行政案件，不得和解。

　　有学者认为，以行政行为的分类作为调解适用范围的界定标准，存在

---

　　① 林莉红：《论行政诉讼中的协调——兼评诉讼调解》，《法学论坛》2010 年第 5 期。

　　② 杨临宏：《行政诉讼适用调解的思考——关于〈中华人民共和国行政许可法〉第 50 条的反思》，《法治论丛》2004 年第 5 期。

　　③ 刘东亮：《论行政诉讼中的调解——兼与朱新力教授商榷》，《行政法学研究》2006 年第 2 期。

　　④ 王睿倩：《完整构建我国的行政诉讼调解制度》，《湖北社会科学》2009 年第 5 期。

严重弊端。一是行政行为类型众多，容易挂一漏万或以偏概全；二是行政行为的分类多属学术讨论范畴，缺乏法律支撑进而缺乏可操作性；三是界定标准并未突出依法行政的原则。其建议是，以对行政行为的法律评价作为界定调解范围的标准。行政诉讼调解应限于行政行为合法不合理、不合法两种情形。① 被诉行为完全合法、适当的，原告的诉讼请求明显不能成立的，原告滥诉缠诉的，则坚决不予协调。②

来自法院和政府法制工作机构的一些工作人员则提出，或许某些案件不宜通过调解来解决，但并不意味着所有此类案件都不能调解；或许某些种类案件总体上不适宜调解，但对于具体个案而言，却不应受到任何限制。因此，通过学术研究、立法设置行政诉讼调解的适用范围未必合适，而应把调解范围的确定权力交由法官行使，根据个案情况、社会因素去决定是否需要通过调解解决行政争议。③ 一些研究者也持类似观点，认为立法上不必列举可以调解的行为种类或不能调解的行政行为，法院只要判断行政机关是否有裁量权，就可以决定是否启动调解程序。④

有法院工作人员提出，为避免滥用协调权，要坚持有限协调性，对于不含民事因素且被诉行政行为受法律羁束的行政案件，如限制人身自由等类型案件，一律不适用协调。⑤

三 调解和审判的关系

调解和审判的关系，可选择的模式包括调审分离模式、调审结合模式。

一种观点认为，应选择"调审结合"模式，实现全过程的"调审合一"。其理由是，调审合一有利于各方主体更快适应调解制度，提高办案

---

① 靳羽：《行政诉讼调解中的公众参与》，《人民司法》2011 年第 5 期。

② 杨际平等：《乐清法院：探索行政诉讼协调新机制》，《中国审判新闻月刊》2012 年第 3 期。

③ 赵艳花、耿宝建：《行政诉讼中的调解：西方的经验与中国的选择》，《行政法学研究》2009 年第 3 期。

④ 邹荣、贾茵：《论我国行政诉讼调解的正当性构建》，《行政法学研究》2012 年第 2 期。

⑤ 王斗斗：《权威人士回应行政诉讼协调和解三大疑点》，《法制日报》2007 年 3 月 29 日。

效率，更符合中国司法惯例。① 从域外看，德国行政诉讼调解制度实行的是调审合一模式。这种模式的主要特点在于：首先，调解和审理过程相结合。法官可以边调边审，即使调解不成，也可以及时作出判决。由于法官此前在对案件进行调解的过程中，对双方当事人的争议已经有了相当的了解，有助于审理案件，降低了法院解决纠纷的成本，提高了纠纷解决的效率。其次，法官身份具有双重性。在调审合一模式下，调解员一般由法官担任，法官兼任调解员，在案件审理中具有双重身份，这给法官解决纠纷带来了便利。最后，调解结果具有程序性。② 另一种观点则更倾向于调审分离模式。其主要理由是调审结合模式不可避免会出现"以判压调，以拖压调"现象。但是，调审分离模式的缺陷也是非常明显的。"调审分离"模式，意味着需要增加额外的人员、时间和专门程序阶段，需要付出高昂成本。③

法院在调解、裁判之间的选择关系也值得关注。有研究者提出，在行政诉讼案件的处理中，也应当坚持"能调则调，当判则判，调判结合，案结事了"。④

四　法院在调解中的角色定位

多数学者赞同，法院在调解中应当有所为、有所不为。

一种观点强调，应发挥法院、法官在监督依法行政、化解纠纷诸方面的积极作用，主张赋予法院对调解程序的适度控制权。其理由是，行政诉讼调解涉及公共利益的维护，如果以牺牲公共利益为代价来提高法院审判效率和追求诉讼当事人的满意程度，无异于削足适履，得不偿失；调解作为法院的审判活动，法院有职责维护调解秩序。与此同时，应当重视法官在调解中的参与和判断，赋予法官相应的指挥调解、审查调解的权力，监督被告行政主体依法行政。⑤

---

① 方世荣：《我国行政诉讼调解的范围、模式及方法》，《法学评论》2012 年第 2 期。

② 陈颖：《行政诉讼调解模式论》，《法制与社会》2008 年第 1 期。

③ 方世荣：《我国行政诉讼调解的范围、模式及方法》，《法学评论》2012 年第 2 期。

④ 黄学贤：《行政诉讼撤诉若干问题探讨》，《法学》2010 年第 10 期。

⑤ 王跃：《比较法视野中的行政诉讼调解制度》，《求索》2008 年第 7 期。

一些研究者认为，在调解中应注意发挥法院对行政行为的监督功能。主张必须坚持对争议的行政行为及调解协议进行程序上和实体上的审查，不能不问原因、不顾原则的一调了事，不能把行政诉讼当成双方讨价还价的场所。程序审查主要针对争议行政行为，理论上比较简单，审查行政行为是否符合法定程序。实体审查则主要针对调解协议，即对调解协议内容的合法性进行审查。[1]

另一种观点则认为，调解中法官的作用则应当有所限制，法官既要积极促进调解协议的达成，又要避免将自己的意志凌驾于当事人之上，以始终尊重当事人的自决权。对于存有偏见、未审已有倾向性结论的法官或其他可能影响公正审理的法官，当事人有权申请回避。[2]

2008 年公布的《最高人民法院关于行政诉讼撤诉若干问题的规定》采取较为温和的做法，该规定第 1 条提出：人民法院经审查认为被诉具体行政行为违法或者不当，可以在宣告判决或者裁定前，建议被告改变其所作的具体行政行为。这种"可以建议被告改变"，在现实中成为法院协调、调解的重要措施。

第三节　行政诉讼调解的程序

关于行政诉讼调解程序的研究，在现有原理学说、司法实践、域外法制的基础上，不断走向深入、系统、细致。关于行政诉讼调解程序的研究，具有强烈的现实关怀，或为对一些经验创新的总结提炼升华，或表现出对一些实践土政策的剖析批判，司法实务界与理论界也存在一定的共识和差异。可以按照行政诉讼调解程序的各个环节，分述如下。

一　启动

关于调解的启动，有学者认为，法院启动调解程序应以原告申请为条件，以避免原告被迫选择调解。[3] 也有研究者认为，应当由双方当事人向

---

① 罗礼平：《行政诉讼调解制度论纲》，《当代法学》2011 年第 1 期。

② 赵艳花、耿宝建：《行政诉讼中的调解：西方的经验与中国的选择》，《行政法学研究》2009 年第 3 期。

③ 陈诚：《关于构建我国行政诉讼调解制度的思考》，《社科纵横》2004 年第 4 期。

法院提交申请书，经双方当事人同意才能启动调解程序。① 较为折中的观点则是，建立以当事人申请启动协调程序为主、法院依职权启动为辅的协调程序启动模式。还有研究者提出，如果法院依被告行政机关申请启动调解、协调程序，则会给人以官官相护的感觉，不利于树立政府威信和法律权威。

从司法实践来看，法院往往较当事人更为主动，法院主动启动调解协调为常态。《山东省高级人民法院行政诉讼和解暂行规定》采取比较宽泛的启动模式，当事人可以提出和解请求，法院也可以在征得当事人同意后做和解工作。在镇江市中级人民法院调查的 271 件撤诉案件中，原告提出协调要求的仅 48 件，被告提出的则 56 件，第三人提出的有 44 件，而法院提出协调的则 123 件，占到 45.39%。②

二　时间阶段

调解的适用时间，存在着宽严不同的主张。

一种主张认为，调解应当限制在诉讼开始到法庭辩论结束之前，即限定在法庭审理阶段。③ 也有研究者认为，行政诉讼调解应仅限于一审程序，并且是一审程序的准备阶段，其他时间段不能适用调解。④ 其理由是，鉴于行政诉讼除解决行政纠纷之外，还承载着监督行政机关依法行政的职责。因此，在没有实体审查之前不能调解，只有在实体审查后宣告裁判之前，才能对符合调解要求的情形予以调解。⑤ 进而，将起诉之前和起诉之后立案之前，当事人愿意和解的，被定位于"诉前和解"而非"诉讼调解"。

与之相反的是司法实务界的主张。司法实务界对行政诉讼调解、和解的时间阶段，持有较为宽泛的观点，其中全程协调是流行观点。

①　黄学贤：《行政诉讼调解若干热点问题探讨》，《法学》2007 年第 11 期。

②　江苏省镇江市中级人民法院行政审判庭：《行政诉讼协调和解机制运作情况的调研报告》，《人民司法》2006 年第 10 期。

③　郭志远、江雁飞：《我国行政诉讼可以适用调解——理念、实践、规则的反思》，《法治论丛》2004 年第 5 期。

④　朱福惠、刘伟光：《我国行政审判中调解制度的改革与完善》，《现代法学》2002 年第 5 期。

⑤　黄学贤：《行政诉讼调解若干热点问题探讨》，《法学》2007 年第 11 期。

2006 年 12 月出台的《山东省高级人民法院行政诉讼和解暂行规定》规定，一审、二审和再审的行政案件均可以适用和解，和解也可以在案件审理的各个阶段进行。上海市高级人民法院下发的《关于加强行政案件协调和解工作的若干意见》也有类似规定，并明确要求注重全程协调。协调和解工作可以在一审、二审、申诉复查或者再审等案件审理的各个阶段进行。一审、二审行政案件的协调工作，可以在立案阶段进行，也可以在答辩期满后至裁判作出前进行。一些法院在实践中走得更远，提出"诉前化解不起诉、诉中化解不判决、诉后化解不上诉"的目标。

较为宽泛的观点也得到一些研究者支持。有研究者认为，庭审前、庭审后，乃至判决作出后都可以调解。我国台湾地区的立法持较为宽泛的观点。其"行政诉讼法"第 219 条第 1 项规定，"当事人就诉讼标的具有处分权，并不违反公益者，行政法院不问诉讼程度如何，得随时试行和解"。"不问诉讼进度如何"，可以包括到言词辩论结束、法院做出裁判之前，都可为之。①

庭审前调解具有的优点包括：调解是在证据充分展示的基础上进行的，有利于在证据的基础上公正进行调解；当事人可以对实体利益与诉讼利益进行统筹考虑，选择是否进行调解，从而有利于当事人行使程序选择权；庭审前的调解能够尽早化解矛盾，提高效率，最大限度地减少当事人的诉讼成本及法院的办案成本。庭审前调解的具体做法是，当案件转到行政审判庭，行政审判庭首先要对原告做工作，稳定当事人的情绪，防止其有过激行为，避免矛盾进一步激化。其次，在送达文书时将行政诉讼的风险一并告知，办案法官只要发现有一线调解的希望，就应立即与当事人进行协商，分析利弊；对于一些需要在较短时间内解决的行政诉讼案件和涉及第三人利益的行政诉讼案件，应更倾向于调解解决。② 有地方法院高度重视庭前协调、调解在审理群体性案件中的作用，认为在立案审查阶段，提前介入做疏导工

---

① 陈新民：《和为贵——论行政协调中的法制改革》，《行政法学研究》2007 年第 3 期。

② 方世荣：《我国行政诉讼调解的范围、模式及方法》，《法学评论》2012 年第 2 期。

作，及时掌握有利于协调的各种信息，将起到积极效果。①

同时，调解、协调还可持续到判决之后。有些案件虽然判了，但是案结事没了。对此行政审判人员仍可继续做好协调工作。② 现实中，也有些法院在裁判作出后，法官在回访中继续做当事人工作，将协调和解延伸到司法审判之后。其理论是，把握一切有利时机促成和解，包括庭前协调、庭审协调、庭后协调的有机结合，使得协调和解工作贯穿到行政诉讼的全过程。③

三　调解的主持

关于行政诉讼调解、协调和解的主持，有着合议庭主持、行政审判庭主持，以及充分发挥其他部门乃至社会资源的多种做法。

上海市高级人民法院下发《关于加强行政案件协调和解工作的若干意见》强调，行政案件的协调和解工作，应注重行政审判庭与相关业务部门的沟通，根据案件审理的具体情况，由行政审判庭联合法院内信访维稳等部门机构共同做好协调工作，形成解决纠纷的联动效应。必要时可以依法引入社会力量，请有关单位和人员予以支持和配合，协助做好协调和解工作，充分利用各种社会资源化解行政争议。

四　次数与时限

关于调解的次数，有限制次数和较为宽泛的不必限制次数两种观点。

一些研究者认为，需要对行政诉讼调解的次数给予限制，在提出调解在庭审中、庭审后判决前阶段进行的主张后，认为调解的次数相应为两次，庭审中、庭审后判决前各进行一次或者在其中某一阶段进行，但不能超过两次。调解的时限，应在行政诉讼的审限之内。④《山东省高级人民

---

① 江苏省镇江市中级人民法院行政审判庭：《行政诉讼协调和解机制运作情况的调研报告》，《人民司法》2006 年第 10 期。

② 方世荣：《我国行政诉讼调解的范围、模式及方法》，《法学评论》2012 年第 2 期。

③ 江苏省镇江市中级人民法院行政审判庭：《行政诉讼协调和解机制运作情况的调研报告》，《人民司法》2006 年第 10 期。

④ 卜晓虹：《反思与重塑：行政诉讼有限调解制度的构建》，《法律适用月刊》2006 年第 12 期。

法院行政诉讼和解暂行规定》要求，行政诉讼和解不得违反法律关于审理期限的规定。上海市高级人民法院下发的《关于加强行政案件协调和解工作的若干意见》，除要求法院应当在规定的审限内对案件进行协调外，还明确"特殊情况需要延长审限的，应依法办理申请延长审限手续"。也有法院提出，以后应当将调解、协调时间排除在审限之外。目前行政诉讼协调并非诉讼中止的法定理由，以后应借鉴庭外和解不计入审理期限的做法，规定经当事人双方同意进行协调的，协调时间不计入审限。①

五　终结

为确保当事人反悔带来调解、和解的失灵，一个对策是由法院对双方的和解协议制作笔录，该笔录应经双方签字认可，据此作为裁定撤诉结案的依据。如此，既可以充分保障双方的合法权益，也不至于引发和解书形式"违反实然法"的非议。②

为尽可能确保调解的自愿性，当事人应有权随时退出调解程序，并要求法官及时作出裁判。③

六　调解协议的性质、效力

调解协议是否具有法律效力，在理论界、实务界存在着不同认识。

一种观点认为，调解协议具有完整的法律效力。经法院审查确认的调解协议，其法律效力包括两方面，形式上的确定力和实质上的确定力，分别表现为终结诉讼的效力，以及与判决书的同等效力。④ 一方当事人不履行的，对方可申请法院强制执行调解书。我国台湾地区"行政诉讼法"有类似规定：和解成立者，其效力可比照确定判决之确定力，对法院及行政机关具有拘束力，同时也可以作为强制执行的根据。

---

① 杨际平等：《乐清法院：探索行政诉讼协调新机制》，《中国审判新闻月刊》2012 年第 3 期。

② 周佑勇：《和谐社会与行政诉讼和解的制度创新》，《法学论坛》2008 年第 3 期。

③ 赵艳花、耿宝建：《行政诉讼中的调解：西方的经验与中国的选择》，《行政法学研究》2009 年第 3 期。

④ 同上。

与之接近的观点认为，行政诉讼协调和解协议是混合性法律行为，有关公法事项的部分是公法契约，有关民法事项的部分具有私法契约的性质。关于公法契约部分，服从公法法规、公法原则；关于民事契约部分，服从私法法规及私法原则。①

与上述主张相对立，另有一种观点认为，调解协议不具有任何法律效力。② 《山东省高级人民法院行政诉讼和解暂行规定》则认为，和解协议本身不具有强制执行力。当事人不履行的，其不能直接作为强制执行的依据。但是，行政诉讼调解协议没有强制执行力的后果非常严重。镇江市中级人民法院发现，和解协议没有法律拘束力有严重的弊病，一旦原告撤诉，行政机关不履行事前承诺，难以对其有效制约，原告求助无门，容易导致矛盾加深、激化。③ 为确保和解协议实际履行，防止当事人利用协议欺骗对方或法院，该规定将行政争议已经得到妥善解决作为人民法院和解结案的前提条件，对于当事人之间达成了和解协议，但在法定审限内无法履行完毕的，人民法院可以裁定中止案件，给予一定的履行期限，力争在诉讼阶段履行完毕，到期仍然无法履行的，恢复诉讼，及时作出裁判。

有的地方法院对协调成功的案件，以笔录方式固定当事人的和解意见，对原告反悔的，及时进行审理；对被告行政机关反悔的，则向其上级主管部门反映情况，督促其如约履行。④

德国有学者则认为，法院调解或法院外调解最终所达成的合意，通常不被视为具有约束力的公共契约。在许多情况下，例如，为规划一条线路，政府需要以正确的法律形式灵活实施已经达成合意的解决方案，这可能要求优先于行政程序并充分遵守相关的实体法。特别是在规划项目中，在最终评估和平衡所有利益前，行政机关的预先承诺是不合法的。因此在

---

① ［日］南博方：《行政诉讼中和解的法理》（上），杨建顺译，《环球法律评论》2001 年春季号。

② 参见高秦伟《中国行政诉讼调解制度的现状与课题》，《河南省政法管理干部学院学报》2004 年第 1 期。

③ 江苏省镇江市中级人民法院行政审判庭：《行政诉讼协调和解机制运作情况的调研报告》，《人民司法》2006 年第 10 期。

④ 杨际平等：《乐清法院：探索行政诉讼协调新机制》，《中国审判新闻月刊》2012 年第 3 期。

大多数情况下，对当事人而言，尤其是对政府，约束力仅仅只是事实层面的。①

七 调解的反悔与救济

反悔制度，是完善的行政诉讼调解制度的必要组成部分。根据现行法律和司法解释，撤诉后原告不得以同一事实和理由再次起诉。在现有体制、法治水平的条件下，该规定对原告权益保障极为不利。与此同时，撤诉后当事人再行起诉的，也不应无条件要求法院受理。有学者对此问题提出的具体建议是，对于涉及人身关系的行政争议，只要在起诉期限之内，不受次数限制，都可以再次起诉；对于涉及财产的行政争议，则再次起诉应当有次数限制。②

调解不可能保障百分之百的运行无误，因此有必要建立相应的救济制度，当事人的反悔权制度即是其中之一。当事人对调解的反悔分为调解书送达前的反悔和调解书送达后的反悔。一般状况下，只要合意是自愿的、平等的、真实的，当事人反悔就不是经常发生的普遍现象而是例外的现象。法官强制调解、威压调解、诱骗调解、违法调解、偏袒一方的调解和一方当事人强迫调解的情况越严重，当事人反悔的比例就越高。③

有研究者认为，被告行政机关对调解协议没有反悔的权利。对行政诉讼和解而言，与诉讼调解一样，原被告间主体地位不对等，双方签订的协议具有"公法契约"性质，如果赋予行政机关对协议的反悔权，将极不利于政府威信和司法权威的维护。④ 因此，行政诉讼和解的权利行使主体应仅限于原告方。在具体制度设计方面，也有学者提出初步方案，建议根据不同情况予以区别对待：原告在签收和解协议后、法院作出撤诉裁定前反悔的，和解协议书不发生法律效力，人民法院对此时的反悔亦不应当审查，而应视案件具体情况分别予以继续审理或者是直接作出裁判；原告若

① 阿诺·斯彻兹伯格：《德国行政诉讼法》，中国宪法行政法律网，http://www.cncasky.com/get/lltt/fxlw/20121204234004532.html，最近访问于 2012 年 12 月 24 日。

② 黄学贤：《行政诉讼撤诉若干问题探讨》，《法学》2010 年第 10 期。

③ 高秦伟：《中国行政诉讼调解制度的现状与课题》，《河南省政法管理干部学院学报》2004 年第 1 期。

④ 仇慎齐：《行政诉讼调解应建立原告人反悔权制度》，《江苏经济报》2007 年 3 月 7 日。

在签收和解协议并经法院做出准予撤诉的裁定后反悔的，则和解协议书已经发生法律效力，当事人只能提起申诉，由人民法院对原告人的申诉申请进行审查，并决定是否启动再审程序。①

学界对调解的瑕疵已有一些专门研究。调解的瑕疵被分为调解无效，可撤销的调解，当事人违法的调解与法官违法的调解。调解无效，进而分为实体法原因上导致的无效和诉讼法上原因导致的无效；法院违法的调解，表现为主观上有违法故意的调解，以及客观上有违法的调解等情形。针对种种调解瑕疵，法律应当为当事人提供多元化的救济途径。②

我国台湾地区"行政诉讼法"对于调解结果的无效、可撤销的实体要件、程序启动、法院处理、时效等方面，有着较为详尽的规定。例如，和解有无效或得撤销之原因者，当事人可以请求继续审判。请求继续审判，应于三十日之不变期间内为之。前项期间，自和解成立时起算；无效或得撤销之原因知悉在后者，自知悉时起算。和解成立后经过三年者，不得请求继续审判，但当事人主张代理权有欠缺者，不在此限。请求继续审判不合法者，行政法院应以裁定驳回。请求继续审判显无理由者，法院可以不经言词辩论，以判决驳回之。因请求继续审判而变更和解内容者，对第三人因信赖确定终局判决以善意取得之权利无影响，但明显于公益有重大妨害者，不在此限。第三人参加和解成立者，得为执行名义。当事人与第三人间之和解，有无效或得撤销之原因者，得向原行政法院提起宣告和解无效或撤销和解之诉，当事人可以请求就原诉讼事件合并裁判。

考虑到避免调解协议给当事人带来伤害，特别是在实践中，可能会有个别法官误导当事人撤诉。因此，撤诉后缺乏救济渠道，易于引发更大矛盾，影响社会稳定。③ 一些撤诉案件卷宗中不记载撤诉原因及具体审查情况或被告承诺，一旦出现审判人员违法协调、行政机关采取虚假承诺等手段动员原告撤诉或在约定期限内被告不履行协议，或者原告可能迫于而非

---

① 周佑勇：《和谐社会与行政诉讼和解的制度创新》，《法学论坛》2008 年第 3 期。

② 解志勇、阿檀林：《行政诉讼调解瑕疵及其救济》，《国家行政学院学报》2010 年第 5 期。

③ 史艳丽：《行政诉讼撤诉的检察监督》，《人民检察》2012 年第 7 期。

自愿撤诉的情况，裁定准予撤诉后，原告如果重新起诉又确实无新证据，则法院不予受理。对此，有学者建议，在达成调解协议时应增加风险告知程序，并以谈话笔录形式记录当事人的真实意思表示。当达成调解协议原告申请撤诉之时，法院应告知原告再以同一事实、理由提起行政诉讼则法院不再受理。①

八　调解的公开

对于调解过程与结果是否应当公开，学界与司法实务界尚存在着多种认识。

第一种观点认为，调解应当以公开为原则。由于被告与原告达成的协议往往涉及第三人或公共利益，政府应当将调解的过程、内容以适当方式公开。调解或和解作为法院行政审判的重要部分，不公开调解与审判公开的原则势必产生严重的冲突。并进而主张，在涉及公共利益、他人合法权益时，还应当通过一定方式公开并举行听证。② 针对第三人的另一种处理方案是，法院在调解过程中应当依职权或依申请追加第三人，使其参加到调解过程中来。

第二种观点则认为，调解可以根据具体情况由法院决定是否公开。上海市高级人民法院下发的《关于加强行政案件协调和解工作的若干意见》第13条规定："人民法院可以根据案件具体情况，采用不同方式主持行政诉讼协调。可以组织各方当事人共同进行，也可以分别进行；可以公开进行，也可以不公开进行。"

在行政审判实践中，法院发给被告行政机关与原告之间的调解协议，尤其征地、拆迁方面的补偿协议往往是严格保密的。其中一个重要的原因，就是担心引起其他行政相对人的攀比效应。③

第三种观点则主张，涉及公共利益或不确定对象利益时，应当公开。如发现调解有可能对公共利益或者不确定对象的利益产生不利影响时，法

① 黄学贤：《行政诉讼撤诉若干问题探讨》，《法学》2010 年第 10 期。
② 李赞：《行政诉讼和解若干问题探讨——上海高院〈关于加强行政案件协调和解工作的若干意见〉评析》，《法学》2007 年第 9 期。
③ 赵艳花、耿宝建：《行政诉讼中的调解：西方的经验与中国的选择》，《行政法学研究》2009 年第 3 期。

院应当通过一定的方式向社会公布，以便听取公众意见。①

第四节　行政诉讼调解的规制

一　行政诉讼调解立法的必要性

一种观点认为，随着市民社会的形成发展、民主制度的健全完善以及司法权威的树立与加强，未来可以在立法中删除"不适用调解"的规范，但是在行政法治尚未真正建立的今天，不宜在立法上确立行政诉讼调解原则。② 在撤诉制度事实上已起到调解作用的情况下，不宜再在立法上规定行政诉讼调解原则。

与之针锋相对的观点则主张，司法实践中的调解是对现行制度的严重挑战。如果不在立法上确立调解原则，而是继续放任这种非规范化的程序外调解，引发的弊端更为严重③，使得实践中的调解游离于法律制度之外，难以进行规范。为此，有必要建立行政诉讼调解的法律制度。④ 当前修改《行政诉讼法》的呼声很高，其中一项重要建议就是，应当将事实上广泛存在的调解予以合法化。

在有关行政诉讼调解的立法内容上，有学者提出两种方式：第一种方式是，删除现行《行政诉讼法》第 50 条的规定，同时增加一条，规定：原被告双方在诉讼过程中达成和解，法院经审查认为和解协议不违反现行法律、法规等的强制性规定，未侵害社会公共利益、第三人合法权益的，可以制作和解书准予双方和解结案。第二种方式是，保留《行政诉讼法》第 50 条的规定，在其后增加但书，即原被告双方在诉讼过程中自行协商达成一致，经法院审查合法，可制作和解笔录并裁定准予原告撤诉。⑤

---

① 黄学贤：《论行政诉讼调解制度的要件、构架和基础》，《江苏行政学院学报》2008 年第 5 期。

② 朱新力、高春燕：《行政诉讼应该确立调解原则吗?》，《行政法学研究》2004 年第 4 期。

③ 刘东亮：《论行政诉讼中的调解——兼与朱新力教授商榷》，《行政法学研究》2006 年第 2 期。

④ 江苏省高级人民法院课题组：《行政诉讼建立调解制度的可行性》，《法律适用》2007 年第 10 期。

⑤ 周佑勇：《和谐社会与行政诉讼和解的制度创新》，《法学论坛》2008 年第 3 期。

还有学者建议，删除《行政诉讼法》第 50 条之后，改为新的条文。该条文设计可以分为两款：第 1 款是对行政诉讼调解的时间、原则和案件范围进行界定；第 2 款应对调解协议的内容予以限制。在《行政诉讼法》确定调解制度之后，最高人民法院还应及时出台相关的司法解释，对行政诉讼调解制度作进一步的规定。①

二　对行政审判调解的规范

法官往往倾向于调解，个别法官甚至与政府机关一道，强迫原告通过协调、和解等方式来解决纠纷。在事实调查不够清楚、法律适用不够确信，担心引发当事人信访申诉，裁判结果缺乏足够把握等情况下，一些法官并不愿意做出裁判，而往往热衷于调解。行政诉讼调解过于随意，甚至可能异化成为某些法官手中的权力，实际工作中"和稀泥"、"以压促调"、"以判压调"、"以劝压调"、"以诱促调"、"以拖压调"等现象屡见不鲜。这种"和稀泥"式的无原则调解及压服式的非自愿调解，最直接的表现和结果就是多年来行政诉讼案件撤诉率，尤其是非正常撤诉率居高不下。法官甚至配合被告做原告撤诉的动员工作。② 强迫调解的现象，并不罕见。法院开展协调和解工作，常常受到当事人诘问，被指责为官官相护。③

日本学者提出，行政诉讼中的和解应受到四个方面的限制：行政主体应对诉讼对象具有事务管辖权；不得直接以行政行为的作出或撤销作为和解的内容；行政主体不得通过和解向相对人约定威胁公共安全和秩序；作为其履行而进行的行政行为无效的情况下，不能允许和解。④

2007 年 3 月，时任最高人民法院副院长的曹建明在第五次全国行政审判工作会议上提出，通过协调解决行政争议，并不是要放弃对行政行为的合法性审查，而是要在查明事实、分清是非、不损害国家利益、公共利

① 付洪林、刘峰：《论行政诉讼调解制度的确立》，《法律适用》2012 年第 2 期。

② 杨海坤：《中国行政诉讼调解制度探讨》，《法学论坛》2008 年第 3 期。

③ 江苏省镇江市中级人民法院行政审判庭：《行政诉讼协调和解机制运作情况的调研报告》，《人民司法》2006 年第 10 期。

④ ［日］南博方：《行政诉讼中和解的法理（上）》，杨建顺译，《环球法律评论》2001 年春季号。

益和他人合法权益的前提下做好协调工作；人民法院应当尽可能为化解行政争议创造条件，但不能替代当事人表达意愿，更不能强迫当事人接受某种条件。①

在调解过程中，为避免法治遭受损害，有的研究者提出，应当限制法官权力，以保证调解的自愿性。② 为此，可考虑将调解的发起、协议形成把握在当事人手中而非法官手中。

三　对调解的监督

对行政诉讼调解实施监督的一种主张是，由检察院介入并发挥监督作用。其理由是，检察机关及时有效的介入调解、撤诉，不仅可以增强审判工作的严肃性和办案人员的责任感，减少审判程序上和适用法律上的错误或缺陷，而且可以减少行政审判人员徇私枉法行为的发生，从而提高行政诉讼撤诉裁定的质量，维护司法公正。可建立行政诉讼撤诉检察监督机制，或行政诉讼调解检察监督机制。由检察机关针对行政诉讼撤诉予以审查，一旦发现法院违法限制和剥夺当事人的诉讼权利，检察机关即可及时启动检察监督程序，纠正人民法院的错误或明显不当行为。③

---

① 《最高人民法院要求处理好群体性行政案件》，《人民日报》2007 年 4 月 3 日。

② 参见吴英姿《法院调解的"复兴"与未来》，《法制与社会发展（双月刊）》2007 年第 3 期。

③ 史艳丽：《行政诉讼撤诉的检察监督》，《人民检察》2012 年第 7 期。

第九章

新类型案件的行政诉讼

中国行政诉讼法学和实践的发展，不仅表现在行政诉讼的一般原则、制度、规则方面，更突出体现在特定种类行政争议上。对以行政许可诉讼、政府信息公开诉讼、行政强制诉讼等为代表的新类型案件的学术研讨和法院审理实践，既有对现行行政诉讼制度具体而微的点滴改进功能，也对行政诉讼一般制度的改进发展起到重要支撑，对于公民权利保障发挥着不可或缺的作用。为此，有必要对其典型类型予以一一剖析、总结。

第一节 行政许可诉讼

我国《行政许可法》的颁布和实施带来了政府管理领域的一场革命，《行政许可法》对行政许可的设定权、行政许可的条件、程序、期限以及行政许可的概念、性质和主要类型、听证程序、收费、违法责任等，都作了系统而明确的规定。[1] 行政许可作为一种国家行政管理行为，对公民、法人或者其他组织的合法权益产生深远影响，如果适用不当，则会造成损害。因此，公民、法人或者其他组织对行政许可行为不服，可以提起行政诉讼。

《行政许可法》的实施为人民法院对行政许可的司法审查，提供了明确法律依据，便于人民法院审理这类案件。《行政诉讼法》实施以来，行政许可案件逐年增长。仅以作为类的许可案件统计，2003 年行政许可案

---

① 林莉红：《论〈行政许可法〉对行政诉讼制度的影响》，《湖北警官学院学报》2005 年第 3 期。

件接近 6000 件，2004 年就突破 8000 件，2006 年更是突破一万件大关，在全部行政一审案件的比重，也从 2003 年的 6% 发展到 2006 年的 10%。①2009 年 12 月，最高人民法院发布《关于审理行政许可案件若干问题的规定》，进一步推动行政许可诉讼制度的发展。法律、司法解释的出台实施和大量许可诉讼审理，为许可诉讼的研究提供了丰富的实例素材和坚实的实践基础。

一　行政许可概述

《行政许可法》颁布实施之后，有学者从行政许可行为的特征、类别等方面入手，对行政许可诉讼的特征、类别以及在审判实践中经常出现争议的问题，诸如行政许可诉讼原告主体资格的界定，行政许可行为的司法审查程度，行政许可权利人同与行政许可行为有法律上利害关系人之间纠纷的性质，行政许可诉讼的处理原则，以及行政许可诉讼所涉及的行政侵权赔偿、补偿等有关问题，作出深入的分析和讨论。②

行政许可是指在法律一般禁止的情况下，行政主体根据行政相对人的申请，通过颁发许可证或执照等形式，依法赋予特定的行政相对人从事某种活动或实施某种行为的权利或资格的行政行为。这一概念包含两层含义：一是行政主体对相对人予以一般禁止的解除，即不经过个别批准、认可或资质确认便不能从事的活动；二是行政相对人因此获得了从事某种活动或实施某种行为的资格或权利。行政许可是授益性行政行为。行政许可不同于行政处罚和行政强制措施，它不是对相对人课以义务或处以惩罚的行为，而是赋予行政相对人某种权利和资格的授益性行政行为。③

二　行政许可诉讼

从近年来对行政许可诉讼的研究成果看，其研究范围与研究内容涉及面广，尤其表现在以下方面。

---

① 赵大光等：《最高人民法院〈关于审理行政许可案件若干问题的规定〉之解读》，《法律适用》2010 年第 4 期。

② 林民华：《试论审理行政许可诉讼的若干问题》，《政法论坛》2001 年第 1 期。

③ 同上。

（一）行政许可诉讼范围

《行政许可法》规定，所有的许可事项都可以向人民法院提起行政诉讼，可以视为《行政诉讼法》第 11 条第 2 款授权性规定的立法例，该规定已经将涉及公民政治权利的许可事项纳入受案范围。《行政许可法》"总则"和"行政许可的实施程序"等章中，多处规定了相对人的行政诉权。《行政许可法》第 7 条规定："公民、法人或者其他组织对行政机关实施行政许可，享有陈述权、申辩权；有权依法申请行政复议或者提起行政诉讼；其合法权益因行政机关违法实施行政许可受到损害的，有权依法要求赔偿。"第 38 条第 2 款："行政机关依法作出不予行政许可的书面决定的，应当说明理由，并告知申请人享有依法申请行政复议或者提起行政诉讼的权利。"第 53 条第 4 款对行政机关违反招标、拍卖等程序时的诉权也做了规定。这些规定表明，相对人对行政机关作出的所有有关行政许可的行政行为，都有权提起行政诉讼。①

有学者对行政许可诉讼的表现形式进行了归纳，认为行政许可诉讼包括以下几种情况。

（1）行政许可申请人诉不履责或者迟延履责行为。行政许可是基于行政相对人的申请作出的行政行为。行政主体在接到申请人的申请后，应当启动审批程序，并依照法定程序及法律标准和条件，作出相应的行为。行政主体如果不启动审批程序，不作出相应的行政行为或者迟延履责，都有可能被申请人以不履责或者迟延履责为由诉至法院，要求履责。

（2）行政许可申请人诉不予许可行为。行政许可虽然是依相对人申请而为，但这并不意味着申请必定得到行政主体的认可。行政主体作出的不予许可行为，有可能被申请人以该行为违法为由诉至法院，要求撤销或者要求重作。

（3）行政许可权利人诉撤销许可行为。附义务的行政许可权利人在许可期间未承担必须从事该项活动的特别义务，或许可权利人未按有关要求履行维持许可的验证、验照、交纳维持费等一般义务，或许可行为因他人提起的异议成立等原因致使权利人原被赋予的权利或资格被有关行政主体予以撤销。这种撤销授益性行为的行为，显然有可能引起争议并被诉至

---

① 林莉红：《论〈行政许可法〉对行政诉讼制度的影响》，《湖北警官学院学报》2005 年第 3 期。

法院，请求司法撤销行政许可的行为，如建设用地许可、专利行政许可等。

（4）多个申请人共同申请同一排他性许可，其中未获许可的人诉授予他人许可行为的违法。由于排他性许可或独占权所具有的排斥他人共同享有权利的性质，在多个申请人共同申请时，必然只能确定一人符合排他或独占的条件或标准，而其他申请人申请不得时，就有可能将授予他人许可或独占权的行为以剥夺公平竞争权，或以其他违法，如在专利或商标授权中以未执行"申请在先"原则等为由诉至法院。

（5）行政许可权利人以外的其他人，认为独占性许可或排他性许可使自己原来在该领域享有的权利受到限制而诉至法院，请求撤销赋予他人的权利和资格。这种情况一般发生在某一领域中，原不存在排他性许可或独占权，由于他人申请被授予独占权，而使原来一般共享的权利转变为权利获得者独占的、唯一享有的权利，从而打破了原有的利益格局，如授予商标权、专利权等。对此，认为权益被侵害的主体有权将许可行为诉至法院，请求撤销。

（6）行政许可权利人以外的其他人，认为行政许可侵害许可管理关系以外的其他权益。行政许可作为一种行政管理手段，在社会各项经济生活中发挥着重要管理和调控作用，但由于社会经济生活是多方面的，所以有时许可行为还会涉及其他人的相关利益，如许可拆迁人拆迁，涉及被拆迁人的利益；许可建筑工程建设，涉及建筑工程所在地周边人的相邻权益等。因此，这些利益被波及影响的相关人会将行政许可行为诉至法院，请求撤销。[①]

还有学者列举了实践中容易引起行政许可诉讼的具体情况：（1）对行政许可的申请没有按期作出决定；（2）对行政许可的申请不予批准的决定及其理由；（3）没有完全满足申请事项的许可，如权利范围、期限等；（4）应当适用招标、拍卖方式但没有招标、拍卖，或者是招标、拍卖程序违法的；（5）违反法律规定设定行政许可手段，或者继续实施没有法律根据的行政许可；（6）违反法律规定收取费用的行政许可；（7）违反法律规定增设行政许可条件的，如前置审批条件、降低等级条件、申请

①　林民华：《试论审理行政许可诉讼的若干问题》，《政法论坛》2001年第1期。

条件要求超出申请范围等；（8）实施行政许可的主体违反法律规定的，如主体重合、委托主体等；（9）实施行政许可的程序违反法律规定的，如听证程序等；（10）实施行政许可附带条件违法的，如指定产品或服务等；（11）监督检查许可实施情况违法侵害被许可人权益的；（12）撤销、撤回、变更、吊销、注销行政许可的；（13）没有依法给予补偿赔偿的；（14）对许可人进行行政处罚或采取强制措施的；（15）被许可人的权利被违法限制的；（16）批准的许可导致第三人权益受损的；（17）审查和决定行政许可没有履行告知和听证义务；（18）第三人查阅行政许可资料被拒绝或被限制的；（19）其他涉及公民、法人或者其他组织权益的行政许可行为。①

（二）行政许可诉讼当事人

《行政许可法》纳入了利害关系人的概念，扩大了原告的范围。《行政许可法》第36条规定，行政机关对行政许可申请进行审查时，发现行政许可事项直接关系他人重大利益的，应当告知利害关系人。《行政许可法》第47条规定，行政许可直接涉及申请人与他人之间重大利益关系的，行政机关在作出行政许可决定前，应当告知申请人、利害关系人享有要求听证的权利。《行政许可法》第69条规定，利害关系人可以请求行政机关撤销违法的行政许可。结合前述《行政许可法》第7条的规定，行政许可的直接相对人和利害关系人，对行政机关有关行政许可的决定不服的，都可以提起行政诉讼。②

有学者根据行政许可争议的性质，将具备行政许可诉讼原告资格的主体界定为三类：一是具体行政许可行为直接针对的人，即行政许可申请人或权利人，就其许可申请或其已得到的许可权被否认、被拖延或被撤销而引发争议并依法提起行政诉讼的人；二是具体行政许可行为波及影响了其在该行政管理领域内的公平竞争权益人，即认为赋予他人行政许可的行为实际造成了限制或剥夺其公平竞争权的人，就其行政许可的公平申请权或要求排除赋予他人排他性许可的独占权而引发争议并依法提起行政诉讼；

① 杨小军：《行政许可与行政复议、行政诉讼、行政赔偿的关系》，《华东经济管理》2004年第3期。

② 林莉红：《论〈行政许可法〉对行政诉讼制度的影响》，《湖北警官学院学报》2005年第3期。

三是具体行政许可行为波及影响了其在其他行政管理领域内的权益，即认为赋予他人行政许可的行为实际造成了限制或剥夺其在许可权利以外的其他权益影响的人，如涉及其相邻权的人，就其相邻权或其他权益而引发争议并依法提起行政诉讼。后两类人虽然不是行政许可行为直接指向的对象，甚至不是行政许可法律关系范围内的人，但他们的权利义务，有可能受到行政许可行为的实际侵害或实际的不利影响。①

还有学者将行政许可诉讼的原告，归纳为行政许可申请人、被许可人和其他利害关系人，标准是与行政许可行为有法律上的利害关系。② 这种法律上的利害关系，只要求行政行为客观上具有影响起诉人权益的可能性就足够了，是否受到侵害则是审理中要解决的问题。③ 较为典型的是具有信赖利益的第三人，只要第三人的信赖利益能够成立，则可以提起行政诉讼，即"因信赖利益存在而享有的诉权"。④

由于利害关系人概念的引入，行政诉讼中还可能大量出现第三人参与诉讼的案件。特别是在利害关系人起诉的情况下，行政行为的直接相对人可能作为当事人参加诉讼，由此带来第三人制度改革的若干问题。⑤

（三）行政许可赔偿与补偿诉讼

《行政许可法》对行政许可引发的赔偿和补偿问题，进行了详细的规定。其第 7 条规定，公民、法人或者其他组织的合法权益因行政机关违法实施行政许可受到损害的，有权依法要求赔偿；第 76 条规定，行政机关违法实施行政许可，给当事人的合法权益造成损害的，应当依照国家赔偿法的规定给予赔偿；第 69 条规定，因撤销违法的行政许可，被许可人的合法权益受到损害的，行政机关应当依法给予赔偿；第 8 条规定，行政机

---

① 林民华：《试论审理行政许可诉讼的若干问题》，《政法论坛》2001 年第 1 期。

② 杨小军：《行政许可与行政复议、行政诉讼、行政赔偿的关系》，《华东经济管理》2004 年第 3 期。

③ 孔祥俊：《审理行政许可案件的若干问题》，《行政执法与行政审判》第 12 辑。

④ 高磊：《行政许可行为利害关系人的诉讼主体资格》，《人民司法》2008 年第 24 期。

⑤ 林莉红：《论〈行政许可法〉对行政诉讼制度的影响》，《湖北警官学院学报》2005 年第 3 期。

关可以为了公共利益的需要而依法变更或者撤回已经生效的行政许可，由此给公民、法人或者其他组织造成财产损失的，行政机关应当依法给予补偿。①

根据上述法律规定，行政许可赔偿或补偿诉讼请求存在的类型有：（1）因合法许可致使其他权益人遭受财产或其他利益损失的，如城市建设中合法批准的拆迁许可，给被拆迁人的财产权、居住权等带来损失的；（2）因违法或不当授权致使原权利人为实现权利而投资造成损失的，如某项专利因不具有新颖性或因侵害公共利益而被他人提起异议并被撤销，原专利权人为开发该专利进行投资所造成付出的；（3）因违法或不当许可致使其他权益人的财产或其他权益受到损失的，如某一常用名词被审定为注册商标，致使原其他使用该名词为其企业名称的主体，因该注册商标被撤销而影响其经济效益的；（4）对有保护期限的授权或许可申请，因行政主体的原因而迟延审批致使授权或许可已无意义造成损失的，如某专利申请人的申请材料被审查机关丢失，而导致申请迟延不批，申请人为纠正该行为而付出费用的；（5）已获得的权利因行政主体的失误导致被撤销而带来损失的，如权利人交纳的权利维持费被归错文档而导致权利被撤销，并带来不利后果的；（6）因无许可权的单位违法发放许可致使申请人受到损失的，如村民委员会擅自许可村民建房被有关政府处罚拆除造成损失的。②

第二节　政府信息公开诉讼

为进一步推动行政体制改革，顺应国际透明化浪潮，我国于 2008 年 5 月 1 日施行《政府信息公开条例》。《政府信息公开条例》是我国民主、法治进程中的里程碑，对于保障知情权、通过公开机制实现对权力的有效规范和监督具有重要意义。规定权利只是法治的一个方面，要使法定的权利得到切实保障，还必须建立一套行之有效的权利救济机制。根据我国

---

① 林莉红：《论〈行政许可法〉对行政诉讼制度的影响》，《湖北警官学院学报》2005 年第 3 期。

② 林民华：《试论审理行政许可诉讼的若干问题》，《政法论坛》2001 年第 1 期。

《行政诉讼法》的规定，当事人只能就侵犯其人身权和财产权的具体行政行为提起行政诉讼，未规定当事人的知情权受到侵犯可以提起行政诉讼。而独立的司法审查构成公共信息治理中的不可或缺的一环，司法审查机制的有效性是行政信息真实披露的保证，没有有效的司法审查作为正式制度的保障，行政公开的法律规定就是"无牙的老虎"。[1] 因此，在《政府信息公开条例》制定阶段，学术界就非常重视信息公开的救济原则，认为《政府信息公开条例》明确规定救济原则，可以弥补现行立法的漏洞，进一步扩大行政复议法与行政诉讼法的适用范围，为知情权提供有力的行政和司法实施保障。[2] 在学者的研究推动下，《政府信息公开条例》对于与政府信息公开行为有关的侵犯行政相对人合法权益的情形，明确规定了行政诉讼救济途径，明确了长期以来公民知情权能否获得行政诉讼救济的问题。[3] 《政府信息公开条例》实施后，学者又围绕信息公开诉讼实践中出现的一系列问题展开探讨和研究。在学者研究的基础上，结合司法实践，最高人民法院于 2011 年公布了《关于审理政府信息公开行政案件若干问题的规定》，对信息公开行政诉讼的受案范围、原告资格、被告主体、举证责任、裁判方式等，进行了较为全面的规定。

一　信息公开诉讼的概念和特征

所谓政府信息公开制度中的救济原则，是指当申请人认为其知情权或第三人认为其隐私权、商业秘密等合法权益受到侵犯时，可以依法申请行政复议、提出申诉或者提起行政诉讼。《政府信息公开条例》第 33 条第 2 款规定了政府信息公开救济原则，即"公民、法人或者其他组织认为行政机关在政府信息公开工作中的具体行政行为侵犯其合法权益的，可以依法申请行政复议或者提起行政诉讼。"[4] 有学者对行政信息公开诉讼进行了界定，即信息公开权利人在请求公开有关行政信息的过程中，因不服公

---

[1]　石红心：《治理、信息与行政公开》，《中外法学》2003 年第 1 期。

[2]　参见周汉华《起草〈政府信息公开条例〉（专家建议稿）的基本考虑》，《法学研究》2002 年第 6 期。

[3]　江必新、梁凤云：《政府信息公开与行政诉讼》，《法学研究》2007 年第 5 期。

[4]　裴婷婷：《论政府信息公开行政诉讼的基本原则》，《科学·经济·社会》2012 年第 1 期。

开义务人对特定信息的作为（包括拒绝公开及部分公开）或不作为（包括不予受理及不作决定）而提起的行政诉讼。①

有学者将政府信息公开诉讼所具有的特点概况为三点，即诉讼目标的"给付性"、诉讼基础的"请求性"和诉讼利益的"双重性"。② 所谓诉讼目标的"给付性"，是指随着现代社会中给付行政的增多，给付之诉作为一类新的行政诉讼类型在行政诉讼中的应用越来越广泛。在信息公开诉讼中，当行政机关不积极履行信息提供义务时，公开请求人就有权通过诉讼途径迫使其作出"信息给付"。因此，与传统行政诉讼的消极功能相比，信息公开诉讼在诉讼目标上更具积极意义，在法律性质上应当归属于一般给付之诉，即旨在敦促行政机关进行积极给付。诉讼基础的"请求性"是指，给付请求权作为一般给付之诉的基础性事实，信息公开之诉的基础就是公法上的信息公开请求权。现代意义上的知情权绝不仅仅是一种纯粹的被动"接受"信息的消极性权利，同时，它还是公民对掌握信息源的公权力机关主动提出获得信息"要求"的积极性权利。正是通过公民对这一具体权利的行使，抽象的知情权理念才得以转化为实实在在的制度。诉讼利益的"双重性"是指，信息公开诉讼作为融主、客观诉讼为一体的新型给付诉讼发展起来，打破了传统行政诉讼法上的主、客观诉讼泾渭分明的界限。自20世纪80年代以来风行日本的"交际费、食粮费情报公开诉讼"中，行政机关拒绝公开所侵害的并不是公开请求人所固有的"法律上的利益"，而是作为全体国民所拥有的信息公开请求权，因而更多地表现出客观诉讼的性质。在美国，虽然对行政机关应主动公开政府文件而没有公开，公众提起诉讼时仍要遵循通常诉讼的起诉资格，但对于公众申请行政机关公开而遭拒绝引起的那部分情报自由诉讼，则没有任何限制，只要当事人的申请被行政机关拒绝，不管其利益是否受到侵害，都有权提出诉讼。

二　信息公开诉讼受案范围

所谓信息公开行政诉讼的受案范围，是指政府信息公开诉讼主管范围

---

① 章志远：《信息公开诉讼运作规则研究》，《苏州大学学报》（哲学社会科学版）2006年第5期。

② 同上。

或法院受理政府信息公开诉讼案件的范围。受案范围是信息公开行政诉讼的基本问题，是信息公开行为进入司法审查的门槛。由于学界和实务界对政府信息公开诉讼的诸多理论与实践问题尚未进行充分探讨，因此，实践中的政府信息公开诉讼不断遭遇"玻璃门"。[①]

（一）有关受案范围的确定

有学者对于政府信息公开行政案件受案范围进行较为保守的理解，基于《行政诉讼法》的规定和对政府信息公开工作中的行政行为性质的分析，认为只有那些直接针对特定的行政管理相对人作出的具体行政行为才具有可诉性。信息公开诉讼受案范围的确定，既要为公民、法人或者其他组织依法获取政府信息提供尽可能广泛和充分的救济，又要照顾政府信息公开制度实行伊始的现实情况。因此，人民法院可以受理公民、法人或者其他组织对下列政府信息公开工作中的具体行政行为不服提起的诉讼。第一，向行政机关申请获取政府信息，行政机关拒绝提供或者不予答复的。第二，认为行政机关公开政府信息不符合其在申请中描述的内容、要求的获取方式或者载体形式的。第三，认为行政机关依申请公开的政府信息侵犯其商业秘密、个人隐私的。第四，认为行政机关提供的与其自身相关的政府信息记录不准确，要求行政机关予以更正，行政机关拒绝更正、不予答复或者不予转送有权机关处理的。第五，法律、法规规定可以提起诉讼的其他政府信息公开行政案件。[②]

也有学者认为，政府信息公开诉讼的可诉行为，主要有四种类型：（1）行政机关主动公开中的作为行为。理论界普遍认为，公民、法院或者其他组织可以就下列两种主动公开中的作为行为提起行政诉讼：一是公民、法人或者其他组织认为，行政机关主动公开政府信息的行为侵犯了其商业秘密、个人隐私或者其他合法权益的，可以提出反信息公开诉讼。二是认为行政机关没有按照法定方式、法定程序公开政府信息的。（2）行政机关主动公开中的不作为行为。（3）相对人申请公开中的不作为行为，包括逾期不答复行为；拒绝公开行为；行政机关拒绝更正公民、法人或者

[①]　黄学贤、梁玥：《政府信息公开诉讼受案范围研究》，《法学评论》2010 年第 2 期。

[②]　江必新、李广宇：《政府信息公开行政诉讼若干问题探讨》，《政治与法律》2009 年第 3 期。

其他组织认为行政机关提供的与其自身相关的政府信息记录不准确，行政机关拒绝其更正要求。（4）相对人申请公开中的作为行为，包括行政机关不按照申请人要求的形式提供信息的行为；行政机关依申请公开政府信息涉及商业秘密或者个人隐私，侵犯第三方合法权益的行为；行政机关违反法律规定的收费行为。①

有学者对政府信息公开诉讼受案范围，进行了初步设计：（1）不履行政府信息公开义务的行为。如果公民、法人或者其他组织认为行政机关没有公开应当公开的政府信息，给自身人身权、财产权以及其他合法权益造成影响，或者造成自身不能依法获取政府信息的后果，就有权向人民法院提起政府信息公开诉讼。如果公民、法人或者其他组织认为行政机关不公开应当公开的政府信息，给公共利益造成损害的，还可以向人民法院提起行政公益诉讼。（2）公开虚假信息的行为。行政机关应当确保其所公开之政府信息的真实性和准确性，并对可能造成重大影响的不实信息予以澄清，否则就要承担相应的法律责任。可诉的公开虚假信息的行为包括：行政机关出于某种特殊目的，公开不真实的政府信息的行为；行政机关并非出于故意，公开了不真实、不准确、不完整的政府信息的行为；行政机关发现影响或者可能影响社会稳定、扰乱社会管理秩序的虚假或者不完整信息时，没有依据其职责发布准确的政府信息进行澄清的行为。（3）信息公开迟延的行为。所谓信息公开迟延是指，行政机关超过法定期间方才向行政相对人公开相关政府信息。任何信息都具有一定的时效性，为督促行政机关及时公开信息，《政府信息公开条例》第 18 条和第 24 条规定了政府信息主动公开的时效和依申请公开的时效。公民、法人或者其他组织有权就政府信息公开方面的迟延行为，向法院提起行政诉讼。（4）公开不该公开的信息的行为。不该公开的信息主要指涉及国家秘密、商业秘密、个人隐私的信息。行政机关在公开政府信息之前，有义务对该信息是否涉及国家秘密、商业秘密或个人隐私进行审查，经审查可以公开的信息才能对外公开。如果行政机关公开的政府信息违反了《保守国家秘密法》等法律规定，泄露了国家秘密，则由监察机关、上级行政机关进行相应处理。如果公民、法人或者其他组织认为行政机关公开的政府信息涉及商业

① 黄学贤、梁玥：《政府信息公开诉讼受案范围研究》，《法学评论》2010 年第 2 期。

秘密或者个人隐私，行政机关未书面征求权利人意见，或者书面征求意见后权利人不同意公开，行政机关仍以公共利益为由予以公开，相对人亦可以就此提起行政诉讼，即政府信息公开诉讼中的反公开诉讼。（5）对公开的信息进行任意删除的行为。行政机关公开政府信息有政府公报、政府网站、报刊、广播、电视等多种方式，无论以何种方式公开，都应当以一定的形式将相关信息保存下来，以便公众查阅。但遗憾的是，在政府信息公开活动中，却存在将公开的政府信息任意删除的行为。这种做法实际上是极大地损害了行政相对人依法获取政府信息的权利，故相对人有权将任意删除已公开政府信息的行为诉诸法院，交由法院进行司法审查。①

　　一些来自法院系统的研究者提出，政府信息公开诉讼应明确受案范围的排除，包括以下类型。第一种，因申请内容不明确，行政机关要求申请人作出更改、补充的告知行为，由于不对权利义务产生实际影响，因而不属于受案范围。对此，有学者提出，行政机关可能故意刁难申请人，反复折腾申请人，多次要求申请人更改、补充。因此，建议因申请内容不明确，行政机关要求申请人作出更改、补充的告知行为，一般不属于受案范围，但行政机关违反一次性告知义务的除外。② 第二种，申请公开的政府信息已经向公众公开且行政机关已经告知申请人获取该政府信息的方式和途径的。这种情况下，申请人仍然坚持行政机关再向其提供，法院应当不予受理。这一规定争议不大，但也有学者主张，此种情况法院应当受理，判决驳回诉讼请求即可。③ 第三种，要求行政机关为其制作政府信息，或者要求行政机关向其他行政机关以及公民、法人和其他组织搜集政府信息，行政机关予以拒绝的。因为行政机关只提供已经存在或者已经获取的信息，不因为私人的请求而负担制作或搜集信息的义务。④ 也有律师提出不同观点，认为存在例外情形，制作、搜集这些信息是该行政机关法定职

---

① 黄学贤、梁玥：《政府信息公开诉讼受案范围研究》，《法学评论》2010 年第 2 期。

② 王瑜：《对最高人民法院〈关于审理政府信息公开行政案件若干问题的规定（征求意见稿）〉的评析》，《中南大学学报》（社会科学版）2011 年第 1 期。

③ 李广宇：《政府信息公开诉讼的受案范围与当事人》，《人民司法》2010 年第 5 期。

④ 同上。

责的，则除外。① 第四种，要求行政机关对若干个政府信息进行汇总、分析或者加工，行政机关予以拒绝的。汇总、分析或者加工，已不属于已有信息的公开问题。基于类似第三种情形的考虑，也有人提出应将该行政机关具有汇总、分析或者加工相关政府信息法定职责的，作为除外情形。②

（二）存在的争议

1. 主动信息公开行为

从一些国家的做法来看，任何人请求公开政府信息遭到拒绝，都可以提起诉讼。但对于主动公开政府信息的行为，公众请求公开之诉时，则限于受到不利影响的人。在我国，对于主动公开政府信息的行为能否起诉，学术界和实务界存在不同意见。坚持能够起诉的学者认为，无论是主动公开，还是依申请公开，都是《政府信息公开条例》赋予行政机关的义务。《政府信息公开条例》关于提起诉讼的规定，也并没有将主动公开行为排除。如果将主动公开行为排除在受案范围之外，不利于监督，也无从救济。③ 也有学者认为可以起诉，但要参考其他国家的做法，在原告资格上限定一定条件：有的主张限于侵犯其合法权益；④ 有的主张限于侵犯其人身权、财产权。还有一种意见是直接排除在受案范围之外。⑤ 首先，主动公开政府信息的行为针对的是不特定的对象，具有抽象行政行为的部分特征；其次，原告与主动公开政府信息的行为没有诉的利益，个人要求行政机关向社会公开政府信息，具有公益诉讼的性质；再次，不能提起诉讼也还有其他救济渠道，例如依照条例第33条第1款的规定，向上级行政机关、监察机关或者政府信息公开工作主管部门举报，还可以依申请程序要

---

① 广东中元律师事务所：《〈最高人民法院关于审理政府信息公开行政案件若干问题的规定〉（征求意见稿）修改意见》，http：//www.zylawyer.com/analyze-disp.asp？id=2019，最近访问于2013年1月21日。

② 李广宇：《政府信息公开诉讼的受案范围与当事人》，《人民司法》2010年第5期。

③ 参见江必新、李广宇《政府信息公开行政诉讼若干问题探讨》，《政治与法律》2009年第3期。

④ 同上。

⑤ 叶强：《信息主动公开不充分的可诉性分析——从西北政法大学"申博"案切入》，《研究生法学》2010年第1期。

求行政机关提供，行政机关拒绝申请的，当然就可以提起诉讼了。①

　　2. 信息公开中的收费行为

　　目前，对于政府信息公开的收费行为能否提起诉讼，理论界还存在争议。赞同者认为，受理这类诉讼很有必要，可以防止行政机关违法收取过高的费用，以阻挠民众的信息公开申请。这类诉讼在其他国家也是可以受理的。但反对者认为，对于收费问题还是不宜单独提起诉讼，应当通过向上级行政机关、监察机关或者政府信息公开工作主管部门举报的途径解决。②

三　原告资格

　　在信息公开诉讼原告资格问题上，学者普遍认为，现行有关信息公开的法律文件通过限制信息公开申请人的资格而间接对信息公开诉讼的原告资格进行了不恰当的限制。《政府信息公开条例》第 14 条规定，公民、法人或者其他组织可以"根据自身生产、生活、科研等特殊需要"向行政机关申请公开信息；《国务院办公厅关于施行〈中华人民共和国政府信息公开条例〉若干问题的意见》更明确规定，行政机关对申请人申请公开与本人生产、生活、科研等特殊需要无关的政府信息，可以不予提供。这事实上对申请人的资格进行了限制，并间接限制了信息公开诉讼的原告资格。

　　但是也有学者认为，《政府信息公开条例》对《行政诉讼法》所规定的原告资格进行了拓展。首先，通过扩大受案范围拓展原告资格。《政府信息公开条例》通过单行法的授权，来扩展相对人受司法保护的权利范围，明确规定相对人在信息公开权利受到损害时，可以向法院提起行政诉讼。尽管受案范围扩宽只是原告资格的一个条件，但至少扩宽了相对人司法救济的范围，法院行政审判权限的扩大，自然为原告资格提供扩展的空间。其次，通过完善诉讼类型拓展原告资格。信息公开诉讼呈现出明显的"双益性"，打破了我国行政诉讼法上主客观诉讼泾渭分明的界限，因为

---

　　① 李广宇：《政府信息公开诉讼：理念、方案与案例》，法律出版社 2009 年版，第 26—27 页。

　　② 江必新、李广宇：《政府信息公开行政诉讼若干问题探讨》，《政治与法律》2009 年第 3 期。

"信息公开诉讼远比个人利益受损才有起诉资格的传统行政诉讼宽泛得多，更多地呈现出客观诉讼的特征。"① 另外，通过丰富"利害关系"内涵拓展原告资格。在行政诉讼中，确定行政诉讼原告资格的核心标准在于"利害关系"，而利害关系本身又是一个不确定的法律概念，实践中掌握的标准一般是指切身的、现实的利害关系。②

关于哪些人可以提起信息公开诉讼，学界尚存在争论。一种观点认为，《政府信息公开条例》第 33 条第 2 款规定需"侵犯其合法权益"才可诉，确立了必须有法律上利害关系才有资格起诉的原则，因此，原告只有与申请公开的信息有法律上利害关系，才具有起诉资格。③ 也有学者认为，"只要是政府信息，人人享有原告资格，不一定要有利害关系。"④ 通常认为，在政府信息公开行政诉讼中，能够取得原告资格，启动行政诉讼的个人、组织，主要包括以下几类：（1）依法向行政机关申请获取政府信息的申请人；（2）认为行政机关依申请公开政府信息涉及其商业秘密、个人隐私的第三方；（3）认为行政机关主动公开政府信息或者依申请公开政府信息行为侵犯其合法权益造成损害的行政赔偿请求人；（4）与政府信息公开工作中的具体行政行为有其他法律上的利害关系的公民、法人或者其他组织。有学者根据法律规定和审判实践，认为信息公开诉讼的起诉人主要包括：不服行政机关作出的不予信息公开答复行为的信息公开申请人；认为行政机关公开政府信息行为侵犯自己权益的利害关系人；认为行政机关不依申请履行信息公开法定职责的信息公开申请人；认为行政机关未依职权主动履行信息公开法定职责的起诉人；不服信息公开行政复议决定的复议申请人；不服复议机关未履行信息公开复议法定职责的复议申请人。⑤

---

① 章志远：《行政诉讼法前沿问题研究》，山东人民出版社 2008 年版，第 140 页。

② 姜明安主编：《行政法与行政诉讼法》，北京大学出版社、高等教育出版社 2005 年版，第 502 页。

③ 魏丽平、何世军：《政府信息公开问题疑难问题初探》，http://hnfy.china-court.org/public/detail.php? id = 81031，访问于 2010 年 3 月 21 日。

④ 黄庆畅：《政府信息公开遭遇"玻璃门"》，《人民日报》2008 年 11 月 12 日。

⑤ 江苏省南京市中级人民法院行政庭课题组：《政府信息公开的司法审查难点及其应对——以江苏省南京市司法审查状况为切入点的考察》，《法律适用》2011 年第 4 期。

有学者在探讨原告资格时，还对美国的信息公开诉讼进行研究，认为美国的信息公开诉讼在原告资格上几乎没有任何限制，只要求原告是实际向行政机关提交信息公开申请的人。① 但美国法院认为，对于应在联邦公报上公布的文件和机关应当主动公开的其他文件，机关违反法律规定时，公众起诉请求公开时，仅限于因不公开信息而受到不利影响的人。在依申请公开政府文件的情况下，原告资格则没有限制。当然，原告必须是最初的申请者本人，即递交给机关的信息公开申请书的署名人。② 只要原告提出了信息公开申请，即使其最终被认为不具备获取信息的资格，与要求获取的信息没有利害关系（与其自身生产、生活、科研等特殊需要无关），仍应具有获得答复的权利，因此其与行政机关答复的作为或不作为存在法律上的利害关系。

四 信息公开诉讼原则

有学者基于政府信息公开制度的价值取向，从保护公民知情权、促进政府信息公开的角度，提出政府信息公开行政诉讼的基本原则，包括人权保护原则、利益衡量原则、及时原则以及不公开审查原则。③ 人权保护原则是指，要充分保护公民知情权、保护公民隐私权并提供充分的救济。利益均衡原则是指，当公民知情利益与公共利益、第三人利益冲突时，应兼顾多种利益的平衡，根据利益的大小决定权利的配置。在对多方利益进行衡量时，应遵循公众利益优先保护、不损害商业秘密、个人隐私以及国家利益至上等原则。政府信息公开行政诉讼及时性原则，体现在信息公开的及时性和司法救济的及时性。与现代诉讼所要求的审判公开原则不同，许多国家信息公开法均有不公开审查的规定。不公开审查在法律术语上称为"法官私人办公室内审查"（in camera review），是指法官对机密的文件或可能具有机密性质的文件，在私人办公室审查，不对外公开，以决定文件是否具有机密性质，或者全部或者部分具有机密性质。这一制度对于确保

---

① 陈仪：《政府信息公开如何走出诉讼困境》，《行政法学研究会 2009 年年会论文集（下册）》。

② 赵正群、宫雁：《美国的信息公开诉讼制度及其对我国的启示》，《法学评论》2009 年第 1 期。

③ 裴婷婷：《论政府信息公开行政诉讼的基本原则》，《科学·经济·社会》2012 年第 1 期。

政府信息公开制度的实施效果极为重要。① 《1966 年联邦信息自由法》特别授权法院可以对所申请公开的文件是否属于公开的例外事项进行秘密审查，在秘密审查中，法院会允许行政机关提交秘密的解释性答辩意见，法院会完全独立地审查所争议的文件，原告及其代理人不得参与。但对于是否采用秘密审查方式，"审理法院的法官拥有广泛的裁量权"。②

在审理程序上，尽管我国行政诉讼中有不公开审理的规定，但不公开审理只是不对社会公开，对原被告等当事人还是要公开的。因此，当被告的答辩理由不适宜向原告公开，否则就可能造成不恰当泄露的情况下，法院能否由法官独自审查所请求的文件，目前尚无法律依据。③

五 信息公开诉讼类型

面对信息公开诉讼的涌现，以类型化为目标重塑我国现行的信息公开行政诉讼制度，已经成为必然的选择。④

（一）请求公开诉讼与请求保密诉讼

从请求内容上看，政府信息公开诉讼可以分为两种：请求获取信息诉讼和请求保守秘密信息诉讼。前者指的是公民、法人及其他组织请求政府机关公开有关信息，被政府机关拒绝，因而提起诉讼；后者是信息公开中第三人为了保护自身的商业秘密和个人隐私，向法院提起的不予公开信息的诉讼。对于第一类诉讼，《政府信息公开条例》第 33 条给予明确规定，但是对于第二类诉讼，《政府信息公开条例》未加明确。尽管《政府信息公开条例》第 22 条对信息公开第三方的合法权益进行了保护性规定，即行政机关认为申请公开的政府信息涉及商业秘密、个人隐私，公开后可能损害第三方合法权益的，应当书面征求第三方的意见，第三方不同意公开的，不得公开。但是，行政机关认为不公开可能对公共利益造成重大影响

---

① 裴婷婷：《论政府信息公开行政诉讼的基本原则》，《科学·经济·社会》2012 年第 1 期。

② 陈仪：《政府信息公开如何走出诉讼困境》，《行政法学研究会 2009 年年会论文集（下册）》。

③ 李广宇：《政府信息公开诉讼的受理问题》，《人民法院报》2008 年 7 月 25 日。

④ 章志远：《信息公开诉讼运作规则研究》，《苏州大学学报》（哲学社会科学版）2006 年第 5 期。

的，应当予以公开，并将决定公开的政府信息内容和理由书面通知第三方。有学者认为，虽然法律未加以明确，实践中也未发生，但是从现有的法律规定以及国外的实践来看，此种情况可以提起行政诉讼，即美国所谓的反信息公开诉讼。① 这种诉讼的根据在于公民行使权利的界限，因为行使权利以不侵犯别人的权利和自由为前提。

（二）课以义务诉讼与确认诉讼

从具体的诉讼类型而言，信息公开诉讼主要包括课以义务诉讼、确认诉讼两种类型。根据《政府信息公开条例》的规定，在以下几种情况下，公民可以提起课以义务诉讼：（1）公民认为政府信息应当公开，而行政机关不予公开的；（2）公民认为政府信息应当全部公开，而行政机关仅公开部分内容的；（3）公民向行政机关申请公开政府信息，行政机关不予答复的；（4）公民申请行政机关更正与其自身有关的政府信息记录，行政机关拒绝或者不予答复的；（5）公民申请公开政府信息，依法不属于行政机关公开或者该政府信息不存在的，行政机关不予答复的；（6）公民申请公开政府信息，依法不属于行政机关公开或者该政府信息不存在的，行政机关能够确定该政府信息的公开机关而不予告知的等。②

在政府信息公开案件的审理中，对于如下几种情况可以考虑适用确认诉讼：（1）行政机关对于政府信息发布不准确，撤销、要求重新作出该行政行为、提供该政府信息没有意义的；（2）行政机关对于国家秘密的审查存在程序瑕疵，但该国家秘密确属不能公开事项的；（3）申请政府信息公开，行政机关拒绝或者不予答复，但信息公开已经没有实际意义的；（4）行政机关违法公开的政府信息侵害他人的商业秘密、隐私权，但是继续恢复原来状态不可能的；（5）行政机关应当更正政府信息而未更正，判决更正没有实际意义的；等等。③

还有学者认为，对信息公开诉讼判决的区分，可以从以下五个方面着手：（1）如果原告所请求公开的信息系法律所明确规定的行政机关应当公开的，那么法院即可作出要求被告向原告公开此信息的判决；（2）如

---

① 李广宇：《反信息公开行政诉讼问题研究》，《法律适用》2007 年第 8 期。

② 江必新、梁凤云：《政府信息公开与行政诉讼》，《法学研究》2007 年第 5 期。

③ 同上。

果被告所提出的理由明显不能支持争讼信息涉及国家机密、商业秘密或个人隐私的，法院也可以作出要求被告向原告公开此信息的判决；（3）如果原告所请求公开的信息含有禁止或限制公开内容但能够区分处理的，法院可以表明自己的见解，要求行政机关在进行技术处理之后向原告公开相应的信息；（4）如果法院认为被告在处理原告的信息公开请求时利益权衡不恰当的，可以表明自己的见解，要求行政机关遵循其见解对原告的请求重新进行处理；（5）如果被告关于争讼行政文件并不存在的主张与原告的反证相当时，亦即案件事实尚须进一步调查时，法院可以判决被告在经过专业调查之后对原告的请求重新作出处理。[1]

（三）反信息公开诉讼

反信息公开诉讼是指，当事人对行政机关公开政府信息行为不服或者禁止行政机关公开信息而提起的行政诉讼。由于这种诉讼是针对政府信息的公开行为，与普通的信息公开行政诉讼在方向上正好相反，故亦称"反向诉讼"。这类诉讼的原告一般是公司或者企业的经营者，也可能是认为隐私权等权利被侵害的个人。

在美国，联邦最高法院以 1979 年"克莱斯勒诉布朗案"的审理为契机，确认原告可以根据行政程序法及禁止公开贸易秘密法提起"反情报自由法诉讼"。美国经验表明，向行政机关要求提供信息最多的人，不是新闻界也不是学术界，而是企业。例如，美国食品和药物管理局每年收到的要求公开信息的申请中，有 85% 是企业要求提供涉及其他企业的政府信息。

值得注意的是，我国法院在判断当事人的利益是否受到不利影响时，依据的是行政诉讼法上的规定。法院可以依据《行政诉讼法》第 54 条关于行政行为的各种适法状况进行司法审查，因为此时行政机关实际上作出了行政行为。行政行为给当事人权利义务造成不利影响的，当事人当然可以提起行政诉讼。[2]

在西方的信息公开法制发达国家，都存在作为典型预防性行政诉讼的反信息公开诉讼。如在日本，根据其《信息公开法》第 13 条的规定，行

---

[1]　章志远：《信息公开诉讼运作规则研究》，《苏州大学学报》（哲学社会科学版）2006 年第 3 期。

[2]　江必新、梁凤云：《政府信息公开与行政诉讼》，《法学研究》2007 年第 5 期。

政机关在第三人已经明确提出反对信息公开意见的情况之下，如果仍然决定公开的，其公开决定之日与实施该公开决定之日之间至少应该设置两周的间隔时间，以便给予第三人采取法定对抗措施的余地。再如在德国的行政诉讼实践中，也存在作为一般给付之诉亚类型的停止作为之诉，其中，阻止信息的公开即属于一种典型的防御之诉。①

作为一种消极的给付之诉，反信息公开诉讼与一般的信息公开诉讼在审理规则上，存在着巨大差异，体现在直诉性、事先性、执行停止性等方面。② 随着对信息公开诉讼特别是反信息公开诉讼研究的深入，信息公开诉讼类型化将会更加成熟。

（四）信息公开赔偿诉讼

《政府信息公开条例》没有对行政赔偿责任作出规定，但是这不等于政府信息公开案件没有赔偿责任。考察外国的立法例，一般未在信息公开法中明确规定行政赔偿责任，其赔偿责任的追究一般要通过其他法律的具体规定来进行。③ 实际上，最初的专家建议稿曾经规定，行政机关的违法行为给申请人或者第三人造成损害的，根据国家赔偿法承担赔偿责任。④

六 审理规则

作为一类新型的行政诉讼，信息公开诉讼在举证责任分配、审查方式选择及判决种类区分等方面，都具有特殊的规则。从其他国家信息公开诉讼的实践来看，此类诉讼的特殊审理规则包括三个方面。

1. 举证责任之分配

政府信息公开之所以遭遇诉讼困境，除了与其他行政诉讼共同面对的我国司法体制的问题以外，还有一个重要原因在于目前《行政诉讼法》和《政府信息公开条例》中缺乏对政府信息公开诉讼的具体审理规则。在举证责任的问题上，我国《行政诉讼法》规定由被告对具体行政行为的合法性负举证责任，但有关行政机关在信息公开诉讼中，举证标准和举

---

① 弗里德赫尔穆·胡芬：《行政诉讼法》，莫光华译，法律出版社 2003 年版。

② 章志远：《信息公开诉讼运作规则研究》，《苏州大学学报》（哲学社会科学版）2006 年第 3 期。

③ 江必新、梁凤云：《政府信息公开与行政诉讼》，《法学研究》2007 年第 5 期。

④ 周汉华主编：《政府信息公开条例专家建议稿——草案说明理由立法例》，中国法制出版社 2003 年版，第 180 页。

证方式并不明确。如果信息公开中一旦强调申请人必须与申请的文件有一定的"利益关系",那么在信息公开诉讼中原告则要承担首要的举证责任,即原告必须证明自己与所申请的文件存在利益关系,否则法院就没有必要再进一步审查行政机关信息公开行为的合法性了。①

在美国法上,有关信息公开诉讼中的举证责任相对明确。《1966 年联邦信息公开法》对信息公开诉讼作了详细规定,司法判例也确定了很多重要标准。按照一般的举证规则,提出某项请求的人,负责证明其要求的正当性。然而在信息公开诉讼中,申请人不用说明要求的理由和目的,无须证明要求的正当性,而由被告负举证责任,为其拒绝公开的决定提供证据。为支持这一举证责任制度,还有一项被广泛使用的制度,即要求行政机关对数量大的文件必须分类,制成索引,指出哪些文件可以公开,哪些不能公开,并对应列明所依据的例外事项以及行政机关的理由。该目录被称为"沃恩索引"(Vaughn Index)。沃恩索引在所申请公开的信息数量巨大的案件中特别有用,它可以保障请求人得到文件的权利不会被淹没在政府文件的迷乱之中。它还可以协助法院更好地适用信息公开的例外事项,并使信息的申请人尽可能多地获得信息,以使其能向法院有效地提出意见,从而使对抗制审判得以实现。②

2. 判决方式和诉讼费用

在判决方式上,由于信息公开诉讼一般很少涉及事实上的争议,争议通常只围绕某项文件是否具有免除公开的法律地位,因此,美国信息公开诉讼一般会采用简易判决的形式。法官通过审查原告的诉状、被告用宣誓书提出的证据,直接得出结论,不用开庭审理。我国信息公开诉讼是否采取建议程序,目前并无定论。

对于诉讼费、律师费的负担问题,目前我国只有诉讼费按请求所被支持的比例分担的规定,对于律师费,除了在商标权、版权案件中可以按司法解释将律师费也计算在损失中,在其他案件,包括行政案件中,都没有律师费可以由败诉一方承担的规定。这无疑不利于鼓励公众积极行使诉讼权利。国外的一些法律实践可供我们参考,例如在美国的信息自由法里包

---

① 陈仪:《政府信息公开如何走出诉讼困境》,《行政法学研究会 2009 年年会论文集(下册)》。

② 同上。

含"费用转移"条款，当法院认为原告取得了实质性胜利时，法院有权要求被告承担合理的律师费和诉讼费。①

另外，美国信息公开诉讼在管辖、"穷尽行政救济"原则、审查标准等方面都积累了成熟的经验。美国信息公开诉讼的管辖法院较多，当事人可以选择在原告居住地、所请求的行政机关文件所在地的联邦州法院，以及哥伦比亚特区法院起诉。在"穷尽行政救济"原则上，信息公开诉讼与一般行政诉讼一样，都需要遵循该原则，因此，原告应当先向行政机关首长申请内部审查。但根据《1966 年联邦信息自由法》的规定，如果行政机关在法定的期限内未给予信息申请人答复，应视为申请人已穷尽了行政救济并可立刻请求司法救济。此外，无论行政机关是否及时答复，只要行政机关没有告知当事人申请行政内部审查的权利，或未告知申请司法审查的权利，申请人也应被视为已穷尽了行政救济。但是，在机关违反法定答复期限且申请人诉诸法院的情况下，如果机关能证明有特殊情况，而且该机关正在尽最大努力满足其请求，法院可在保有管辖权的前提下发布一个诉讼中止令（stay of proceedings），给该机关一定的额外时间来完成对申请的处理。② 在审查标准上，在一般案件中，法院采取的是"实质性证据"的审查标准；但在信息公开诉讼中，法院采取"重新审查"标准，这意味着法院可以重新考虑原决定的所有事实和法律问题。③

七　信息公开诉讼完善路径

针对我国在信息公开诉讼制度上存在的诸多不明确，有学者指出，应对信息公开诉讼的审理规则加以明确，特别是需要及时纠正一些法院在信息公开诉讼案件的受案范围、原告资格上的错误认识，让公众的诉权能够得到保障，不被过高的立案门槛所阻。④

学者在探讨信息公开诉讼的诉讼类型时，提出应当明确第三方的法律救济权利。我国的《政府信息公开条例》对第三方的救济权利规定模糊，

---

① 陈仪：《政府信息公开如何走出诉讼困境》，《行政法学研究会 2009 年年会》。
② 赵正群、官雁：《美国的信息公开诉讼制度及其对我国的启示》，《法学评论》2009 年第 1 期。
③ 陈仪：《政府信息公开如何走出诉讼困境》，《行政法学研究会 2009 年年会》。
④ 同上。

很可能导致第三方权益受到侵害时无法得到保护。有学者认为，应借鉴美国经验，引入三种制度对第三方权益保护进行完善，即反情报自由法的诉讼制度、预先禁制令制度以及法官私人办公室内审查制度。引入反情报自由法的诉讼制度，就是要明确赋予第三方诉讼的权利，即第三方认为行政机关公开的信息可能侵害自己的商业秘密或者个人隐私，可以提起诉讼，请求法院做出禁止公开信息的命令。① 美国在反情报自由法的诉讼中，规定了原告有请求预先禁制令的权利。借鉴这一制度，可以规定我国政府信息公开中的第三方，在因行政机关为了公共利益而公开涉及其商业秘密、个人隐私的政府信息而提起行政诉讼后，有权请求法院在判决前，发出预先禁止的命令。法官私人办公室内审查是指法官对机密的文件或可能具有机密性质的文件，在私人办公室内审查，不对外界公开。我国当前的诉讼法中规定了公开审理原则，这就意味着一旦进入审判程序，第三方的商业秘密、个人隐私很可能在当庭质证的过程中为对方或他人知悉。引入法官私人办公室内审查制度，可以在审理方式上维护第三方合法权益。②

有学者在整理、研究自 2002 年以来的政府信息公开诉讼案件资料的基础上，认为我国现阶段信息公开诉讼尚处于起步阶段，提起诉请公开信息的主体多为公民个人，诉请公开信息多与个人或经营性企业的财产利益相关，并主要以地方政府规章作为起诉依据，原告方胜诉比例低，社会团体、公益组织与专业人士对具有突出公益性质的信息公开诉讼参与不够，对政府信息公开的诉求水平相对较低，信息公开诉讼资料不够公开等。针对这些问题，学者建议尽快制定信息公开法，为信息公开诉讼提供更为规范完整的法律依据；完善政府信息公开的行政执行机制，为信息公开诉讼提供良好行政执法环境；在诉讼实务中，注重运用案例指导制度来指导信息公开诉讼实践，总结提炼充实相关诉讼规则，并提高信息公开诉讼的透明度，以推进政府信息公开诉讼的发展。③

---

① 王振清：《政府信息公开诉讼原告资格问题研究》，行政法学研究会 2009 年年会。

② 阎桂芳：《政府信息公开救济制度研究》，《中国行政管理》2011 年第 5 期；江必新、梁凤云：《政府信息公开与行政诉讼》，《法学研究》2007 年第 5 期。

③ 赵正群、董妍：《中国大陆首批信息公开诉讼案件论析》，《法制与社会发展》2009 年第 6 期。

还有学者从法律位阶、权益确认与保障等视角，探讨信息公开诉讼制度的完善，提出应当提升《政府信息公开条例》的法律位阶，有必要制定一部统一的《政府信息公开法》；并在宪法法律中明确规定公民的知情权。①

第三节　行政强制诉讼

2012 年 1 月 1 日起施行的《行政强制法》，是一部规范行政权力运行的重要法律。它的通过和实施对于保护公民、法人和其他组织的合法权益，推动法治政府建设，促进行政机关依法行政，保障和监督行政强制权的行使都有着十分重要的意义。根据《行政强制法》的规定，绝大多数行政强制行为都要接受司法审查。《行政强制法》第 8 条规定："公民、法人或者其他组织对行政机关实施行政强制，享有陈述权、申辩权；有权依法申请行政复议或者提起行政诉讼；因行政机关违法实施行政强制受到损害的，有权依法要求赔偿。"行政强制的司法审查包括两个方面，一个是行政诉讼意义上的司法审查，即当事人对行政强制行为不服，在法定的期限内申请复议或提起诉讼，或者经过行政复议后提起诉讼，请求人民法院对行政强制行为进行司法审查；一个是非诉司法审查，即当事人在法定期限内既不起诉又不履行的，行政机关可以申请法院强制执行，法院对行政机关的行政强制申请进行审查。本节研究的范围仅限于前者，不包括非诉审查。

如何确保人民法院的司法审查能够在《行政强制法》的规范下顺利地实施，是行政诉讼法学需要认真研究和解决的问题。有学者指出，人民法院对行政强制的司法审查要注意把握行政强制行为的基本特征、二重性以及基本价值，对行政强制行为要进行类型化处理，注意区分法律行为和事实行为，把握司法审查的内容和强度，处理好主从行为、先后行为以及行政强制权与相对人抵制权之间的关系。②

---

① 韩敬：《政府信息公开法律救济的现实困境及完善建议》，《西华大学学报》（哲学社会科学版）2009 年第 6 期。

② 江必新：《行政强制司法审查若干问题研究》，《时代法学》2012 年第 10 期。

一　行政强制概述

（一）行政强制类型

行政强制行为的种类很多，如果不进行类型化处理，法官很难条理清晰地予以适用。行政强制行为的类型化，就是要对所有的行政强制行为进行分类，对不同性质的行政强制行为，适用不同的规则来进行调整，适用不同的法律规范来进行审查。

《行政强制法》将行政强制行为分为两种类型：一是行政强制措施；一是行政强制执行。有学者指出，《行政强制法》的类型化还不完善，还可以从方便司法审查把握的角度，对行政强制行为进行更为详细的类型化研究，将行政强制行为，分为行政调查强制行为、行政预防措施、即时强制行为、行政保全措施、行政强制执行等类型。①

有学者强调，行政强制行为类型化对法院进行司法审查具有以下几个方面的意义。第一，不同类型的行政强制行为的构成要件不同。人民法院在进行事实审查的时候，就要审查该行为是否满足构成要件。如果不分类处理，就很难分辨哪些行为必须具备哪些构成要件。第二，不同类型的行政强制行为的主体不同。有些主体是可以作出决定的，有些主体不一定有权作出决定。第三，不同类型的行政强制行为适用的程序不同。保全措施的程序和即时强制的程序以及强制执行的程序差异较大。第四，不同类型的强制行为适用的法律规范不同。第五，适用不同类型的法律规范进行司法审查的程度和强度不同。如对强制执行行为的司法审查强度，显然没有对行政强制措施审查的强度大。②

（二）行政强制的性质

政府为维护社会与国家的正常秩序，不能没有行政强制执行权；但为防止行政强制执行权的滥用，又不能没有法律救济制度。从理论上来说，一个国家对行政强制执行权的法律救济途径的设计，与对被救济行为（即行政强制行为）的定性有关。③

---

① 江必新：《行政强制司法审查若干问题研究》，《时代法学》2012 年第 10 期。
② 同上。
③ 胡建淼：《论德国的行政强制执行制度及理论》，《公法研究》2002 年第 00 期。

关于行政强制执行的定性，学者们有不同的观点。有学者认为，从行政强制执行的主体来说，有些行政强制执行是行政行为，有些是司法行为；从内容或行政法上的义务来说，则是行政行为。由于性质不同，救济途径也有所不同。如果是针对行政强制执行的内容寻求救济，只能通过行政诉讼和行政复议途径；如果是针对行政强制执行措施寻求救济，则可能要分别通过行政诉讼和司法申诉赔偿进行。[1] 也有观点认为，行政强制执行没有给相对人设定权利义务，因而不是具体行政行为，是一种事实行为。[2]

二　行政强制行为的司法审查

对行政强制予以司法审查时，应当处理好以下几个方面。

（一）司法审查范围

我国《行政强制法》将行政强制，分为行政强制措施和行政强制执行。具体而言，行政强制措施包括：（1）限制公民人身自由，如盘问、传唤、人身检查、扣留、强制检测、约束、强制隔离、强制带离现场等；（2）查封场所、设施和财物，如封闭、关闭或者限制使用场所，禁止使用设备等；（3）扣押财物，如扣留物品、暂扣财物，扣留财物等；（4）冻结存款、汇款；（5）其他，如对动物实行隔离、扑杀、销毁；对证据的登记保存；强行进入住宅、生产经营场所；取缔等停止违法行为的行政强制措施。行政强制措施的本质特征是暂时性控制措施，是否纳入行政诉讼审查范围，主要考虑行政强制措施是否对相对人的权利义务产生影响，如果产生影响则纳入审查范围。

行政强制执行包括加处罚款或者滞纳金；划拨存款、汇款；拍卖或者依法处理财物；代履行；以及催告通知、强制执行决定、委托拍卖行为、当事人或者第三人的执行异议、中止执行和终结执行等。

行政强制执行是否属于受案范围，一度存在较大争议。一种观点认

---

[1]　马怀德：《我国行政强制执行制度及立法构想》，《国家行政学院学报》2000 年第 2 期。

[2]　关保英、戚建刚：《论行政强制执行的法律性质、瑕疵表现与救济途径》，《中央政法管理干部学院学报》2000 年第 4 期。

为，行政强制执行行为不能提起行政诉讼。① 其理由是，行政强制执行的前提是相对人逾期拒不履行行政机关为其确定的行政法义务，其已经丧失了向法院质疑该行政行为合法性的权利，行政强制执行行为只是将该不能争议的行政行为内容付诸实施，本身并未给相对人设定新的权利义务，因此不属于受案范围。②

还有学者认为，只有对行政强制执行的过程作详细划分，才能对不同情况下的执行行为的可诉性作出判定。针对行政强制执行的先期告诫行为，相对人不得提起行政诉讼。原因是先期告诫的内容只是向相对人传达行政机关为其确定的行政法义务，本身并未给相对人造成新的利益损失。而对于各种具体的执行手段，要分情况进行讨论。如果该种手段的运用未超出行政决定中设定义务的范围，相对人只能向行政机关提出异议。如果行政机关采取的执行手段超出了行政决定设定义务的内容，则说明该执行行为已构成对相对人合法权益的侵害。在这种情况下，相对人完全可以依照行政诉讼法，对该执行行为的合法性提出诉讼并请求国家赔偿。③

根据《行政强制法》，行政强制执行行为的本质特征是实现行政决定义务，一般都对相对人的权利义务产生影响，因此具有可诉性。另外，根据《行政强制法》第43条，行政机关不得对居民生活采取停止供水、供电、供热、供燃气等方式迫使其履行相关行政决定。如果行政机关违法采取此类强制执行措施的，当然属于法院受理、审查并裁判的范围。

(二) 司法审查内容

行政强制的司法审查内容包括两方面：一是对作为的行政强制行为的司法审查；二是对不作为的行政强制行为的司法审查。④

1. 对作为的行政强制行为的司法审查

第一，主体资格和权限审查，即审查实施行政强制行为的主体是否具有实施行政强制行为的主体资格。要具体审查被诉行政机关及其工作人员，是否拥有实施特定行为的权力，也就是权限审查。《行政强制法》确

---

① 杨杏芝：《析行政强制执行的可诉性》，《法学评论》1994 年第 3 期。
② 闫尔宝：《论行政事实行为》，《行政法学研究》1998 年第 2 期。
③ 项新：《论行政强制的瑕疵表现与救济途径》，《行政法学研究》2002 年第 2 期。
④ 江必新：《行政强制司法审查若干问题研究》，《时代法学》2012 年第 10 期。

立了强制法定的原则，其中一项重要内容就是强制主体法定，即实施行政强制的主体必须符合法律法规的规定，要有法律法规的明确授权。

第二，事实审查。对行政强制主体来说，进行事实审查也就是要审查被诉行政强制行为是否具备法定事实要件。法律法规对每一种行政强制行为都规定了事实要件，实施行政强制行为必须满足这些要件。

第三，法律适用审查，即审查行政强制行为所适用的法律规范是否正确。

第四，程序审查，即审查被诉的行政强制行为所适用的法律程序是否正确、合法和正当。凡是法律规定必须要满足的程序、步骤、顺序、时间要求、方式、形式都必须满足，对这些要素原则上都要进行审查。

第五，目的审查，即被诉的行政强制行为的实施是否符合法律授权的目的，是否符合行政目的，是否存在滥用职权的情况。[①]

2. 对不作为的行政强制行为的司法审查

第一，要确认必要性。实施行政强制行为通常具有必要性，有些是为了制止违法行为，有些是为了防止证据损毁，有些是为了避免危害发生，有些是为了控制危险扩大。

第二，要确认可能性。在当时当地的条件下，特定的行政机关及其工作人员有没有可能作出某种行为，要分析、审查当时的主客观条件。

第三，要审查行政主体的资格和职责。根据行政主体的资格、职责确定其是否有实施行政强制行为的义务和责任。通常对不作为的行政强制行为来说，强制行为往往是事后的，相对人事后要求法院判决行政机关重作往往很难，主要还是涉及赔偿问题，所以关键在于审查是否造成了损害、原因是什么、损害有多大，这取决于如何看待不作为在整个损害形成过程中的作用和地位。在此，要特别注意"合理期待"的概念。如果行政机关对采取行政强制行为负有责任和义务，相对人在当时当地的条件下，完全有充分的理由认为行政机关应该这样做，此即合理期待。"合理期待"是处理不作为诉讼时需要考量的一项重要内容。行政机关及其工作人员如果没有满足相对人的合理期待，就可能构成不作为。但如果就当时当地的情况而言，根本不可能指望行政机关作出相关强制行为，就不构成合理期待。[②]

---

① 江必新：《行政强制司法审查若干问题研究》，《时代法学》2012 年第 10 期。
② 同上。

3. 对行政强制设定依据的司法审查

《行政强制法》对行政强制的设定主体、权限、形式、程序等予以明确规范。人民法院在对某一种具体的行政强制进行司法审查时，可能发现该行为存在设定机关本身无法定职权、超越职权、滥用职权等情形。除对该行为合法性作出判断外，对相关机关设定行政强制的行为，应当对其设定依据予以适度审查，或通过其他法定方式予以处理。首先，若设定行政强制的相关规范性文件是行政法规、地方性法规、自治条例或单行条例，依据《行政诉讼法》第12条规定，针对"行政法规、规章或者行政机关制定、发布的具有普遍约束力的决定、命令"提起的行政诉讼法院不予受理，但法院仍可依照《立法法》第90条以及《行政强制法》的相关规定，向有关机关提出书面审查要求或书面审查建议。其次，若设定行政强制的文件是规章，如法院认为与上位法规定相违或相互间冲突，根据《行政诉讼法》第53条的规定，法院可以不予参照或送请国务院裁决。再者，若相关规范性文件是规章以下，法院可以从审查具体行政行为相关依据的角度对其合法性作出判断和认定，对于与法律法规相抵触的规范性文件，当然不予适用。①

（三）审查强度

关于审查的强度问题，即法院对行政强制行为是只进行形式审查，还是要进行实质审查；是只进行合法性审查，还是要进行合理性审查。就行政强制行为而言，通常不能仅仅进行形式审查，需要进行实质审查。对行政强制行为，法院主要是对其合法性进行审查，根据《行政诉讼法》的相关规定综合判断，还是要进行一定程度的合理性审查。行政强制行为是否存在滥用，要运用比例原则来进行审查。有学者认为，滥用行政强制权，在审查理由上，可以用"滥用职权"这个概念来确认违法。② 确认行政强制行为违法后，行政机关及相关人员要承担法律责任。一些法院在适用"滥用职权"时有顾虑，因为《刑法》第397条规定了滥用职权罪，认为一旦以"滥用职权"作为审查理由并且写在判决书上，行政机关的相关人员就可能被追究法律责任，轻则行政处分，重则要追究刑事责任。

---

① 杨临萍：《行政强制与司法审查若干焦点问题》，《人民司法》2012年第5期。

② 江必新：《行政强制司法审查若干问题研究》，《时代法学》2012年第10期。

但事实上《行政诉讼法》上的滥用职权与《刑法》上的滥用职权二者并非等同，两个概念不能混用。即使不使用"滥用职权"的概念，也可以以明显不合理、明显不适当为由予以审查。《行政强制法》规定了行政强制的设定和实施应当适当，对行政强制行为提出了适当性的要求。对行政强制行为，法院原则上进行合法性审查，但是对明显不合理、明显不正当的行为，要运用比例原则等行政法的基本原则进行合理性审查。[①]

（四）要处理好主从行为、先后行为之间的关系

行政强制行为通常是一个从行为（或者说辅助性行为），后面有一个主行政行为。但也存在主行为在前，从行为在后的情况。这就要求法院在对行政强制行为进行司法审查时，需注意主从关系问题。如行政调查行为通常是一个正式的决定作出之前实施的，行政调查行为是辅助性行为，根据调查结论作出的行政决定或行政许可或其他行政命令等，是主行为。实践中经常出现这样的问题：一是从行为违法，主行为的合法性是否受到影响；二是主行为违法，从行为是不是可以独立存在。

处理主从行为的关系问题，需要把握好如下几点：第一，在通常情况下，如果从行为违法，从对当事人权利救济的角度来说，应该可以提出异议或单独提起诉讼。但是，这种针对从行为赋予单独诉权的做法，会影响主行为的效率。域外通常对从行为不赋予单独的诉权，对于从行为违法，可以在对主行为提起诉讼时一并处理，这样做可能更为妥当。第二，主行为合法但是其从行为存在违法之处，在司法审查的时候要注意区别。第一种情况是，从行为如果直接涉及根本性的程序问题，是程序中一个极为重要的要素，而从行为违反了正当程序的要求，应该认定构成程序违法。第二种情况是，辅助行为只是轻微瑕疵，不属于重大违法或一般违法。轻微瑕疵对主行为不产生影响，违法之处可以提出复议，能纠正的予以纠正，但不影响主行为的效力。第三种情况是，从行为不影响行政机关的行政决定，但是该行为对当事人造成损害的，可以确认违法，让行政机关承担一定的赔偿责任，但不影响主行为的效力。[②]

---

① 江必新：《行政强制司法审查若干问题研究》，《时代法学》2012 年第 10 期。
② 同上。

关 键 词 索 引

参 考 文 献

专著

1. 甘文：《行政诉讼法司法解释之评论》，中国法制出版社 2000 年版。

2. 胡建淼：《行政诉讼法修改研究》，浙江大学出版社 2007 年版。

3. 胡建淼主编：《行政行为基本范畴》，浙江大学出版社 2005 年版。

4. 江必新、梁凤云：《行政诉讼法理论与实务》，北京大学出版社 2009 年版。

5. 江必新主编：《中国行政诉讼制度的完善——行政诉讼法修改问题实务研究》，法律出版社 2005 年版。

6. 江必新：《中国行政诉讼制度之发展·行政诉讼司法解释解读》，金城出版社 2001 年版。

7. 姜明安主编：《行政法与行政诉讼法》，北京大学出版社、高等教育出版社 2005 年版。

8. 李荣珍：《行政诉讼原理与改革》，法律出版社 2011 年版。

9. 吕艳滨：《行政诉讼法的新发展》，中国社会科学出版社 2008 年版。

10. 吕立秋：《行政诉讼举证责任》，中国政法大学出版社 2001 年版。

11. 马怀德：《行政法制度建构与判例研究》，中国政法大学出版社 2000 年版。

12. 马怀德：《司法改革与行政诉讼制度的完善》，中国政法大学出版社 2004 年版。

13. 马怀德主编：《行政诉讼原理》，法律出版社 2003 年版。

14. 王学辉：《行政诉讼制度比较研究》，中国检察出版社 2004 年版。

15. 王宝明等：《抽象行政行为的司法审查》，人民法院出版社 2004 年版。

16. 吴华：《行政诉讼类型研究》，中国人民公安大学出版社 2006 年版。

17. 解志勇：《论行政诉讼审查标准——兼论行政诉讼审查前提问题》，中国公安大学出版社 2004 年版。

18. 杨建顺：《行政规制与权利保障》，中国人民大学出版社 2007 年版。

19. 杨小君：《行政诉讼问题研究及制度改革》，中国人民公安大学出版社 2007 年版。

20. 杨海坤、黄学贤：《行政诉讼基本原理与制度完善》，中国人事出版社 2005 年版。

21. 杨伟东：《行政行为司法审查强度研究——行政审判权纵向范围研究》，中国人民大学出版社 2003 年版。

22. 杨寅、吴偕林：《中国行政诉讼制度研究》，人民法院出版社 2003 年版。

23. 应松年主编：《行政诉讼法学》，中国政法大学出版社 2002 年版。

24. 袁曙宏：《社会变革中的行政法制》，法律出版社 2001 年版。

25. 张步洪、王万华编著：《行政诉讼法律解释与判例述评》，中国法制出版社 2000 年版。

26. 张树义：《行政诉讼法学》，中国政法大学出版社 2007 年版。

27. 张卫平：《诉讼构架与程式——民事诉讼法理分析》，清华大学出版社 2000 年版。

28. 章志远：《行政诉讼法前沿问题研究》，山东人民出版社 2008 年版。

29. 周汉华主编：《政府信息公开条例专家建议稿——草案说明理由立法例》，中国法制出版社 2003 年版。

30. 最高人民法院行政审判庭编：《关于执行〈中华人民共和国行政诉讼法〉若干问题的解释的释义》，中国城市出版社 2000 年版。

论文

1. 白雅丽：《论中国行政诉讼和解制度的建立》，《现代法学》2006年第 3 期。

2. 陈新民：《和为贵——论行政协调中的法制改革》，《行政法学研究》2007 年第 3 期。

3. 曹达全：《公共行政改革与行政诉讼制度功能的变迁》，《法学论坛》2010 年第 4 期。

4. 戴建志：《关于基层法院行政审判法官能力的对话》，《人民司法》2005 年第 1 期。

5. 邓刚宏：《论我国行政诉讼功能模式及其理论价值》，《中国法学》2009 年第 5 期。

6. 邓刚宏：《行政诉讼依诉请择判原则之局限性——依行政行为效力择判原则的可行性分析》，《法学》2008 年第 9 期。

7. 方世荣：《论维护行政法制统一与行政诉讼制度创新》，《中国法学》2004 年第 1 期。

8. 方世荣：《论我国行政诉讼受案范围的局限性及其改进》，《行政法学研究》2012 年第 2 期。

9. 方世荣：《我国行政诉讼调解的范围、模式及方法》，《法学评论》2012 年第 2 期。

10. 甘文：《WTO 与司法审查》，《法学研究》2001 年第 4 期。

11. 高磊：《行政许可行为利害关系人的诉讼主体资格》，《人民司法》2008 年第 24 期。

12. 高新华：《我国行政诉讼原告资格制度发展的社会背景及其得失评价》，《西南政法大学学报》2004 年第 6 期。

13. 关保英：《行政公益诉讼的范畴研究》，《法律科学》（西北政法大学学报）2009 年第 4 期。

14. 何海波：《行政诉讼撤诉考》，《中外法学》2001 年第 2 期。

15. 何海波：《行政诉讼受案范围：一页司法权的实践史（1990—2000）》，《北大法律评论》2001 年第 2 期。

16. 侯继虎：《客观法秩序维护模式：行政诉讼受案范围扩大的理论基础及其制度建构》，《政治与法律》2011 年第 12 期。

17. 侯勇：《重构我国行政诉讼原告资格制度的思考》，《行政法学研究》2004 年第 4 期。

18. 侯宇：《法国行政法院制度之再认识》，《法制与社会》2006 年第 18 期。

19. 胡锦光：《我国行政行为司法审查的演进与问题》，《华东政法大学学报》2009 年第 5 期。

20. 胡卫列：《论行政公益诉讼制度的建构》，《行政法学研究》2012 年第 2 期。

21. 胡肖华：《从行政诉讼到宪法诉讼——中国法治建设的瓶颈之治》，《中国法学》2007 年第 1 期。

22. 黄学贤：《行政诉讼撤诉若干问题探讨》，《法学》2010 年第 10 期。

23. 黄学贤、梁玥：《政府信息公开诉讼受案范围研究》，《法学评论》2010 年第 2 期。

24. 孔繁华：《我国行政诉讼功能之实证分析》，《江苏行政学院学报》2009 年第 1 期。

25. 孔繁华：《行政诉讼基本原则新辨》，《政治与法律》2011 年第 4 期。

26. 江必新、梁凤云：《政府信息公开与行政诉讼》，《法学研究》2007 年第 5 期。

27. 江必新：《行政强制司法审查若干问题研究》，《时代法学》2012 年第 10 期。

28. 江必新、李广宇：《政府信息公开行政诉讼若干问题探讨》，《政治与法律》2009 年第 3 期。

29. 姜明安：《行政诉讼功能和作用的再审视》，《求是学刊》2011 年第 1 期。

30. 姜明安：《中国行政诉讼的平衡原则》，《行政法学研究》2009 年第 3 期。

31. 李红枫：《行政诉讼管辖制度现状及对策分析》，《行政法学研究》2003 年第 1 期。

32. 李红枫：《行政诉讼类型论纲》，《研究生法学》2003 年第 1 期。

33. 林民华：《试论审理行政许可诉讼的若干问题》，《政法论坛》

2001 年第 1 期。

34. 林莉红、马立群：《作为客观诉讼的行政公益诉讼》，《行政法学研究》2011 年第 4 期。

35. 林莉红：《公益诉讼的含义和范围》，《法学研究》2006 年第 6 期。

36. 梁凤云：《〈行政诉讼法〉修改八论》，《华东政法大学学报》2012 年第 2 期。

37. 刘德兴、黄基泉：《抽象行政行为应纳入行政诉讼受案范围》，《现代法学》2000 年第 3 期。

38. 刘飞：《行政诉讼类型制度探析——德国法的视角》，《法学》2004 年第 3 期。

39. 罗豪才：《行政诉讼的一个新视角——如何将博弈论引进行政诉讼过程》，《法商研究》2003 年第 6 期。

40. 罗永琳、向忠诚：《行政机关与行政诉讼执行》，《广西社会科学》2006 年第 10 期。

41. 罗礼平：《行政诉讼调解制度论纲》，《当代法学》2011 年第 1 期。

42. 马怀德：《〈行政诉讼法〉存在的问题及修改建议》，《法学论坛》2010 年第 4 期。

43. 马怀德：《保护公民、法人和其他组织的权益应成为行政诉讼的根本目的》，《行政法学研究》2012 年第 2 期。

44. 马怀德：《修改行政诉讼法需重点解决的几个问题》，《江苏社会科学》2005 年第 6 期。

45. 马怀德：《完善〈行政诉讼法〉与行政诉讼类型化》，《江苏社会科学》2010 年第 5 期。

46. 莫于川：《公民合法权益保护优先是行政诉讼立法的重要原则——关于修改我国行政诉讼法的若干建议》，《中国人民大学学报》2005 年第 5 期。

47. 莫于川、雷振：《我国〈行政诉讼法〉的修改路向、修改要点和修改方案——关于修改〈行政诉讼法〉的中国人民大学专家建议稿》，《河南财经政法大学学报》2012 年第 3 期。

48. 沈福俊：《和谐统一的行政诉讼协调和解机制》，《华东政法大学学报》2007 年第 6 期。

49. 沈福俊：《论"穷尽行政救济原则"在我国之适用——我国提起行政诉讼的前置条件分析》，《政治与法律》2004 年第 2 期。

50. 石红心：《治理、信息与行政公开》，《中外法学》2003 年第 1 期。

51. 孙谦：《设置行政公诉的价值目标与制度构想》，《中国社会科学》2011 年第 1 期。

52. 孙谦：《论建立行政公诉制度的必要性和可行性》，《法学家》2006 年第 3 期。

53. 谭宗泽：《行政诉讼目的新论——以行政诉讼结构转换为维度》，《现代法学》2010 年第 4 期。

54. 王太高：《论行政公益诉讼》，《法学研究》2002 年第 5 期。

55. 王平正、张建新：《我国行政诉讼类型的构建及其适法要件》，《河南省政法管理干部学院学报》2003 年第 4 期。

56. 王小梅：《反垄断司法审查管辖研究》，中国社会科学院研究生院 2010 年博士论文。

57. 王雪梅：《司法最终原则——从行政最终裁决谈起》，《行政法学研究》2001 年第 4 期。

58. 王敬波、孙丽：《法国行政法院裁决评价之诉的基本原则及其借鉴》，《国家行政学院学报》2005 年第 5 期。

59. 王勇：《行政诉讼主要程序的经济分析》，《现代法学》2004 年第 1 期。

60. 吴南伟、熊绍辉、彭林：《海事法院受理海事行政案件必要性问题研究》，《法律适用》2007 年第 12 期。

61. 喜子：《反思与重构：完善行政诉讼受案范围的诉权视角》，《中国法学》2004 年第 1 期。

62. 项新：《论行政强制的瑕疵表现与救济途径》，《行政法学研究》2002 年第 2 期。

63. 肖建国：《民事诉讼级别管辖制度的重构》，《法律适用》2007 年第 6 期。

64. 谢志强：《行政公诉权理论依据解析》，《国家检察官学院学报》2003 年第 4 期。

65. 解志勇、阿檀林：《行政诉讼调解瑕疵及其救济》，《国家行政学院学报》2010 年第 5 期。

66. 徐占峰：《创建军内行政诉讼制度的新思考》，《法学》2006 年第 7 期。

67. 薛刚凌、王霁霞：《论行政诉讼制度的完善与发展——行政诉讼法修订之构想》，《政法论坛》2003 年第 1 期。

68. 闫尔宝：《论行政事实行为》，《行政法学研究》1998 年第 2 期。

69. 阎巍：《行政诉讼禁止判决的理论基础与制度构建》，《法律适用》2012 年第 3 期。

70. 杨海坤：《中国行政诉讼调解制度探讨》，《法学论坛》2008 年第 3 期。

71. 杨建顺：《行政裁量的运用及其监督》，《法学研究》2004 年第 1 期。

72. 杨建顺：《论行政裁量与司法审查——兼及行政自我拘束原则的理论根据》，《法商研究》2003 年第 1 期。

73. 杨士林：《抽象行政行为不宜纳入行政诉讼受案范围》，《济南大学学报》（社会科学版）2010 年第 1 期。

74. 杨杏芝：《析行政强制执行的可诉性》，《法学评论》1994 年第 3 期。

75. 杨伟东：《行政诉讼受案范围分析》，《行政法学研究》2004 年第 3 期。

76. 杨伟东：《建立行政法院的构想及其疏漏》，《广东社会科学》2009 年第 3 期。

77. 杨伟东：《履行判决变更判决分析》，《政法论坛》2001 年第 3 期。

78. 杨小军：《行政诉讼受案范围之反思》，《法商研究》2009 年第 4 期。

79. 杨解君：《中国入世与行政诉讼制度变革》，《法学》2002 年第 4 期。

80. 杨寅：《行政诉讼原告资格新说》，《法学》2002 年第 5 期。

81. 应松年：《完善我国的行政救济制度》，《江海学刊》2003 年第 1 期。

82. 应松年、杨伟东：《我国〈行政诉讼法〉修正初步设想》，《中国司法》2004 年第 4 期。

83. 于安：《公益行政诉讼及其在我国的构建》，《法学杂志》2012 年第 8 期。

84. 于立深：《行政诉讼对基层民主纠纷的救济功能》，《中国行政管理》2009 年第 8 期。

85. 湛中乐：《论〈中华人民共和国行政诉讼法〉的修改》，《苏州大学学报》（哲学社会科学版）2012 年第 1 期。

86. 张生：《近代行政法院之沿革》，《行政法学研究》2002 年第 4 期。

87. 张志勇：《行政诉讼受案范围与行政行为概念新解——兼论〈行政诉讼法〉的修改》，《法治研究》2011 年第 3 期。

88. 张晓玲：《建立我国行政公益诉讼制度的思考》，《华中科技大学学报》（社会科学版）2005 年第 4 期。

89. 章剑生：《论利益衡量方法在行政诉讼确认违法判决中的适用》，《法学》2004 年第 6 期。

90. 章剑生：《〈行政诉讼法〉修改的基本方向——以〈行政诉讼法〉第 1 条为中心》，《苏州大学学报》2012 年第 1 期。

91. 章志远：《我国行政诉讼司法建议制度研究》，《法商研究》2011 年第 2 期。

92. 章志远：《行政诉讼类型化模式比较与选择》，《比较法研究》2006 年第 5 期。

93. 章志远：《行政公益诉讼热的冷思考》，《法学评论》2007 年第 1 期。

94. 章志远：《给付行政与行政诉讼法的新发展——以行政给付诉讼为例》，《法商研究》2008 年第 4 期。

95. 赵正群、董妍：《中国大陆首批信息公开诉讼案件论析》，《法制与社会发展》2009 年第 6 期。

96. 赵大光等：《最高人民法院〈关于审理行政许可案件若干问题的规定〉之解读》，《法律适用》2010 年第 4 期。

97. 郑春燕：《论民众诉讼》，《法学》2001 年第 4 期。

98. 朱福惠、刘伟光：《我国行政审判中调解制度的改革与完善》，《现代法学》2002 年第 5 期。

99. 周汉华：《起草〈政府信息公开条例〉（专家建议稿）的基本考虑》，《法学研究》2002 年第 6 期。

100. 周佑勇：《行政不作为构成要件的展开》，《中国法学》2001 年第 5 期。